Udo Rauchfleisch
Mein Kind liebt anders

Udo Rauchfleisch

Mein Kind liebt anders

Ein Ratgeber für Eltern homosexueller Kinder

Patmos Verlag

VERLAGSGRUPPE PATMOS

PATMOS
ESCHBACH
GRÜNEWALD
THORBECKE
SCHWABEN

Die Verlagsgruppe
mit Sinn für das Leben

Für die Schwabenverlag AG ist Nachhaltigkeit ein wichtiger Maßstab ihres Handelns. Wir achten daher auf den Einsatz umweltschonender Ressourcen und Materialien. Dieses Buch wurde auf FSC®-zertifiziertem Papier gedruckt. FSC (Forest Stewardship Council®) ist eine nicht staatliche, gemeinnützige Organisation, die sich für eine ökologische und sozial verantwortliche Nutzung der Wälder unserer Erde einsetzt.

Bibliografische Information der Deutschen Nationalbibliothek
Die Deutsche Nationalbibliothek verzeichnet diese Publikation in der Deutschen Nationalbibliografie; detaillierte bibliografische Daten sind im Internet über http://dnb.d-nb.de abrufbar.

1. Auflage 2012
Alle Rechte vorbehalten
© 2012 Patmos Verlag der Schwabenverlag AG, Ostfildern
www.patmos.de

Umschlaggestaltung: Finken & Bumiller, Stuttgart
Druck: CPI – Ebner & Spiegel, Ulm
Hergestellt in Deutschland
ISBN 978-3-8436-0212-9 (Print)
ISBN 978-3-8436-0266-2 (eBook)

Inhalt

Einleitung: Warum ein Ratgeber für Eltern homosexueller Kinder?

Wenn Sie dieses Buch in die Hand nehmen, tauchen wahrscheinlich verschiedene Fragen in Ihnen auf: Ist ein solcher Ratgeber nötig? Wird heute nicht schon so viel über Homosexualität geschrieben, dass Sie inzwischen längst alles Wichtige darüber wissen? Ist es außerdem nicht völlig gleichgültig, ob ein Kind hetero-, bi- oder homosexuell ist? Könnte man nicht sogar sagen, dass es diskriminierend ist, einen Ratgeber speziell für Eltern homosexueller Kinder zu schreiben? Müsste es dann nicht auch einen geben, der speziell die Heterosexualität in den Blick nimmt (einen solchen Ratgeber gibt es aber nicht)?

Alle diese Fragen haben eine gewisse Berechtigung. Fundiertes Wissen über gleichgeschlechtliche Orientierungen und Lebensweisen ist allerdings nicht so verbreitet, wie man im Allgemeinen annimmt. Wissen Sie wirklich, was in einem jungen Menschen vor sich geht, wenn er entdeckt, dass er homo- und nicht heterosexuell ist? Und mit welchen Problemen er sich konfrontiert sieht, wenn er seine Umgebung über seine Homosexualität informieren möchte?

Selbstverständlich kennen Sie Ihr Kind am besten und wissen, wie Sie mit ihm umgehen sollten. Aber sind Sie wirklich darauf vorbereitet, ihm auf seinem Weg zum offenen Umgang mit seiner Homosexualität zur Seite zu stehen? Und haben Sie schon einmal überlegt, wie Sie selbst als Eltern eines homosexuellen Kindes mit Ihren Verwandten und Bekannten über die gleichgeschlechtliche Orientierung Ihrer Tochter oder Ihres Sohnes sprechen wollen?

Dies sind nur einige der Fragen, mit denen Sie sich als Eltern eines homosexuellen Kindes konfrontiert sehen. Sicher werden Sie bei einer selbstkritischen Reflexion bemerken, dass Sie vieles zwar ungefähr wissen, im Gespräch mit Ihrem Kind oder mit Dritten aber manchen Fragen ziemlich hilflos gegenüberstehen. Vermutlich ist

Ihnen auch schon längst klar geworden, dass es eben nicht das Gleiche ist, ob ein Mensch hetero- oder homosexuell ist, und dass Menschen mit einer homo- oder bisexuellen Orientierung in unserer stark heterosexuell geprägten Gesellschaft eine spezifische Entwicklung durchlaufen und sich im sozialen Bereich Problemen gegenübersehen, die Heterosexuelle in dieser Art nicht haben.

Der vorliegende Ratgeber möchte Ihnen helfen, Ihr Wissen über gleichgeschlechtliche Orientierungen und Lebensweisen zu erweitern und sich in differenzierter Weise mit den Problemen auseinanderzusetzen, mit denen Ihr lesbisches, schwules oder bisexuelles Kind und Sie als Eltern konfrontiert sind.

Vielleicht haben Sie gegenüber Homosexualität keine Vorbehalte, kennen das Thema bisher aber nur aus Medienberichten oder aus Filmen. Es kann aber auch sein, dass Sie eine Abneigung homo- und bisexuellen Menschen gegenüber verspüren.

Wie auch immer Ihre Einstellung zum Thema »Homosexualität« aussieht, wird die Mitteilung Ihrer Tochter oder Ihres Sohnes, dass sie lesbisch bzw. dass er schwul sei, für Sie ein mehr oder weniger großer Schock sein und Sie zwingen, sich intensiver mit diesem Thema auseinanderzusetzen. Sie bemerken dann vielleicht, dass Sie über das Leben von Lesben und Schwulen wenig informiert sind und sich vor allem auch nicht recht vorstellen können, wie Ihre Rolle als Eltern eines homosexuellen Kindes aussehen soll.

In diesem Prozess der Klärung und Neuorientierung möchte der vorliegende Ratgeber Ihnen Hilfe bieten. Gewiss lassen sich Einstellungen nicht lediglich durch die Lektüre eines Buches verändern. Doch kann die Information über die Entwicklung gleichgeschlechtlicher Orientierungen und über die Besonderheiten des Lebens als Lesbe oder Schwuler in unserer Gesellschaft Ihnen den Weg zu einem besseren Verständnis Ihres Kindes öffnen, so dass Sie ihm bei seinem Coming-out-Prozess hilfreich zur Seite stehen und sich konstruktiv mit Ihrer Rolle als Eltern auseinandersetzen können.

Selbstverständlich braucht es neben der Information auch die persönliche Begegnung mit homosexuellen Menschen. Eine solche Begegnung müssen Sie nun nicht mehr mühsam suchen, sondern Sie haben in Ihrer eigenen Familie im Dialog mit Ihrem Kind die Chance, mehr über homosexuelle Menschen zu erfahren. Außerdem werden Sie homosexuelle Freundinnen und Freunde Ihres Kindes und Eltern, die sich in einer ähnlichen Situation wie Sie befinden, kennenlernen – beispielsweise in einer Selbsthilfegruppe für Eltern homosexueller Kinder. Auch auf solche Begegnungen möchte dieser Ratgeber vorbereiten.

Das Ziel dieses Buches ist zum einen, dafür zu sensibilisieren, was die Homosexualität Ihres Kindes für Sie als Eltern, für Ihr Kind und für die Beziehung zwischen Ihnen und Ihrer Tochter oder Ihrem Sohn bedeutet; zum anderen will es zeigen, wie mögliche Probleme sich zum Nutzen aller Beteiligten lösen lassen. Wichtig scheint mir dabei, dass Sie als Eltern erkennen, dass die gleichgeschlechtliche Orientierung Ihres Kindes nicht ein »zu tolerierendes Schicksal«, sondern eine Chance für Ihre ganze Familie ist.

In den folgenden zwölf Kapiteln wird thematisch ein weiter Bogen gespannt: Es geht um die Fragen, was Homo- und Bisexualität eigentlich sind und was aus wissenschaftlicher Sicht über ihre Entstehung bekannt ist, um die Auswirkungen von Homosexualität auf familiäre Beziehungen, die Sorgen, die Sie sich möglicherweise um Ihre Tochter oder Ihren Sohn machen, und darum, wie Ihr Kind seinen Coming-out-Prozess bewältigt, aber auch wie Sie als Eltern mit der Homosexualität Ihres Kindes in Ihrem Verwandten- und Bekanntenkreis umgehen.

Außerdem werden die Partnerschaft Ihres Kindes, die Begegnung mit seinen homosexuellen Freundinnen und Freunden und der mögliche Kinderwunsch Ihrer Tochter oder Ihres Sohnes thematisiert. Ein weiteres Kapitel richtet sich an Eltern, die selbst eine offen gelebte oder verheimlichte homo- oder bisexuelle Orientierung haben.

Die dargestellten Beispiele sollen eine Brücke zwischen theoretischer Information und dem realen Leben von Familien mit einem homosexuellen Kind schlagen.

Am Ende jedes Kapitels werden die wichtigsten Aspekte noch einmal angeführt und im letzten Kapitel die Hauptthemen dieses Ratgebers thesenartig zusammengefasst.

Der Adressteil im Anhang listet die wichtigsten Verbände und Organisationen auf, bei denen Sie Information und Unterstützung finden können.

Möge dieser Ratgeber Ihnen als Eltern eine Hilfe auf Ihrem Weg zur Akzeptanz der gleichgeschlechtlichen Orientierung Ihres Kindes sein und dazu beitragen, dass Sie einander besser verstehen und gemeinsam den Weg eines erfolgreichen, für Sie alle fruchtbaren Coming-out gehen.

Im Herbst 2012
Udo Rauchfleisch

1. Was ist Homosexualität?

Homosexualität ist heute keineswegs mehr ein tabuisiertes Thema, über das hinter vorgehaltener Hand gesprochen wird. Bürgermeister und Politiker stehen offen zu ihrer Homosexualität, und viele international bekannte Frauen und Männer, die in Politik, Film, Fernsehen, Kunst und Wissenschaft in der Öffentlichkeit stehen, geben sich als gleichgeschlechtlich empfindend zu erkennen. Vorbei sind auch die Zeiten, in denen in Filmen und Theaterstücken verklemmte Lesben und Schwule dargestellt wurden, die unter ihrer Homosexualität litten und ein bemitleidenswertes Leben führten. Und schließlich findet sich heute, auch im wissenschaftlichen Bereich, eine Fülle von Literatur zum Thema »Homosexualität«, die darstellt, dass Homosexualität nichts mit Krankheit, Sünde oder Erziehungsfehlern zu tun hat, sondern eine normale Variante der sexuellen Ausrichtung ist.

Dennoch werden Sie als Eltern, die sich mit der Homosexualität Ihres Kindes konfrontiert sehen, vielleicht realisieren, dass Sie »eigentlich« nicht viel über die gleichgeschlechtliche Orientierung wissen. Es erscheint mir deshalb wichtig, in diesem Kapitel einen Überblick über den heutigen Wissensstand zu geben und etliche noch immer weit verbreitete, wissenschaftlich aber nicht haltbare Vorurteile auszuräumen.

Zunächst ein paar Worte zu den von mir verwendeten Begriffen. *Homosexualität* oder *gleichgeschlechtliche Orientierung* bezeichnen die sexuelle Ausrichtung auf das gleiche Geschlecht. Frauen, die ihre gleichgeschlechtliche Orientierung akzeptieren und offen leben, bezeichnen sich als *Lesben*, Männer bezeichnen sich als *Schwule*. Diesen Begriff mag mancher als entwertend empfinden; Schwule selbst aber bezeichnen sich so aus einem gewissen Trotz heraus, indem sie diesen sie ursprünglich diskriminierenden Begriff heute stolz zur Charakterisierung ihrer homosexuellen Identität benutzen.

Mit der Frage »Ist mein Kind homosexuell?« verbindet sich meist das Thema der Entstehung von Homosexualität. Dies scheint selbstverständlich zu sein, ist es aber keineswegs. Welche Eltern fragen sich schon: Wie entsteht die Heterosexualität unseres Kindes? Da der größte Teil der Bevölkerung heterosexuell ist (der Anteil homosexueller Menschen liegt allerdings bei mindestens 10%), wird die gegengeschlechtliche Orientierung als etwas Selbstverständliches betrachtet, während die davon abweichende Homosexualität erklärungsbedürftig erscheint.

Sigmund Freud, der Begründer der Psychoanalyse, hat mit Recht darauf hingewiesen, wenn nach der Ursache der Homosexualität gefragt werde, müsse konsequenterweise auch die Frage nach der Entstehung der Heterosexualität gestellt werden. Dies geschieht aber in der Regel nicht. Selbst im wissenschaftlichen Bereich ist der Frage, wie die heterosexuelle Orientierung entsteht, nicht nachgegangen worden. Überhaupt müssen wir feststellen, dass wir eigentlich kein gesichertes Wissen über die Ursachen und die Entwicklung der verschiedenen sexuellen Orientierungen besitzen.

Was die Homosexualität betrifft, sind zwar etliche Theorien formuliert worden, wobei aber letztlich keine einer kritischen Sichtung standhält. Die diesen Theorien zugrunde liegenden Beobachtungen stammen im Allgemeinen von psychisch Kranken, deren psychische Störungen – fälschlicherweise – als Ursache ihrer gleichgeschlechtlichen Orientierung angesehen wurden. Dass dies ein absurder Schluss ist, wird deutlich, wenn wir uns vergegenwärtigen, dass niemand auf die Idee kommen würde, bei psychisch kranken heterosexuellen Menschen zu postulieren, ihre Heterosexualität sei durch ihre psychische Störung bedingt. Eine Unterdrückung der gleichgeschlechtlichen Orientierung kann indes zu psychischen Störungen führen. Darauf werde ich später noch eingehen.

Was sagen die – wenn auch wenigen – uns vorliegenden Untersuchungen zur Entwicklung der sexuellen Identität, womit nicht nur die Entwicklung der homo- und bisexuellen, sondern auch die der heterosexuellen Identität gemeint ist? Die Geschlechtsidentität setzt sich aus drei »Bausteinen« zusammen: der Kern-Geschlechtsidentität, den Geschlechterrollen und der GeschlechtspartnerInnen-Orientierung.[1] Die Grundlage bildet die *Kern-Geschlechtsidentität*. Sie beinhaltet die tief in uns Menschen verwurzelte Gewissheit, weiblich oder männlich zu sein, und entwickelt sich aufgrund des komplexen Zusammenwirkens von biologischen und Umwelteinflüssen ab der Geburt.

Was die Homosexualität betrifft, sind in der wissenschaftlichen Literatur verschiedene biologische Ursachen diskutiert worden (z. B. hormonelle Einflüsse in der intrauterinen Entwicklung und genetische Faktoren). Diese Untersuchungen haben aber letztlich keinen eindeutigen Faktor bestimmen können, der für die Ausrichtung der sexuellen Orientierung verantwortlich ist. Einzig der scheinbar triviale Befund, dass in einzelnen Familien gehäuft Menschen mit gleichgeschlechtlichen Orientierungen zu finden sind, während in anderen Familien eindeutig die Heterosexualität dominiert, weist auf einen genetischen Faktor hin.

Die Umwelteinflüsse auf die Kern-Geschlechtsidentität wirken spätestens von Geburt an auf das Kind ein, und zwar dadurch, dass die Eltern – letztlich schon vor der Geburt – entsprechend ihren Vorstellungen von Männlichkeit und Weiblichkeit auf das Kind reagieren und es entsprechend behandeln. Die Gewissheit des Kindes, männlich oder weiblich zu sein, ist, soweit wir heute wissen, gegen Ende des zweiten Lebensjahres etabliert und nicht mehr veränderbar. Aus diesem Befund resultiert, dass homosexuelle, bisexuelle und heterosexuelle Frauen nicht an ihrer Weiblichkeit und homosexuelle, bisexuelle und heterosexuelle Männer nicht an ihrer Männlichkeit zweifeln. Es ist deshalb eine wissenschaftlich nicht haltbare Annahme, Schwule seien weiblich und Lesben männlich identifiziert. Ich werde in Kapitel 2 noch ausführlicher auf diese Fehlannahmen eingehen, die dem Wesen homosexueller Menschen absolut nicht gerecht werden.

Den zweiten »Baustein« der Geschlechtsidentität bilden die *Geschlechterrollen*. Dies sind die Vorstellungen, die uns von Kindheit an über »Männlichkeit« und »Weiblichkeit« vermittelt werden. Die Tatsache, dass verschiedene Kulturen Weiblichkeit und Männlichkeit unterschiedlich definieren und dass die Vorstellungen von »typisch« männlichem und »typisch« weiblichem Verhalten auch in unserer Kultur einem steten Wandel unterworfen sind, lässt erkennen, dass Geschlechterrollen keine unveränderbare Größe darstellen, sondern *sozial* definiert werden.

Im Zusammenhang mit der Frage nach der Entwicklung lesbischer, schwuler, bisexueller und heterosexueller Ausrichtungen ist zu beachten, dass sich die Geschlechterrollen in unserer Kultur durch eine Aufspaltung in zwei sich gegenseitig ausschließende Kategorien von »typisch männlich« und »typisch weiblich« auszeichnen. Gerade in der Gegenwart unterliegen die Rollen von Mann und Frau jedoch einem erheblichen Wandel und haben viel von ihrer früheren Rigidität verloren.

Wenn sich bei Lesben zum Teil ein eher burschikoses Verhalten und bei Schwulen (wie sonst vielfach bei Frauen) ein gesteigertes Interesse an Kunst und Literatur beobachten lässt, heißt dies nicht, Lesben seien in ihrer Kern-Geschlechtsidentität männlich und Schwule weiblich ausgerichtet. Bei diesen Vorlieben und Verhaltensweisen geht es vielmehr um die Geschlechterrollen, die ein Stück weit am Gegengeschlecht orientiert sind.

Letztlich können wir aber nicht von »der typischen« Lesbe und »dem typischen« Schwulen sprechen. In jeder dieser Gruppen findet sich vielmehr – wie bei Heterosexuellen auch – ein weites Spektrum von Menschen mit unterschiedlichsten Rollen und Verhaltensweisen. Wenn Lesben, vor allem in der Vergangenheit, ähnlich den Frauen aus der Emanzipationsbewegung, oft ein »männlich« anmutendes Verhalten an den Tag legten, war dies vor allem dadurch bedingt, dass sie sich nicht als Frauen präsentieren wollten, deren Ziel es ist, den Männern zu gefallen (weil dies nicht ihrer sexuellen Orientierung entspricht). Und wenn Schwule zum Teil eher »weiblich« anmutende Interessen zeigen, rührt dies vor allem daher, dass sie spüren, keine heterosexuelle Ausrichtung zu haben. Sie orientieren sich deshalb eher an Verhaltensweisen, die als nicht männlich gelten, was in unserer Kultur, die von einem Zwei-Geschlechter-Modell ausgeht, »weiblich« bedeutet. Wie schon erwähnt, heißt dies jedoch nicht, Lesben seien männlich und Schwule weiblich identifiziert. Sie erleben sich in ihrer Kern-Geschlechtsidentität nicht anders als heterosexuelle Frauen und Männer. Lediglich ihre Geschlechterrollen weichen zum Teil von denen heterosexueller Menschen ab.

Heute gelten diese Geschlechterrollen, die Lesben und Schwule in der Vergangenheit oft gezeigt haben, nicht mehr in dieser Form.

Ihre Rollen haben sich, wie bei heterosexuellen Menschen auch, stark verändert und lassen nun ein weites Spektrum unterschiedlichster Ausprägungen erkennen. Wie Claus Donate es anschaulich beschrieben hat, kennt man »den schwulen Modeschöpfer und den effeminierten Friseur, der in Herrenwitzen auf den Namen ›Detlef‹ hört – aber es gibt auch den schwulen Automechaniker mit den öligen Fingerkuppen und den schwulen Metzger mit den breiten Schultern. Man kennt den zarthüftigen Balletttänzer und den kreischenden Damenimitator, aber niemand erahnt im Goldmedaillengewinner des Zehnkampfes oder im Bundesliga-Star den Mann, der Männer liebt. Es gibt auch den schwulen Straßenkehrer und den schwulen Penner – aber es gibt auch den schwulen Asylanten, den schwulen Behinderten, den schwulen Skin.«[2]

Der dritte »Baustein« der Geschlechtsidentität ist die *GeschlechtspartnerInnen-Orientierung*. Sie entscheidet darüber, ob sich das Begehren eines Menschen auf das gleiche Geschlecht (Homosexualität), das Gegengeschlecht (Heterosexualität) oder auf beide Geschlechter (Bisexualität) richtet. Wie es zur Ausbildung der verschiedenen GeschlechtspartnerInnen-Orientierungen kommt, wissen wir allerdings nicht. Auch dazu sind die verschiedensten Theorien entwickelt worden, ohne dass eine dieser Annahmen sich letztlich als Ursache bestätigen lässt, bis auf die bereits oben erwähnte genetische Komponente. Ob die gleichgeschlechtliche Veranlagung jedoch von der betreffenden Person wahrgenommen und gelebt wird, hängt weitgehend von Umweltfaktoren ab, vor allem davon, ob Homosexualität von der Umgebung geduldet oder abgelehnt wird.

Die sexuelle Orientierung selbst scheint spätestens mit der Pubertät festzustehen. Viele homosexuelle Menschen berichten allerdings, schon längst vor der Pubertät gespürt zu haben, dass sich ihre erotischen und sexuellen Fantasien auf das gleiche Geschlecht richten.

Es sei in diesem Zusammenhang noch auf ein Phänomen hingewiesen, das bei heterosexuellen Menschen immer wieder zu Erstaunen führt. Es ist die Tatsache, dass eine Frau oder ein Mann jahrelang in einer Ehe gelebt hat und dann »plötzlich« – wie es in solchen Fällen oft von der Umgebung formuliert wird – bemerkt, lesbisch, schwul oder bisexuell zu sein. Spricht man ausführlich mit solchen

Frauen und Männern über ihre Entwicklung und erkundigt sich nach ihren erotischen und sexuellen Fantasien in Kindheit und Jugend sowie im Erwachsenenalter, so berichten sie in der Regel übereinstimmend, dass die gleichgeschlechtlichen Fantasien bei ihnen von jeher bestanden haben. Sie haben diese Fantasien allerdings immer wieder beiseitegeschoben, um nicht in innere Konflikte zu geraten und ihre Ehe nicht zu gefährden. Im Allgemeinen hat die Beziehung zum heterosexuellen Ehepartner für sie auch »gestimmt«. Das heißt, es war für die betreffende lesbische oder bisexuelle Frau bzw. den schwulen oder bisexuellen Mann eine für sie befriedigende Liebesbeziehung, auch wenn die gleichgeschlechtlichen Fantasien und das auf das gleiche Geschlecht gerichtete Begehren immer eine gewisse Rolle gespielt haben. Insofern entspricht die Interpretation des Umfeldes, sie seien »plötzlich« lesbisch, schwul oder bisexuell geworden, nicht der Realität.

Im Verlauf der kindlichen Entwicklung verschmelzen die drei genannten »Bausteine« miteinander und bilden zusammen mit den erotischen und sexuellen Fantasien, den sozialen Präferenzen (mit wem fühlt der betreffende Mensch sich besonders wohl) und der Selbstdefinition (hetero-, bi- oder homosexuell zu sein) ein komplexes Gebilde, das wir *Geschlechtsidentität* nennen.

Wie bereits erwähnt, ist es in Bezug auf die erotischen und sexuellen Fantasien entscheidend, ob diese sich auf das gleiche Geschlecht (Homosexualität) oder auf das Gegengeschlecht (Heterosexualität) oder auf beide Geschlechter (Bisexualität) richten. Menschen mit einer homosexuellen Ausrichtung berichten im Allgemeinen davon, dass in ihren erotischen und sexuellen Fantasien von Anfang an Personen des gleichen Geschlechts eine zentrale Rolle spielten, auch wenn es nicht zu gleichgeschlechtlichen sexuellen Kontakten kam.

Ich habe oben bereits darauf hingewiesen, dass es von der Umgebung abhängt, ob die gleichgeschlechtliche Orientierung von den Betreffenden selbst wahrgenommen und gelebt wird oder nicht. Vor allem von fundamentalistischen religiösen Kreisen wird Homosexualität strikt abgelehnt; zum Teil werden sogar »Umpolungsaktivitäten« angeboten. Von Menschen, die solchen Versuchen ausgesetzt waren, wissen wir, dass manche – zumindest für eine gewisse Zeit – ihre gleichgeschlechtlichen Handlungen unterdrücken konnten. Ihre inneren Bilder und Fantasien bleiben aber von gleichgeschlechtlichem Begehren geprägt. Deshalb postulieren solche fundamentalistischen Gruppierungen auch eine sich über lange Zeit erstreckende, letztlich lebenslange »Begleitung«, um dem gleichgeschlechtlichen Begehren entgegenzuwirken.

Dies belegt noch einmal, dass sich zwar das manifeste Verhalten in einem gewissen Maß steuern lässt, die inneren Bilder sich jedoch nicht verändern.Viele Menschen, die an solchen »Umpolungsaktivitäten« teilgenommen haben, führen nach einigen Jahren wieder ein homosexuelles Leben. Viele von ihnen haben aber zum Teil schwere psychische Störungen – etwa Depressionen und Ängste, körperliche (psychosomatische) Beschwerden, bis hin zur Suizidalität – davongetragen und leiden mitunter lebenslang an den Verletzungen, die ihnen durch solche Versuche, ihre Geschlechtsidentität zu verändern, zugefügt worden sind. Dies ist verständlich, da sie in der Zeit ihrer Mitgliedschaft in solchen Gruppierungen permanent an ihrer eigentlichen sexuellen Orientierung vorbeigelebt haben. Zugleich waren sie von massiven Schuldgefühlen gequält, weil ihr gleichgeschlechtliches Begehren von ihrer fundamentalistischen Bezugsgruppe strikt abgelehnt und als »Sünde« oder »Krankheit« bezeichnet wurde.

Außer den drei »Bausteinen« (Kern-Geschlechtsidentität, Geschlechterrollen, GeschlechtspartnerInnenorientierung) sowie den erotischen und sexuellen Fantasien sind für die Geschlechtsidentität schließlich noch die sozialen Präferenzen und die Selbstdefinition von Bedeutung. Die *sozialen Präferenzen* beinhalten die Vorstellungen und Gefühle, die wir im Umgang mit anderen Menschen haben. Das Spektrum reicht von Ablehnung und Sich-unwohl-Fühlen in der Gegenwart bestimmter Menschen über Gleichgültigkeit bis hin zum Sich-Wohlfühlen und dem Wunsch, möglichst intensiven Kontakt mit den betreffenden Personen zu pflegen.

Ferner spielt für die Geschlechtsidentität auch die *Selbstdefinition* eine wesentliche Rolle. Was die homo- und bisexuelle Orientierung angeht, ist es von entscheidender Bedeutung, wie eine Person sich selbst definiert. Nehmen wir das Beispiel von drei Männern, die das gleiche Beziehungsverhalten zeigen, indem sie intime Kontakte sowohl zu Frauen als auch zu Männern unterhalten. In diesem Fall kann der eine Mann sich als *heterosexuell* bezeichnen und den gleichgeschlechtlichen Kontakt als »Ausrutscher« oder »Experiment« und als für seine sexuelle Identität unwichtig betrachten. Der zweite Mann hingegen kann sich als *bisexuell* definieren, da sich sein Begehren in gleicher Weise auf Frauen wie auf Männer richte. Der dritte Mann schließlich kann sich als *schwul* bezeichnen, da er das gleichgeschlechtliche Begehren als den wesentlichen Teil seiner sexuellen Orientierung empfindet und für ihn die Beziehung zu einer Frau ein »Ausrutscher« oder »Experiment« ist.

Dieses Beispiel lässt erkennen, dass die Selbstdefinition einen wesentlichen Teil der Geschlechtsidentität ausmacht und gleichsam eine Synthese der übrigen genannten Anteile der Geschlechtsidentität darstellt. Dabei ist indes zu berücksichtigen, dass die Selbstdefinition sich beispielsweise im Verlauf eines Coming-out-Prozesses durchaus verändern kann, indem die betreffende Person, die ihr gleichgeschlechtliches Begehren zwar spürt, aber weit in den Hintergrund drängt, sich zunächst als heterosexuell definiert, sich mit zunehmendem Gewahrwerden und größer werdender Selbstakzeptanz als bisexuell bezeichnet und schließlich spürt, dass bei ihr eigentlich eine gleichgeschlechtliche Orientierung besteht, und sich dann als homosexuell definiert.

In der bisherigen Darstellung habe ich nicht zwischen der homosexuellen und der bisexuellen Orientierung unterschieden. Gerade das zuletzt erwähnte Beispiel einer sich ändernden Selbstdefinition (von hetero- über bi- bis zu homosexuell) könnte den Eindruck erwecken, Bisexualität sei lediglich eine Zwischenstufe oder eine Position, welche Menschen einnehmen, die sich ihrer sexuellen Orientierung unsicher sind und Angst haben, sich eindeutig als homosexuell zu bezeichnen, oder die gleichgeschlechtliche Kontakte als »exotische sexuelle Ausflüge« erleben möchten. Dies sind Vorwürfe, denen sich bisexuelle Menschen immer wieder ausgesetzt sehen. Mit einer solchen Auffassung werden wir der bisexuellen Orientierung indes in keiner Weise gerecht. Wir müssen vielmehr davon ausgehen, dass die Bisexualität eine eigenständige sexuelle Orientierung ist, die neben der Heterosexualität und der Homosexualität einen dritten Kristallisationspunkt auf dem Kontinuum von Hetero- zu Homosexualität darstellt. Bisexuelle Menschen sehen sich insofern in einer besonderen Situation, als sie selbst – wie die Menschen in unserer Gesellschaft im Allgemeinen – davon ausgehen, dass es entweder ein gleich- oder ein gegengeschlechtliches Begehren gibt. Zu erleben, dass sich die erotischen und sexuellen Fantasien und das Begehren auf beide Geschlechter richten, ist eine sie selbst häufig sehr verunsichernde Erfahrung.

Unter dem Einfluss der heterosexuellen Majorität wird im Allgemeinen im Verlauf der Entwicklung zunächst der heterosexuelle Orientierungsanteil gelebt, und erst später treten dann die gleichgeschlechtlichen Gefühle stärker hervor und drängen darauf, in konkreten Beziehungen verwirklicht zu werden. Das Problem liegt für bisexuelle Menschen selbst sowie für ihre Partnerinnen und Partner darin, dass ihre Partnerschaften stets von der Unsicherheit begleitet sind, ob die gegenwärtig gepflegte Beziehung von Dauer ist oder der andere Teil des sexuellen Begehrens in den Vordergrund drängt und in einer Partnerschaft gelebt werden möchte. Auf die spezielle Situation bisexueller Menschen werde ich noch ausführlicher in Kapitel 9 eingehen.

Ich habe bisher in erster Linie die innere Situation der lesbischen und bisexuellen Frau und des schwulen und bisexuellen Mannes beschrieben. In diesem Prozess kommt vor allem dem Gewahrwerden der gleichgeschlechtlichen Orientierung und ihrer Akzeptanz eine zentrale Rolle zu. Sind diese Entwicklungsschritte getan, so sehen sich Lesben und Schwule einer weiteren Aufgabe gegenüber, nämlich die wichtigsten Bezugspersonen im persönlichen wie im beruflichen Umfeld über die gleichgeschlechtliche Orientierung zu informieren und zu einem entsprechenden Lebens- und Beziehungsstil zu finden.

Das Gewahrwerden und die Selbstakzeptanz der eigenen Homo- und Bisexualität sowie das Hinaustreten damit an die Öffentlichkeit sind zwei Schritte, die wir als *Coming-out* bezeichnen. Lesben, Schwule und Bisexuelle sehen sich dieser Aufgabe letztlich lebenslang gegenüber. Denn immer wieder ist im beruflichen wie privaten Umfeld zu entscheiden, wem was in welcher Form zu welcher Zeit im Hinblick auf die eigene Homo- oder Bisexualität gesagt werden soll und kann.

Vielleicht denken Sie als Eltern eines homosexuellen Kindes, dass die sexuelle Orientierung eines Menschen doch seine Privatsache sei und es für Lesben, Schwule und Bisexuelle keinen zwingenden Grund gebe, mit anderen Menschen darüber zu sprechen. Dies scheint ein durchaus logisches Argument zu sein, zumal Sie vermutlich ja auch nicht mit anderen über Ihre (hetero-)sexuelle Ausrichtung sprechen.

Der Unterschied zwischen Heterosexuellen einerseits und Homo- und Bisexuellen andererseits liegt allerdings darin, dass in unserer vorwiegend heterosexuellen Gesellschaft eine »heterosexuelle Vorannahme« besteht. Das heißt: Wenn wir einer Person begegnen, gehen wir im Allgemeinen wie selbstverständlich davon aus, sie sei heterosexuell, es sei denn, sie sagt oder lässt erkennen, dass sie homo- oder bisexuell ist.

Wenn Lesben, Schwule und Bisexuelle als diejenigen wahrgenommen werden möchten, die sie tatsächlich sind, müssen sie, im Gegensatz zu Heterosexuellen, explizit darauf hinweisen. Da trotz größerer gesellschaftlicher Akzeptanz der Homosexualität gegenüber Lesben und Schwulen nach wie vor vielfach Ablehnung und Vorurteile bestehen, ist es für sie notwendig, sich jeweils genau zu überlegen, wann und wem gegenüber sie ihre gleichgeschlechtliche Orientierung offenlegen. Ich werde noch ausführlich in Kapitel 5 auf den Coming-out-Prozess eingehen.

Auf den Punkt gebracht

Was bedeuten die bisherigen Ausführungen für Sie als Eltern eines homosexuellen Kindes im Hinblick auf das Verständnis der gleichgeschlechtlichen Orientierung?

- Die uns vorliegenden Untersuchungen an homo- und bisexuellen Menschen weisen eindeutig darauf hin, dass die gleichgeschlechtliche Orientierung nichts mit psychischer Krankheit zu tun hat. Die Weltgesundheitsorganisation hat deshalb die Diagnose Homosexualität bereits vor vielen Jahren aus dem Katalog der psychischen Erkrankungen gestrichen und damit darauf hingewiesen, dass es nicht berechtigt ist, Homosexualität in einen ursächlichen

Zusammenhang mit psychischen Erkrankungen zu bringen. Hetero-, Bi- und Homosexualität sind sexuelle Orientierungen, die jeweils mit dem ganzen Spektrum von psychischer Gesundheit bis Krankheit einhergehen können.

- Da die gleichgeschlechtliche Orientierung nicht Ausdruck einer psychischen Erkrankung ist und sich offensichtlich genetisch bedingte Häufungen in bestimmten Familien finden, ist die Annahme, Homosexualität sei Folge von Erziehungsfehlern, absolut nicht haltbar. Die vor allem von Müttern immer wieder gestellte Frage: »Habe ich in der Erziehung etwas falsch gemacht? Bin ich schuld an der Homosexualität meines Kindes?«, ist aus fachlicher Sicht eindeutig mit Nein zu beantworten. Als Eltern sollten Sie sich nicht mit völlig unnötigen Schuldgefühlen belasten, sondern sich darüber klar sein, dass Sie gute Eltern sind und die Homosexualität Ihres Kindes nichts mit wie auch immer gearteten Erziehungsfehlern zu tun hat.

- Die uns vorliegenden Forschungsbefunde weisen darauf hin, dass Homosexualität eine tief in den betreffenden Menschen verwurzelte Veranlagung ist, die nach Verwirklichung im Leben drängt. Wird sie unterdrückt, kann dies zu psychischen Störungen wie Depression, Angst, körperlichen (psychosomatischen) Beschwerden bis hin zur Suizidalität führen. Suchen Sie deshalb nicht zu verhindern, dass Ihr Kind seine Homosexualität lebt, sondern fördern Sie die Verwirklichung seiner gleichgeschlechtlichen Orientierung und der daraus resultierenden Lebensweise.

- Die gleichgeschlechtliche Orientierung wird von den so Veranlagten im Allgemeinen früh, zumeist schon vor der Pubertät, als Angezogen-Sein durch Personen des gleichen Geschlechts gespürt, auch wenn die Kinder in diesem Alter ihre Gefühle noch nicht als »homosexuell« benennen können. Ab der Pubertät liegt die gleichgeschlechtliche Orientierung mehr oder weniger fest und kann – wie die Heterosexualität – nicht mehr verändert werden. Ob die betreffenden Menschen sie akzeptieren und leben, hängt allerdings von den Umweltbedingungen ab. In einem die Homosexualität akzeptierenden Milieu können Eltern und Kind relativ früh die gleichgeschlechtliche Orientierung wahrnehmen, und die Kinder und Jugendlichen können einen unproblematischen Coming-out-Prozess durchlaufen.

- In einer konservativen, homosexualitätsfeindlichen Umgebung hingegen kann es zu vielfältigen Problemen bis hin zur völligen Unterdrückung der gleichgeschlechtlichen Orientierung kommen. Eine solche Situation führt aber zu erheblichen, sich körperlich wie psychisch auswirkenden Belastungen des betreffenden Menschen, der spürt, dass er seine Identität verleugnet und gleichsam an sich »vorbeilebt«. Aus diesem Grund sind die bereits erwähnten »Umpolungs«-Aktivitäten (mit dem Ziel der Veränderung der homosexuellen in die heterosexuelle Orientierung) mancher fundamentalistischen Gruppierungen aus psychologischer Sicht als untherapeutisch und unethisch zu bezeichnen, da sie die betreffenden Menschen dazu drängen, ihre eigentliche, nämlich gleichgeschlechtliche Identität zu verleugnen. Unterstützen Sie deshalb Ihr Kind darin, zu seiner gleichgeschlechtlichen Orientierung zu stehen und sie zu leben. Damit helfen Sie ihm, ein glücklicher erwachsener Mensch zu werden.

- Neben der hetero- und homosexuellen Orientierung gibt es eine eigenständige bisexuelle Ausrichtung. Die erotischen und sexuellen Fantasien sowie das Begehren bisexueller Menschen richten sich auf beide Geschlechter.

- Wie bereits erwähnt, widerspricht die geschilderte Entwicklungstheorie der Geschlechtsidentität der Annahme, lesbische und bisexuelle Frauen seien männlich, schwule und bisexuelle Männer hingegen weiblich identifiziert. Wenn es zum Teil Unterschiede im geschlechtsspezifischen Verhalten und in den Interessen von homosexuellen und heterosexuellen Menschen gibt, so beruhen diese nicht auf irgendwelchen Störungen der Geschlechtsidentität, sondern sind Ausdruck der voneinander abweichenden Geschlechterrollen. Auf diese Fragen wird noch ausführlicher im nachfolgenden Kapitel eingegangen.

2. »Unser Kind ist so anders – ist es etwa homosexuell?«

Ist es wirklich so, dass der später schwule Mann als Kind ein Röckchen tragen und sich schminken möchte und die später lesbische Frau als Kind raue Sportarten bevorzugt und sich ausgesprochen jungenhaft gibt? Vielleicht haben Sie als Eltern sich schon solche Fragen gestellt oder mit einer gewissen Sorge das Verhalten Ihres Kindes beobachtet.

Auch wenn es sehr klischeehaft klingt, müssen wir zur Kenntnis nehmen, dass etliche vergleichende Untersuchungen an Lesben, Schwulen und Heterosexuellen diese Annahme teilweise bestätigen. Zumindest gilt dies für die Vergangenheit. Die Zukunft wird zeigen, ob sich die Situation mit zunehmender Akzeptanz der Homosexualität verändern wird. So weisen etwa erste Beobachtungen auf ein zunehmendes, mitunter sogar ausgesprochen großes Interesse von Schwulen an sportlichen Aktivitäten und auf eine Offenheit von Lesben auch gegenüber sogenannten »typisch weiblichen« Rollen hin. Bei homosexuellen *Kindern* erleben wir aber eben noch vielfach die beschriebene Orientierung an den Interessen und am Verhalten des Gegengeschlechts.

Viele Eltern, vor allem die Mütter, die ihre Kindern im Allgemeinen viel intensiver erleben als die Väter, berichten, ihnen sei mitunter schon im Vorschulalter und später besonders in der Pubertät aufgefallen, dass sich die Tochter nicht »mädchenhaft« und der Sohn nicht »jungenhaft« verhalten habe. So berichtet die Mutter von Markus, einem heute 25-jährigen schwulen Mann (in diesem und in allen nachfolgenden Beispielen wurden die Namen und personenbezogenen Details zur Anonymisierung verändert):

»Markus war kein ›richtiger‹ Junge. Irgendwie habe ich immer gespürt, dass er ›anders‹ ist. Schon im Kindergarten hat er sich eher den Mädchen angeschlossen und war ausgesprochen ängstlich, wenn es um raue Bubenspiele ging. Vor allem das Fussballspielen war ihm ein Graus. Und als mein Mann beschloss, ihn im Sportverein anzumelden, wehrte sich Markus mit Händen und Füßen dagegen. Er ist dann zwar brav ein halbes Jahr wöchentlich dorthin gegangen. Ich habe aber gemerkt, dass er sich dort überhaupt nicht wohl gefühlt hat. Er wurde von den anderen Buben zunehmend ausgeschlossen und als ›Angsthase‹ und ›Heulsuse‹ verspottet, weil er so ängstlich und wehleidig war.

Mein Mann hat versucht, Markus‹ Interesse für Fußball zu wecken, indem er ihn im Alter von 8 und 9 Jahren mit zum Fußballplatz genommen hat. Aber schon bald musste er einsehen, dass dies vergeblich war. Markus fand immer neue Ausreden, warum er nicht mitgehen könne, und weigerte sich schließlich ganz offen, mit dem Vater zusammen zum Fußballplatz zu gehen.

Mein Mann war sehr enttäuscht darüber, dass Markus kein ›richtiger‹ Junge war, und hat sich daraufhin mehr und mehr von seinem Sohn zurückgezogen.«

Umgekehrt erfahren wir von der Mutter der heute 20-jährigen lesbischen Hanna, die Tochter sei den Eltern schon früh als ausgesprochen »jungenhaft« aufgefallen:

»Während die anderen Mädchen mit Puppen gespielt und sich gerne herausgeputzt haben, war Hanna an schönen Kleidern und an der Gesellschaft von Mädchen überhaupt nicht interessiert. Sie hat sich von früh auf den Jungen angeschlossen und wilde Spiele geliebt. Selbst an Festtagen hat sie es abgelehnt, einen Rock anzuziehen. Wenn wir mit ihr in den Ferien waren, wurde Hanna von Fremden wegen ihrer Kleidung und ihres Verhaltens immer wieder für einen Jungen gehalten.«

Diese beiden Berichte scheinen das weit verbreitete Klischeebild vom »weiblichen« Schwulen und von der »männlichen« Lesbe zu bestätigen. Wie es die Mütter von Hanna und Markus beschreiben, haben die beiden sich in der Kindheit »anders« als ihre Geschlechtsgenossinnen und -genossen verhalten. Die Kinder sind den Eltern schon früh dadurch aufgefallen, dass Hanna kein »richtiges« Mädchen und Markus kein »richtiger« Junge war. Müssen wir aus solchen Berichten und aus den eingangs erwähnten Studien also doch schließen, Lesben seien männlich und Schwule weiblich identifiziert?

Wie ich bereits im vorausgehenden Kapitel ausgeführt habe, ist dies keineswegs so. Keine lesbische Frau zweifelt an ihrer Weiblichkeit und kein schwuler Mann an seiner Männlichkeit. Hanna und Markus sind nur im Hinblick auf ihr Rollenverhalten »anders« als ihre Kameradinnen und Kameraden. Sie haben sich in ihren Interessen und ihrem Verhalten nicht an den Standards orientiert, die für Mädchen bzw. Jungen in ihrer Umgebung maßgebend waren, sondern haben ein Verhalten gezeigt, das eher dem Gegengeschlecht entsprach. Dies betrifft aber nur das Rollenverhalten und hat nichts mit dem innersten Wesen dieser Kinder, ihrer Kern-Geschlechtsidentität (vgl. Kapitel 1, S. 12f.), zu tun.

An dieser Stelle der Diskussion stellen Sie als Eltern sich vielleicht die Frage, warum Kinder mit einer gleichgeschlechtlichen Orientierung oft ein nicht-geschlechtskonformes Rollenverhalten zeigen. Wir können uns dies am ehesten dadurch erklären, dass sie schon früh, mitunter sogar schon in der Vorschulzeit, sicher aber in der Vorpubertät und Pubertät, spüren, dass sie »anders« empfinden als ihre heterosexuellen Kameradinnen und Kameraden. Im Allgemeinen können sie ihre Gefühle aber noch nicht als »homosexuell« wahrnehmen und benennen. Sie spüren lediglich ihre andersartige sexuelle Ausrichtung und stehen deshalb unter dem Eindruck, sie müssten sich dann auch »anders« als ihre Geschlechtsgenossinnen und -genossen verhalten.

Diese Selbstdefinition im Kindes- und Jugendalter erfolgt selbstverständlich nicht bewusst. Es geht vielmehr um einen unbewusst verlaufenden Prozess, etwa nach dem Muster: »Wenn ich mich als Junge zu Jungen hingezogen fühle, bin ich wohl kein ›richtiger‹ Junge, sondern eher ein Mädchen. Deshalb verhalte ich mich dann dementsprechend auch mädchenhaft«, bzw.: »Wenn ich mich als Mädchen zu Mädchen hingezogen fühle, bin ich wohl kein ›richtiges‹ Mädchen, sondern eher ein Junge und verhalte mich deshalb dementsprechend jungenhaft«.

Diese unbewusst verlaufende Selbstdefinition kommt dadurch zustande, dass die homosexuellen Kinder und Jugendlichen um sich herum heterosexuelle Kameradinnen und Kameraden erleben, die sich für das Gegengeschlecht interessieren. Weil dies für sie nicht zutrifft, ziehen die homosexuellen Kinder daraus den Schluss, dann müssten sie wohl

»irgendwie« dem Gegengeschlecht angehören. Das heißt: Die Jungen meinen, sie seien wohl »weiblich«, und verhalten sich deshalb ein Stück weit entsprechend. Und die Mädchen meinen, sie seien wohl »männlich«, und zeigen ein entsprechendes Verhalten.

Diese Vorstellung von der Polarität der Geschlechter und die Annahme, die sexuelle Anziehung sei nur im Rahmen einer solchen Polarität möglich, sind tief in unserer Kultur verwurzelt, die davon ausgeht, dass es nur zwei Geschlechter mit je »typischem« Rollenverhalten gibt. Dies sind jedoch rein kulturell bedingte Annahmen, die sich biologisch und psychologisch in keiner Weise rechtfertigen lassen.

Die Tatsache, dass sich gegenwärtig bei lesbischen und schwulen Jugendlichen weniger Verhaltensweisen finden lassen, die sich am Gegengeschlecht orientieren, weist darauf hin, dass die Jugendlichen heute im Allgemeinen besser über Homosexualität informiert sind. Außerdem erleben sie bei der heute weit verbreiteten Sichtbarkeit von Lesben und Schwulen um sich herum Menschen mit gleichgeschlechtlicher Orientierung, die ihnen als Modell dienen können. Aus dem Spüren, »anders« zu sein, zieht die heutige Generation der homosexuellen Kinder nicht mehr wie in der Vergangenheit den Schluss, dann müssten sie sich auch »anders«, d. h. nicht-geschlechtskonform, verhalten, sondern sie sind als Jungen in ihrem Rollenverhalten genauso »männlich« wie ihre heterosexuellen Kameraden und als Mädchen genauso »weiblich« wie ihre heterosexuellen Kameradinnen.

Wenn Sie als Eltern eines homosexuellen Kindes dies lesen, erinnern Sie sich vielleicht an Bilder, die Sie im Fernsehen oder in den Zeitungen von den großen Umzügen am Christopher Street Day (CSD) gesehen haben (vgl. Kapitel 6, S. 94). Treten da nicht Lesben in eindeutig männlichem Outfit und Schwule in ausgesprochen provokativer Weise als aufgetakelte Frauen in Kleidern, mit Federboa und Perücken auf? Und in Ihnen mag die Frage auftauchen: Weist dies nicht doch auf eine weibliche Identifizierung der Schwulen und eine männliche Ausrichtung der Lesben hin?

Dies sind berechtigte Fragen. Sogar Lesben und Schwule selbst sind diesbezüglich nicht immer ganz sicher, und auch unter ihnen gibt es Frauen und Männer, die insbesondere das effeminierte Verhalten von Schwulen bei Anlässen wie dem CSD, aber auch sonst zum Teil in der Öffentlichkeit als peinlich, wenn nicht sogar als ausgesprochen abstoßend empfinden.

Wie lässt sich ein solches Verhalten verstehen? Diese Frage stellt sich vor allem dann, wenn Sie feststellen, dass die gleichen Männer, die sonst im Alltag völlig unauffällig gekleidet sind und sich absolut nicht »weiblich« verhalten, beispielsweise am CSD als »Tunten« (d. h. stark effeminiert) auftreten. Diesem Verhalten liegen vor allem zwei Motive zugrunde:

Ein erstes Motiv gilt nicht nur für das provokativ weibliche Verhalten bei Anlässen wie dem CSD, sondern auch für diejenige Gruppe homosexueller Männer, die sich auch im Alltag und insbesondere im Umgang miteinander als »weiblich« präsentieren und verhalten. Dies äußert sich beispielsweise in einer weiblich anmutenden, gekünstelten Gestik, Kleidung und Sprechweise. In bestimmten Schwulenkreisen ist es auch – bzw. war es vor allem in der Vergangenheit – verbreitet, sich mit weiblichen Formen ihrer Namen anzusprechen, z. B. statt »Rainer« »die Rainersche« zu sagen oder von anderen Schwulen als von »Schwestern« zu sprechen.

Solche Verhaltensweisen wirken auf Außenstehende oft befremdlich und scheinen das Vorurteil von weiblich identifizierten Schwulen zu bestätigen. Dabei ist jedoch zweierlei zu bedenken: Zum einen darf, wie ich in Kapitel 1 bereits ausgeführt habe, aus einem weiblich anmutenden Verhalten *nicht* auf eine weibliche Identität geschlossen werden. Dies wäre eine unzulässige Verwechslung von Geschlechterrolle und Kern-Geschlechtsidentität. Sich tuntig zu kleiden und zu verhalten, heißt nicht, eine weibliche Kern-Geschlechtsidentität zu besitzen, sondern betrifft nur die Geschlechter*rolle*. Zum anderen ist zu berücksichtigen, dass Schwule ein solches weiblich erscheinendes Verhalten zumeist nur in bestimmten Situationen (wie beim CSD oder bei anderen Schwulenanlässen) zeigen, im Alltag sonst aber »richtige« Männer sind, d. h. sich so verhalten wie heterosexuelle Männer auch. Allerdings gibt es wie gesagt auch Schwule, die im privaten wie im öffentlichen Leben immer ein effeminiertes Verhalten zeigen.

Das zweite – zumeist nur mehr oder weniger bewusste – Motiv hinter dem effeminierten Verhalten könnte man folgendermaßen umschreiben: »Wenn meine Umgebung mich schon nicht als ›richtigen‹ (nämlich heterosexuellen) Mann wahrnimmt und akzeptiert, will ich das durch ein provokativ ›weibliches‹ Verhalten bestätigen.« Es ist quasi eine Flucht nach vorne, ähnlich wie ja auch der Begriff »schwul« ursprünglich ein Schimpfwort war und von der homosexuellen Emanzipationsbewegung dann als Ausdruck einer trotzigen Dennoch-Identität verwendet wurde.

Wie angedeutet, ist diese Dynamik oft kein bewusstes Ad-absurdum-Führen des in unserer Gesellschaft weit verbreiteten Vorurteils, Schwule seien weiblich identifiziert, sondern ein mehr oder weniger unbewusst verlaufender Prozess. Nicht selten äußert sich darin auch die zum Teil bei Schwulen selbst aufgrund dieses Vorurteils bestehende Unsicherheit, ob sie nicht doch »irgendwie weiblich« seien.

Diese Unsicherheit rührt daher, dass in unserer Kultur die Vorstellung tief verwurzelt ist, es gebe nur – einander ausschließende – weibliche *oder* männliche Rollen und das sexuelle Begehren sei nur in der Polarität der Geschlechter möglich. Wahrzunehmen, dass man als Frau eine Frau und als Mann einen Mann begehrt, führt deshalb auch bei Lesben und Schwulen selbst mitunter zu ziemlicher Irritation, da auch sie von unserer Kultur geprägt sind und die Vorstellung dichotomer Geschlechter verinnerlicht haben. Angesichts dieser Situation scheint es logisch zu sein, als Schwuler doch »irgendwie weiblich« und als Lesbe »irgendwie männlich« zu sein. Wie schon mehrfach erwähnt, hat dies jedoch nichts mit der Kern-Geschlechtsidentität (d. h. mit den weiblichen und männlichen Identitäten) zu tun.

Es mag sein, dass es Ihnen als Eltern schwerfällt, dies zu akzeptieren. Auch Sie sind von der uns alle umgebenden Kultur mit ihren Normen und Regeln geprägt und können sich nicht ohne weiteres von diesen Ihnen »selbstverständlich« erscheinenden Vorstellungen lösen. Ein Blick zurück in die Geschichte der Homosexualitätsforschung zeigt denn auch, wie tief in unserer Kultur die Vorstellung von der Polarität der Geschlechter als Voraussetzung des Begehrens verwurzelt ist. So hat beispielsweise Magnus Hirschfeld (1868–1935), ein Vorkämpfer für die Rechte der Homosexuellen, angenommen, beim schwulen Mann sei eine »weibliche Seele« in einem »männlichen Körper« und bei der lesbischen Frau sei eine »männliche Seele« in einem »weiblichen Körper«.

Eine ähnliche Vorstellung von der Polarität der Geschlechter und ihrer Bedeutung in der Entwicklung des Kindes und des Jugendlichen liegt der von Sigmund Freud formulierten psychoanalytischen Theorie vom »positiven« und »negativen« Ödipuskomplex zugrunde. Entsprechend dieser Theorie zeichnet sich die »normale« (sprich: heterosexuelle) Entwicklung dadurch aus, dass sich der Junge letztlich mit dem Vater und das Mädchen mit der Mutter identifiziert. Bei der »negativen« ödipalen Konstellation (die zur Homosexualität führe) hingegen identifiziere sich der Sohn mit der Mutter und die Tochter mit dem Vater. Die moderne psychoanalytische Forschung, die von den in Kapitel 1 dargestellten »Bausteinen« der Geschlechtsidentität ausgeht hat indes gezeigt, dass diese Annahmen keine Gültigkeit besitzen.

Doch zeigen die beiden beispielhaft zitierten Theorien von Hirschfeld und Freud, dass die Vorstellung von der Geschlechterpolarität tief in unserer Kultur und damit auch in uns verwurzelt ist. Die Homosexualität Ihres Kindes konfrontiert Sie nun mit der Aufgabe, diese Ihnen vielleicht selbstverständlich erscheinende Vorstellung kritisch zu hinterfragen. Dies mag schwierig für Sie sein und Sie verunsichern. Aber zugleich liegt darin auch eine große Chance, den Blick für die Realität des Erlebens und der Beziehungen von Menschen zu erweitern.

Wenn Sie als Eltern eines homosexuellen Kindes ein nichtgeschlechtskonformes Verhalten Ihrer Tochter oder Ihres Sohnes wahrnehmen, sollten Sie sich den geschilderten Hintergrund vergegenwärtigen und das Ihnen vielleicht befremdlich erscheinende Verhalten als Ausdruck der eigenen Unsicherheit Ihres Kindes oder als trotziges »Wenn ihr das von mir meint (nämlich dass ich als Schwuler kein ›richtiger‹ Mann bin), dann zeige ich es euch« verstehen.

Außerdem müssen Sie bedenken, dass etwa bei Karnevals- und Faschingsanlässen heterosexuelle Männer mitunter auch in weiblichem Outfit und heterosexuelle Frauen in männlicher Aufmachung erscheinen und dies in keiner Weise bedeutet, dass sie an ihrer männlichen bzw. weiblichen Identität zweifeln.

Das »Anders«-Sein kann sich aber auch noch in ganz anderer Art zeigen. Es kann sein, dass Sie vor allem in der Zeit der Pubertät bei Ihrem Kind einen zunehmenden sozialen Rückzug beobachten, vielleicht auch ein Bedrückt-Sein, das Sie bisher bei Ihrer Tochter oder Ihrem

Sohn nicht gekannt haben. Einerseits können diese Änderungen im Verhalten und in der Stimmung durch die Pubertät bedingt sein, in der die Heranwachsenden oft Stimmungsschwankungen aufweisen, stärker in sich gekehrt sind und sich mitunter sozial zurückziehen. Andererseits kann dies aber auch ein Hinweis darauf sein, dass Ihr Kind sein »Anders«-Sein im Hinblick auf die sexuelle Orientierung spürt, diese Empfindungen aber nicht einordnen und benennen kann und dadurch verwirrt ist.

In dieser Situation ist es sinnvoll, wenn Sie behutsam den Dialog mit Ihrer Tochter oder Ihrem Sohn suchen und Ihrem Kind Ihre Beobachtung – unter Umständen auch durchaus Ihre Vermutung, er oder sie könne homosexuell sein – mitteilen. Wenn Ihre Vermutung falsch ist, wird Ihr Kind es Ihnen sicher nicht verübeln, dass Sie sich Gedanken gemacht und nach den Ursachen für sein verändertes Verhalten gesucht haben.

Was auch immer der Grund für die Änderungen in der Stimmung und im Verhalten Ihres Kindes sein mag, ist es auf jeden Fall gut, wenn Sie in einen Dialog miteinander treten. Wenn es tatsächlich um das Thema »Homosexualität« geht, signalisieren Sie Ihrem Kind durch Ihre Frage, dass Sie für ein Gespräch darüber offen sind. Dabei ist es letztlich gleichgültig, ob Ihr Kind in diesem Moment auf Ihr Angebot eingeht oder nicht. Wichtig ist lediglich, dass Sie Ihre Akzeptanz und Bereitschaft zu einem Gespräch über die sexuelle Orientierung Ihres Kindes zum Ausdruck bringen.

Außerdem hat ein Gesprächsangebot auch insofern eine positive Wirkung auf Ihr Kind, als Sie es dadurch in der schwierigen Phase des inneren Gewahrwerdens seiner gleichgeschlechtlichen Orientierung und der ersten Auseinandersetzung damit aus seiner Einsamkeit mit diesem »Geheimnis« befreien. Unter Umständen stellt es bereits eine große Hilfe für Ihr Kind dar, dass Sie die Verwirrung, die es erlebt, als »Homosexualität« benennen und durch Ihr unverkrampftes Sprechen darüber signalisieren, dass diese sexuelle Orientierung eine Variante ist, die ihre Berechtigung hat, und sich, falls Ihr Kind tatsächlich homosexuell ist, nichts an Ihrer Wertschätzung Ihrem Sohn oder Ihrer Tochter gegenüber ändern wird.

Wenn Sie bei Ihrem Kind einen sozialen Rückzug und depressive Gefühle wahrnehmen, ist es auch sinnvoll, dass Sie sich selbstkritisch fragen, ob Sie es unter Umständen sind, die diese Gefühle verursacht haben. Im oben dargestellten Beispiel von Markus hat sich der Vater vom Sohn zurückgezogen, da er von dessen Unsportlichkeit enttäuscht war. Erlebt ein Kind einen solchen Rückzug – der zugleich auch ein Liebesentzug ist – von Seiten der Eltern, so ist verständlich, dass es darauf bedrückt, unter Umständen sogar völlig verzweifelt reagiert, wird ihm dadurch doch eine psychische Verletzung zugefügt. Die Person, der es sich nahe fühlt und deren Liebe und Wertschätzung es braucht, wendet sich von ihm ab, da es die Erwartungen dieser Person nicht erfüllt.

In einer solchen Situation kommt es darauf an, dass Sie als Eltern wahrnehmen – und akzeptieren –, dass Ihr Kind »anders« ist, als Sie es erwarten und wünschen. Dies mag schwierig für Sie sein, wenn es sich um Persönlichkeitsmerkmale und Verhaltensweisen handelt, die Ihnen sehr wichtig sind. Doch gilt es, hier die eigenen Vorstellungen zurückzustellen und die Realität Ihres Kindes zu respektieren, d. h. im Fall eines schwulen Jungen beispielsweise dessen geringes Interesse an »typisch« männlichen Tätigkeiten und bei einem lesbischen Mädchen sein geringes Interesse an »typisch« weiblichem Verhalten zu akzeptieren. Auf diese Weise vermeiden Sie es, Ihrer lesbischen Tochter oder Ihrem schwulen Sohn psychische Verletzungen zuzufügen, die unter Umständen gravierende Folgen für ihr weiteres Leben haben. Wenn es Ihnen gelingt, die eigenen Wünsche und Erwartungen zurückzustellen, tun Sie Ihrem Kind den größten Dienst und verhelfen ihm zu Selbstakzeptanz und einem starken Selbstbewusstsein.

Auf den Punkt gebracht

Wie können Sie als Eltern darauf reagieren, wenn Sie wahrnehmen, dass Ihr Kind sich »anders« verhält und andere Interessen entwickelt als die anderen Kinder?

- In erster Linie gibt es keinen Grund, deshalb in Panik zu geraten. Es können erste Hinweise auf eine sich entwickelnde gleichgeschlechtliche Orientierung sein. Ob es wirklich um eine homosexuelle Identität geht, wird aber erst die Zukunft zeigen. Bleiben Sie als Eltern deshalb für alle Entwicklungen offen.

- Wichtig ist es in dieser Entwicklungsphase auch, diese Zeichen wahr- und ernst zu nehmen und sie nicht mit allen Mitteln zu unterdrücken. Dies heißt nicht, dass ein Junge nicht in einem jungenhaften und ein Mädchen nicht in einem mädchenhaften Verhalten bestärkt und gefördert werden sollte. Es geht lediglich darum, die Eigenheiten des Kindes im Rollenverhalten und in seinen Interessen nicht zu unterdrücken und sich nicht, wie im geschilderten Beispiel der Vater von Markus, enttäuscht vom Kind abzuwenden, weil es die elterlichen Rollenerwartungen nicht erfüllt. Die weitere Entwicklung wird umso ungestörter verlaufen, je offener Sie als Eltern Ihrem Kind begegnen und je unvoreingenommener Sie es in seiner Individualität akzeptieren.

- Mit zunehmendem Alter ist es hilfreich, dass Sie mit dem Kind behutsam über seine Gefühle sprechen. Denn es ist eine die gleichgeschlechtlich empfindenden Kinder verwirrende Erfahrung, zu spüren, dass die anderen Kinder offensichtlich andere Gefühle gegenüber Mädchen und Jungen haben als sie selbst. In dieser Situation ist es für Ihr Kind hilfreich und enorm entlastend, wenn Sie als Eltern ihm vermitteln, dass Sie Ihr Kind ohne Vorbehalte so akzeptieren, wie es ist. Dadurch wird das Vertrauensverhältnis zwischen Ihnen und Ihrem Kind gestärkt, und Ihr Kind erfährt von Ihnen Solidarität, die es besonders dann benötigt, wenn es sich unter den Kameradinnen und Kameraden fremd fühlt oder eventuell sogar manifeste Ablehnung erlebt. Je stärker sich Ihre Tochter oder Ihr Sohn von der Familie getragen fühlen und je selbstsicherer sie dadurch werden, desto besser können sie sich den anderen Kindern gegenüber behaupten, auch wenn sie in manchen ihrer Interessen von den anderen abweichen.

- Es ist eine bekannte Tatsache, dass ein stabiles Selbstwertgefühl der Kinder und die Erfahrung, Solidarität in der Familie zu erleben, dazu führen, dass sie selbstbewusst auftreten und dann auch von der Umgebung größere Akzeptanz erfahren. In dieser Hinsicht können

Sie als Eltern Ihrem sich gleichgeschlechtlich entwickelnden Kind eine nicht hoch genug einzuschätzende Unterstützung sein.

- Zugleich können aber auch Sie selbst als Eltern von einem offenen Umgang mit den ersten Anzeichen einer homosexuellen Orientierung Ihres Kindes profitieren, indem Sie sich frühzeitig darauf einstellen und mit dem Thema »Homosexualität« auseinandersetzen können. So bleibt Ihnen das erspart, was mitunter weniger sensible Eltern berichten, dass ihnen nämlich erst in der Pubertät oder im jüngeren Erwachsenenalter ihrer Kinder »schockartig« klar geworden sei, dass diese nicht, wie sie gedacht hatten, hetero-, sondern homosexuell sind.

3. Konflikte zwischen den Eltern wegen der Homosexualität des Kindes

Die internationale Forschung zur Frage, wie Frauen und Männer auf Homosexualität reagieren, zeigt übereinstimmend einen interessanten Befund: Im Allgemeinen haben Frauen mit Homosexualität wesentlich weniger Probleme als Männer. Die Ablehnung der gleichgeschlechtlichen Orientierung, d. h. eine homosexualitätsfeindliche Einstellung, wird vielfach als *Homophobie* bezeichnet.

Dieser Begriff trifft indes den Sachverhalt, um den es geht, nicht genau. Die Bezeichnung Homo-»phobie« bedeutet ja »Angst vor« der Homosexualität. Homophobe Menschen müssten demnach, wie andere Phobiker (z. B. Personen mit Höhenangst oder Angst vor großen Menschenansammlungen), das Zusammentreffen mit der gefürchteten Situation (in diesem Fall mit homosexuellen Frauen und Männern) eigentlich meiden. Dies ist indes keineswegs der Fall. Homophobe Menschen beschäftigen sich im Gegenteil in der Regel intensiv mit Lesben und Schwulen, äußern sich in entwertender Art über sie und führen oft einen erbitterten Kampf gegen sie. Es ist insofern eigentlich korrekter, nicht von Homo-»phobie«, sondern von einer *homosexualitätsfeindlichen Einstellung* zu sprechen.

Wie erwähnt, finden sich negative Einstellungen zur Homosexualität im Allgemeinen bei Männern häufiger als bei Frauen. Für Eltern von Kindern mit einer gleichgeschlechtlichen Orientierung können daraus unerwartete Konflikte zwischen den Partnern entstehen, die sich belastend auf ihre eheliche Beziehung und auf die Beziehung zwischen ihnen und ihrem Kind auswirken. Das folgende Beispiel möge der Veranschaulichung dieser Situation dienen.

Das Ehepaar Reber (sie Hausfrau, 43 Jahre, er Ingenieur, 46 Jahre) lebt zusammen mit den drei Kindern Manuel (23 Jahre), Isabelle (21 Jahre) und

Patrick (19 Jahre) in einer Kleinstadt. Vor einigen Monaten hat Manuel den Eltern und den Geschwistern eröffnet, dass er schwul ist.

Die Reaktionen auf diese Mitteilung sind völlig unterschiedlich: Frau Reber ist anfangs zwar verunsichert, äußert dann aber, sie habe schon an »so etwas« gedacht. Sie habe aber nicht den Mut gehabt, Manuel direkt zu fragen. Sie schließt den Sohn unter Tränen in die Arme und sagt ihm, für sie bleibe er ihr »lieber Sohn, egal ob hetero- oder homosexuell«.

Der Vater reagiert völlig entsetzt: »Das ist doch nicht möglich! Du bist doch nicht ›so einer‹!« Anfangs versucht er, die Homosexualität des Sohnes zu bagatellisieren. (»Das ist nur so eine Idee von dir. Warte ab: Wenn du die richtige Frau findest, wirst du schon sehen, dass das alles nur Einbildung ist. Steigere dich bloß nicht da hinein!«) Als er aber im Gespräch mit Manuel spürt, dass es diesem ernst ist, kommt es zu einem heftigen Streit zwischen Vater und Sohn. Die Auseinandersetzung endet mit dem Ausruf von Herrn Reber, er möchte von »diesem Thema« nichts mehr hören. Wenn Manuel die Homosexualität wirklich ausleben wolle, müsse er das außerhalb des Elternhauses tun. Er werde es nicht dulden, dass der Sohn »einen dieser Typen« mit ins Elternhaus bringe. Manuel ist durch diese schroffe Zurückweisung des Vaters zutiefst verletzt.

In dieser Situation tritt Frau Reber vehement für den Sohn ein und weist ihren Mann darauf hin, sie dulde es nicht, dass er »in diesem Ton« mit dem Sohn spreche. Was denn in ihn gefahren sei, Manuel in dieser Art zu entwerten und zu beleidigen? Sie stehe voll hinter dem Sohn! Selbstverständlich dürfe er seine Freunde mit heimbringen, egal ob hetero- oder homosexuell. Das dürfe doch Isabelle mit ihrem Freund und Patrick mit seiner Freundin auch. Und wenn Manuel einen Partner habe, würde sie sich freuen, den Mann kennenzulernen, den ihr Sohn liebe.

Völlig entgeistert starren der Ehemann und die Kinder Frau Reber nach diesem engagierten Votum an, denn es ist im Allgemeinen nicht ihre Art, sich so emotional zu äußern und Front gegen ihren Mann zu machen.

Nach kurzem Schweigen geht Isabelle auf Manuel zu, schließt ihn in die Arme und sagt: »Mama hat Recht. Du bist und bleibst der Manuel, den wir lieb haben. Ich finde es toll, dass du schwul bist! Ich habe einen schwulen Kollegen. Das ist ein ganz toller Mann. Der wird sich freuen, wenn ich ihm erzähle, dass ich nun einen schwulen Bruder habe. Und du, Papa, solltest mal langsam auf den Teppich runterkommen und dir überlegen, warum du so blöd tust, wenn Manuel den Mut hat, uns endlich zu sagen, dass er schwul ist. Gedacht habe ich mir das schon seit längerer Zeit«, fügt sie mit einem Augenzwinkern zu Manuel hinzu.

»Das finde ich auch, Papa«, lässt sich nun der jüngste Sohn, Patrick, vernehmen. »Ich weiß gar nicht, was der ganze Aufruhr soll. Ob hetero, bi oder schwul, das ist doch völlig egal! Du hast dir allerdings ziemlich viel Zeit gelassen, uns das mitzuteilen, Bruderherz. Ich habe einen Schulkollegen, der hat das seinen Eltern schon mit 16 gesagt. Bei denen hat der Vater auch zuerst blöd getan, hat sich dann aber bald beruhigt und engagiert sich heute für die Rechte von Lesben und Schwulen. Ich habe immer gedacht, Papa, du wärst ein aufgeschlossener, moderner Mann. Was du da sagst, kommt mir fast vor wie die Einstellung des Vaters eines muslimischen Kollegen. Der hat mir erzählt, dass er seine Homosexualität unter keinen Umständen in der Familie erwähnen darf. Wenn sein Vater erführe, dass der Sohn schwul ist, würde er ihn halb totschlagen, und seine Familie würde ihn total ächten.«

Während dieser Äußerungen seiner Kinder schaut Herr Reber mit wachsender Verwirrung von einem zum anderen. Er wendet sich bei den letzten Worten von Patrick abrupt um und verlässt mit den Worten: »Ich glaube, ihr seid alle total verrückt geworden!«, wütend, die Türe hinter sich zuknallend, den Raum.

Die beschriebene Szene ist keineswegs selten. Mitunter verläuft sie sogar noch dramatischer. Herr Reber ist zwar im ersten Moment total konsterniert und äußert sich sehr negativ über die Homosexualität des Sohnes. Manuel erfährt aber durch das vehemente Statement der Mutter und die engagierten Voten der Geschwister Unterstützung, wodurch die Verletzung, die ihm der Vater zufügt, zumindest ein Stück weit relativiert wird.

Schlimmer ist es für das homosexuelle Kind, wenn die Mutter dem Konflikt mit dem Ehemann ausweicht und nicht, wie Frau Reber, den Mut aufbringt, sich gegen die Meinung des Ehemannes zu stellen. Zu derartigen Situationen kommt es vor allem, wenn es bereits im Vorfeld schwerwiegende Konflikte zwischen den Eltern gibt und die Mutter prinzipiell in einer schwächeren Position ist. In diesem Fall wird sie es im Allgemeinen nicht wagen, dem Ehemann zu widersprechen und sich für das homosexuelle Kind einzusetzen.

Im geschilderten Beispiel wird die Situation des schwulen Sohnes zusätzlich durch die eindeutige Parteinahme der Geschwister erleichtert. Dass dies, wie im Fall der Familie Reber, möglich ist, setzt bereits ein relativ »demokratisches« Familiensystem voraus. Herrscht dagegen ein autoritäres, die Kinder einschüchterndes Milieu, so werden es auch die Geschwister nicht wagen, dem Vater zu widersprechen und sich für die lesbische Schwester oder den schwulen Bruder einzusetzen.

Wenn Sie in einer stark vom Mann dominierten Familie leben, ist es besonders wichtig, dass Sie akzeptierend und wertschätzend auf die Mitteilung Ihres Kindes, es sei homosexuell, reagieren. In der dann unter Umständen folgenden Auseinandersetzung mit ihrem Mann braucht es von Seiten der Frau zum einen Mut, die lesbische Tochter oder den schwulen Sohn vor seinen entwertenden Äußerungen zu schützen. Zum anderen können Sie vielleicht aber auch, wie Frau Reber im beschriebenen Beispiel, bei Ihren anderen Kindern Unterstützung finden.

Vielleicht gelingt es Ihnen sogar, Ihren Mann einige Zeit, bevor sich Ihr Kind ihm gegenüber outet, behutsam darauf vorzubereiten, dass Ihre Tochter oder Ihr Sohn homosexuell sein könnten. Auf diese Weise geben Sie ihm Zeit, sich mit diesem Thema auseinanderzusetzen, und können in der Diskussion mit Ihrem Partner auch manche Vorurteile ausräumen und seine kritische Einstellung zur Homosexualität zumindest etwas abbauen. Sie schützen dadurch Ihr Kind vor Verletzungen, die ihm sonst durch die Entwertung und Ablehnung des Vaters zugefügt würden.

Die bei Männern häufiger als bei Frauen zu beobachtende ablehnende (»homophobe«) Einstellung gegenüber Homosexualitität findet sich auch beim Ehepaar Reber: Frau Reber ist zwar zunächst irritiert durch Manuels Mitteilung, er sei schwul. Sie fasst sich aber schnell und akzeptiert den Sohn ohne jeglichen Vorbehalt mit seiner gleichgeschlechtlichen Orientierung (»Du bist und bleibst mein lieber Sohn, ob hetero- oder homosexuell«).

Herr Reber dagegen reagiert ablehnend und entwertend. Vielleicht erleben auch Sie als Eltern eine ähnliche Situation und leiden darunter, dass die Homosexualität Ihres Kindes zu Konflikten zwischen Ihnen führt. Es lohnt sich deshalb, sich Gedanken über die Hintergründe solcher homosexualitätsfeindlichen Einstellungen zu machen. Wodurch lässt sich erklären, dass die Akzeptanz der Homosexualität bei Frauen und Männern unterschiedlich ist? Die Forschung weist auf verschiedene Ursachen hin.

Ein erster Grund liegt darin, dass durch die gleichgeschlechtliche Orientierung in der Beziehung zwischen zwei Männern oder zwei Frauen eine Komponente hinzukommt, die sich sonst, vor allem unter Männern, nicht findet: nämlich Zärtlichkeit und Sexualität. Es ist keineswegs so, dass Männer nicht zu starken Gefühlen fähig wären. Jungen werden aber nach wie vor dahingehend erzogen, ihren Gefühlen nicht in dem Maße wie Mädchen Ausdruck zu verleihen, und dies vor allem nicht in der Beziehung zueinander. Unter Jungen und Männern geht es entsprechend den weithin vermittelten Geschlechterrollen im Allgemeinen »kumpelhaft« und oft ausgesprochen rivalisierend zu. Die Äußerung »weicher«, zärtlicher Gefühle passt nicht in dieses Schema und führt deshalb zur Irritation und oft zur Ablehnung von Lesben und Schwulen, in deren Beziehungen solche Gefühle selbstverständlich eine große Rolle spielen, da sich ihr Begehren ja auf Personen des gleichen Geschlechts richtet und es bei ihnen um Liebesbeziehungen geht.

Untersuchungen zur Akzeptanz und Ablehnung der Homosexualität zeigen, dass sich vor allem diejenigen Männer mit der Akzeptanz gleichgeschlechtlicher Orientierungen schwer tun, die sich an traditionellen, patriarchalen Männerbildern orientieren. Im geschilderten Beispiel weist der Sohn Patrick auf dieses Faktum hin, indem er den Vater damit konfrontiert, er habe gedacht, Herr Reber sei ein »aufgeschlossener, moderner Mann«. Das traditionelle Männerbild fordert von einem »richtigen« Mann den erwähnten »kumpelhaften«, rivalisierenden Umgang mit anderen Männern und entwertet den homosexuellen Mann, der von diesem Verhalten abweicht. So ist Herrn Rebers Ausruf »Du bist doch nicht ›so einer‹!« zu verstehen. Das heißt: »Du bist doch ein ›richtiger‹ Mann und kein ›weiblicher‹ Mann, der seine Gefühle an Männer richtet!«

Neben der Gefühlskomponente, die nicht zum traditionellen Männerbild passt, kommt als zweiter Grund für die bei Männern im Allgemeinen stärker ausgeprägte Homosexualitätsfeindlichkeit hinzu, dass es in gleichgeschlechtlichen Beziehungen nicht möglich ist, Machtpositionen und Rechte am Geschlecht festzumachen. In traditionellen, patriarchal strukturierten Familien leiten Männer häufig ihre Machtposition und die daran gebundenen Privilegien wie selbstverständlich aus dem biologischen Geschlecht ab. Im dargestellten Beispiel wird spürbar, dass Herr Reber in der Auseinandersetzung mit den Familienmitgliedern zunehmend in Bedrängnis gerät und seine Machtposition als »Vorsteher« der Familie gefährdet sieht. Vor diesem Hintergrund ist sein wütender Abgang zu verstehen.

Die Herleitung von Machtpositionen in der Familie aus dem biologischen Geschlecht ist in der gleichgeschlechtlichen Partnerschaft nicht möglich, da die beiden Beteiligten dem gleichen Geschlecht angehören. In solchen Partnerschaften müssen die Rechte und Pflichten der Partnerinnen und Partner ausgehandelt werden, und es kommt, wie die Forschung zeigt, in diesen Partnerschaften im Allgemeinen zu einer weitgehend egalitären, gleichberechtigten Rollenverteilung. Dadurch wird die gleichgeschlechtliche Partnerschaft zu einem Affront für Männer, die sich an traditionellen, patriarchalen Rollenvorstellungen orientieren, stellt die »Homo-Ehe« doch die vielfach in traditionellen heterosexuellen Ehen bestehende männliche Dominanz in Frage und zeigt, dass es eine echte Gleichberechtigung zwischen Liebespartnern geben kann.

Diese Überlegungen zeigen, dass hinter der vor allem bei Männern zu findenden homosexualitätsfeindlichen – »homophoben« – Einstellung die Angst vor dem Verlust von Machtpositionen und Privilegien steht. Dabei übersehen solche Männer allerdings, dass sie durch die Veränderung ihrer traditionellen Männerrollen viel gewinnen könnten: Es würde mehr Emotionalität in ihren Beziehungen möglich und könnte zu einer egalitären Rollenverteilung in ihren heterosexuellen Partnerschaften kommen.

Anschaulich beschreibt der Schriftsteller Edmund White in seinem Essay »Die Freuden des schwulen Lebens«[3] die Situation gleichgeschlechtlicher Paare, indem er darauf verweist, dass gleichgeschlechtliche Beziehungen gesellschaftlich und gesetzlich nicht die gleiche Bedeutung haben wie heterosexuelle Ehen. Edmund White sieht darin aber nicht in erster Linie einen Nachteil, sondern betont, dass im Fehlen gesellschaftlich vorgegebener Modelle auch eine besondere Chance liegt. So sehen sich Lesben und Schwule in ihren Partnerschaften der Aufgabe gegenüber, ihre eigenen Wege zu finden, wie sie ihre Beziehung gestalten wollen.

Sie müssen deshalb, wie White es formuliert, »die Liebe ganz neu erfinden«[4]. Das bedeutet z. B., sich passende Verträge und Vereinbarungen auszudenken, Hausarbeit, Regelung von Geldangelegenheiten, Übernahme von gesellschaftlichen Verpflichtungen untereinander aufzuteilen und die Geschlechterrollen – im Alltag und in der Sexualität – zu überdenken.

Im Grunde sind auch heterosexuelle Paare mit ähnlichen Fragen konfrontiert. Die ihnen in unserer heterosexuell geprägten Gesellschaft vorgegebenen Modelle lassen ihnen aber weniger Spielraum, bzw. viele Paare, die sich an traditionellen Rollenvorstellungen orientieren, denken oft gar nicht daran, dass sie mehr Freiräume haben könnten. Angesichts der hohen Scheidungsraten in der Gegenwart müssen auch heterosexuelle Menschen ihre Beziehungen einer kritischen Prüfung unterziehen und nach neuen Formen des Zusammenlebens suchen. Hier könnten, so Edmund White, heterosexuelle Menschen durchaus von Schwulen und Lesben lernen, die sich ja schon lange mit den schwierigen Fragen um die Geschlechterrollen beschäftigen. So stimme ich ihm voll und ganz zu, wenn er meint, dass homosexuelle Menschen »in gewisser Weise eine Avantgarde darstellen«[5], auch wenn sie noch nicht zu allgemeingültigen Lösungen gekommen sind.

Patrick, der jüngste Sohn der Familie Reber, weist im Zusammenhang mit den traditionellen Männerbildern noch auf die spezielle Situation hin, in der sich Menschen mit gleichgeschlechtlichen Orientierungen befinden, die aus dem muslimischen Kulturkreis stammen. In ihren meist stark patriarchal strukturierten Familien wird Homosexualität im Allgemeinen vehement abgelehnt. Wenn homosexuelle Jugendliche mit diesem kulturellen und religiösen Hintergrund sich outen, riskieren sie, von der Familie ausgestoßen zu werden, wenn sie nicht sogar Opfer manifester Gewalt werden (vgl. Kapitel 4).

Die Ablehnung der Homosexualität wird durch bestimmte Passagen des Korans, die zum Teil die gleichen sind wie die in der Bibel (z. B. die Geschichte von Sodom und Gomorrha), begründet. Koran-Wissenschaftler weisen jedoch darauf hin, dass in den entsprechenden Suren weniger Homosexualität im Sinne einer gleichgeschlechtlichen Beziehung gemeint ist, sondern dass es hier (wie in der christlichen Deutung der Lot-Geschichte) um die Verletzung des Gastrechts, um Ungerechtigkeit und Unterdrückung geht.[6] Letztlich sagen die Passagen im Koran wenig zum Umgang mit homosexuellen Menschen.

Da die traditionelle muslimische Familie stark patriarchal strukturiert ist, wird die Mutter einer muslimischen lesbischen Tochter oder eines muslimischen schwulen Sohnes es in der Regel nicht wagen, sich, wie Frau Reber, gegen die homosexualitätsfeindliche Haltung ihres Mannes zu stellen. Homosexuellen Kindern bleibt deshalb häufig nur die Möglichkeit, ihre gleichgeschlechtliche Orientierung zu unterdrücken oder höchstens im Geheimen zu leben, wobei sie in diesem Fall immer aber in der Angst vor Entdeckung leben. Oder sie müssen den Kontakt zu ihrer Familie ganz abbrechen, was jedoch aus emotionalen wie sozialen Gründen oft sehr schwer für die Heranwachsenden ist. Außerdem müssen sie, je nach der Heftigkeit der antihomosexuellen Einstellung in ihrer Familie, mit Bedrohungen, unter Umständen sogar mit manifester Gewalt von Seiten des Vaters und anderer männlicher Verwandter rechnen.

Wenn es um die mangelnde Akzeptanz von Vätern gegenüber der Homosexualität ihrer Kinder geht und daraus Konflikte mit der Mutter resultieren, befinden Sie sich als Eltern zweifellos in einer schwierigen Situation. Eigentlich wäre in dem Moment, wo Ihr Kind seine gleichgeschlechtliche Orientierung mitteilt und sich Ihnen als Eltern anvertraut, in besonderem Maße Solidarität miteinander wichtig, um sich mit den eigenen Gefühlen, dem Coming-out des Kindes (vgl. Kapitel 5) und mit der weiteren Umgebung (vgl. Kapitel 6) auseinanderzusetzen. Und gerade in dieser Situation brechen nun zwischen Ihnen Konflikte auf, die sich mitunter dramatisch zuspitzen und zu schwerwiegenden Ehekrisen führen können.

So alarmierend eine Situation – wie im Beispiel dargestellt – auch ist, bietet sie Ihnen als Eltern doch auch die Möglichkeit, sich über Ihre persönliche Haltung gegenüber der Homosexualität klarer zu werden und etwaige Vorurteile mit Ihrem Partner, Ihrer Partnerin zu diskutieren und abzubauen. Um die im Konflikt liegende Chance zu nutzen, ist es für Sie indes von großer Bedeutung, dass Sie auf die Argumente des anderen hören und nicht rigide auf Ihrem Standpunkt beharren. Das Wichtigste aber ist letztlich, dass Sie Ihrem Kind vermitteln, dass Sie es mit seiner Identität respektieren und nach wie vor lieben.

Auf den Punkt gebracht

Welche Schlüsse können wir aus dem geschilderten Beispiel der Familie Reber ziehen?

- Eltern und homosexuelle Kinder müssen damit rechnen, dass die Väter oft mehr Probleme mit der gleichgeschlechtlichen Orientierung ihres Kindes haben als die Mütter. Dies gilt ganz besonders für muslimische, stark patriarchal geprägte Familien, obwohl der Koran selbst sich längst nicht in so negativer Weise im Hinblick auf Homosexualität äußert, wie gemeinhin angenommen wird.

- Wenn Spannungen zwischen dem Vater und dem homosexuellen Kind auftreten, bedeutet dies keineswegs, dass die anfängliche Ablehnung auf Dauer bestehen bleibt. Das Umfeld sollte etwas Geduld mit den Vätern haben und sich ernsthaft mit ihren ablehnenden Gefühlen und den dahinterstehenden Ängsten auseinandersetzen. Wichtig ist in solchen Situationen, den Dialog nicht abbrechen zu lassen. Oft erweist es sich als hilfreich, dabei Vermittler einzubeziehen. So könnte etwa im geschilderten Beispiel, als Herr Reber wütend und Türen knallend den Raum verlässt, seine Frau ihm folgen, mit ihm über seine Reaktion sprechen und später, wenn alle Beteiligten sich beruhigt haben, ein Gespräch zwischen Vater und Sohn arrangieren.

- Den Müttern kommt bei solchen Konflikten zwischen dem Vater und dem homosexuellen Kind eine besondere Rolle zu. Auf der einen Seite ist es wichtig, dass sie dem Kind gegenüber, wie im Beispiel Frau Reber, ihre vorbehaltlose Akzeptanz zum Ausdruck bringen und es trösten, wenn es sich durch die vehemente Ablehnung des Vaters verletzt fühlt. Auf der anderen Seite erweist die Mutter dem Kind und der ganzen Familie einen großen Dienst, wenn sie auf die Gefühle des Vaters eingeht, ihn zu verstehen versucht und ihm durch sachliche Information (z. B. durch Hinweise auf Fachliteratur) und durch das Gespräch mit ihm dabei hilft, seine Vorurteile abzubauen. Auf diese Weise kann es gelingen, dass der Dialog zwischen Vater und Kind nicht abreißt und die Beziehung zwischen ihnen sich wieder normalisiert oder vielleicht durch die Krise sogar eine Tiefe gewinnt, die sie bisher nicht hatte.

• Falls sich in diesem Annäherungsprozess große Probleme ergeben, ist es sinnvoll, dass die Familie sich fachliche Hilfe sucht. Dabei ist darauf zu achten, dass die betreffenden Fachleute eine vorurteilsfreie Einstellung gegenüber dem Thema »Homosexualität« haben. Dies ist leider keineswegs selbstverständlich. Nach wie vor gibt es auch Fachleute, die noch dem längst überholten Pathologiekonzept anhängen, insbesondere wenn sie fundamentalistischen Gruppierungen nahestehen. Beratungen bei solchen Fachleuten bringen der Familie nichts. Sie haben im Gegenteil einen negativen Effekt, da sie nicht zur Klärung der Konflikte beitragen, sondern die Spannungen noch verstärken und dadurch den Graben zwischen dem Vater und dem homosexuellen Kind noch tiefer werden lassen, wodurch sich auch die Konflikte zwischen den Partern verschärfen können. Es ist deshalb wichtig, dass Sie als Eltern bei der Suche nach einer geeigneten Fachperson beispielsweise Informationen über geeignete Fachleute bei den nationalen lesbisch-schwulen Dachverbänden einholen (in Deutschland: VLSD, in der Schweiz: LOS und Pink Cross, in Österreich: Homosexuellen Initiative, HOSI, in verschiedenen Städten). Zur effizienten Beratung von Familien mit einem homosexuellen Familienmitglied ist nicht nur eine unvoreingenommene, prinzipiell wertschätzende Haltung der Fachperson gegenüber gleichgeschlechtlichen Orientierungen notwendig. Es bedarf auch des Wissens um die spezifischen Lebensumstände von Lesben, Schwulen und ihren Angehörigen sowie der Information über Selbsthilfegruppen (z. B. für Eltern von Lesben und Schwulen) und über diverse andere Angebote für die homosexuellen Kinder und ihre Eltern.

- Gelingt es, die Spannungen zwischen dem Vater und dem homosexuellen Kind abzubauen, so wird dadurch auch die Beziehung zwischen den Eltern wieder normalisiert. Dies kommt allen Beteiligten zugute: Sie als Eltern können sich gemeinsam mit den Problemen auseinandersetzen, mit denen sie sich persönlich konfrontiert sehen (vgl. Kapitel 6). Außerdem können Sie Ihr homosexuelles Kind beispielsweise in seinem Coming-out-Prozess (vgl. Kapitel 5) gemeinsam unterstützen.

- Schließlich liegt in der konstruktiven Lösung der familiären Spannungen für Sie als Vater die Chance, einen großen Schritt in Ihrer eigenen Entwicklung zu tun. Durch eine Situation, wie Familie Reber sie erlebt, werden Sie als Vater – wenn Sie sich ernsthaft damit auseinandersetzen – dazu angeregt, Ihre Männlichkeitsbilder und Ihre Rollenvorstellungen kritisch zu reflektieren. Dadurch kann es Ihnen gelingen, eine neue, offenere, prinzipiell tolerantere Einstellung zu finden, was zu einer positiven Veränderung Ihres Verhaltens in der Familie führt und damit auch Ihrer Beziehung zu Ihrer Partnerin zugutekommt.

- Das Wichtigste in diesem Prozess ist, unbedingt im Gespräch miteinander zu bleiben. Dies betrifft den Dialog zwischen Ihnen als Eltern ebenso wie das Gespräch zwischen Ihnen und Ihrem Kind bzw. Ihren Kindern.

4. »Welche Probleme kommen auf unser homosexuelles Kind zu?«

Es wäre eine unzulässige Verharmlosung von Tatsachen, wollte man die nachweislich bestehenden Ausgrenzungen, denen Menschen mit gleichgeschlechtlichen Orientierungen auch in unserer Gesellschaft ausgesetzt sind, negieren. Insofern ist es durchaus verständlich, dass Sie sich als Eltern Sorgen um ihr homosexuelles Kind machen. Andererseits wäre es aber unrealistisch, diese Probleme überzubewerten und zu dramatisieren. Wichtig ist vielmehr auch bei diesen Fragen, eine realistische Einschätzung vorzunehmen. Nur so ist es möglich, angemessen damit umzugehen.

Die Ausgrenzungen und Benachteiligungen, unter denen Lesben, Schwule und Bisexuelle vielfach zu leiden haben, betreffen letztlich alle Lebensbereiche: die schulische, berufliche, rechtliche und auch religiös-spirituelle Situation. Fehlende Akzeptanz von Seiten der Kirchen sowie Anfeindungen wegen des gleichgeschlechtlichen Lebensstils in der Öffentlichkeit sind häufig und sehr belastend. Da es für einen konstruktiven Umgang mit diesen Problemen wichtig ist, die tatsächlich bestehende Situation realistisch einzuschätzen, möchte ich einen Überblick über die verschiedenen Lebensbereiche geben, in denen es unterschiedliche Formen von Ausgrenzung und Diskriminierung geben kann. Dies heißt indes keineswegs, dass Lesben und Schwule in diesen Bereichen immer und überall mit Problemen konfrontiert wären.

Wie zu zeigen sein wird, haben homosexuelle Menschen selbst einen nicht zu unterschätzenden Einfluss darauf, in welcher Form und mit welcher Intensität sie mit Diskriminierungen konfrontiert werden. Vor allem liegt es bei ihnen, welche Wirkung solche Ausgrenzungen auf sie haben und wie sie mit diesen Ereignissen umgehen. Je besser dies gelingt, desto weniger müssen Sie als Eltern sich Sorgen um Ihre lesbische Tochter oder Ihren schwulen Sohn machen.

Gewalt in der Schule

Die Schule gilt als ein Ort, an dem Kinder und Jugendliche mit gleichgeschlechtlichen Orientierungen vielfach Opfer von Diskriminierungen und Gewalt werden können. So zeigt die in verschiedenen europäischen Ländern mit 1500 Schülerinnen und Schülern durchgeführte *Schoolmates*-Studie über Bullying (Mobbing) in der Schule[7], die von der Europäischen Kommission und dem Daphne II-Programm zur Bekämpfung von Gewalt gegen Kinder, Jugendliche und Frauen gefördert wurde, dass die Jugendlichen innerhalb eines Jahres mindestens eine homophob motivierte Bullying-Episode in ihrem Umfeld beobachtet haben. Täter sind in erster Linie männliche Jugendliche. Die Schülerinnen nehmen diese Gewalttaten sensibler wahr als die Schüler. Diese Befunde bestätigen, wie bereits in Kapitel 3 ausgeführt, dass homosexualitätsfeindliche Einstellungen und Handlungen sich vor allem bei männlichen Personen finden. Dies manifestiert sich schon im Schulalter. Schon früh reagieren Mädchen sensibler auf solche Ausgrenzungen und stellen sich oft schützend vor die Mitschülerinnen und Mitschüler, die von antihomosexueller Gewalt bedroht sind.

Wie die Schoolmates-Studie zeigt, geschieht Bullying in erster Linie, wenn keine Erwachsenen in der Nähe sind. Das heißt: Es gibt in der Schule recht viele Opfer von antihomosexuell motiviertem Mobbing, das aber von den Lehrerinnen und Lehrern und anderem Schulpersonal kaum wahrgenommen wird. Wenn Lehrpersonen dann aber intervenieren, sind es in erster Linie Lehrerinnen und seltener ihre männlichen Kollegen.

Wie andere Formen des Mobbing kann auch das Bullying aufgrund der sexuellen Orientierung schwerwiegende Folgen für die Opfer haben, etwa Angst, Depressionen, Leistungsabfall oder sozialen Rückzug. Wenn Sie bei Ihrem Kind derartige Symptome beobachten, sprechen Sie es direkt darauf an. Was auch immer diesen Symptomen zugrunde liegt – Ihr Kind bedarf auf jeden Fall Ihrer Hilfe. Falls es um Bullying aufgrund der gleichgeschlechtlichen Orientierung Ihrer Tochter oder Ihres Sohnes geht und Sie bisher noch nicht über die Homosexualität informiert waren, ist dies dann unter Umständen ein Anlass für Ihr Kind, sich Ihnen gegenüber zu outen.

Die Schoolmates-Studie *analysiert* aber nicht nur das Bullying, das sich gegen Schülerinnen und Schüler richtet, die homosexuell sind oder von denen andere vermuten, sie seien lesbisch oder schwul. Das AutorInnenteam liefert auch praxisnahe *Anleitungen zu seiner Bekämpfung*, die sich an Schülerinnen und Schüler sowie Lehrerinnen und Lehrer und das übrige Schulpersonal richten.

Zur Vermeidung von Gewalt gegen Lesben, Schwule und Bisexuelle erscheint es mir wichtig, dass alle Menschen ihres Umfelds für dieses Problem sensibilisiert werden. Die Schoolmates-Studie hat deshalb eine spezielle Anleitung für Schülerinnen und Schüler herausgegeben mit dem Titel »Bullying im Klassenzimmer. Wie Du es bekämpfen kannst«[8]. In diesem Leitfaden werden Kinder und Jugendliche darüber aufgeklärt, in welcher Form Bullying erfolgt, welche Auswirkungen es hat und was die Opfer selbst und ihre Mitschülerinnen und Mitschüler dagegen tun können.

Da die Empfehlungen in dieser Studie sowohl für Sie als Eltern hilfreich seien können als auch für Ihre Kinder, falls sie Opfer antihomosexuellen Mobbings werden, seien hier die wichtigsten Grundsätze genannt. Den *Opfern* selbst wird nahegelegt, dass sie sich niemals mit der Gewalt abfinden sollen: »Das ist nicht okay, und du kannst – und sollst – etwas dagegen unternehmen! Du hast ein Recht darauf, in einem sicheren Umfeld zu leben«.

Den von Gewalt bedrohten Kindern und Jugendlichen werden in diesem Leitfaden außerdem konkrete Hinweise gegeben, wie sie sich in gefährlichen Situationen verhalten können, z. B.:

- die Nähe von Erwachsenen suchen,
- in erster Linie auf die eigene Sicherheit bedacht sein,
- die Bullies meiden (ohne Angst zu haben, deshalb für feige gehalten zu werden),

- Dritte (z. B. Schülerinnen und Schüler wie Erwachsene) um Hilfe bitten sowie

- verschiedene Verhaltensweisen einüben, die sich als wirkungsvoll im Umgang mit Bullies erwiesen haben (z. B. versuchen, sich nicht provozieren zu lassen, und souverän bleiben; oder sich schlagfertige Antworten zurechtlegen und sie laut äußern, so dass auch andere sie hören und auf Täter und Opfer aufmerksam werden).

Besonders betont wird im Leitfaden der Schoolmates-Studie die Bedeutung der Selbstachtung und des Selbstvertrauens, auf deren Grundlage die Opfer sich effizienter wehren können. Gerade in dieser Hinsicht bietet sich Ihnen als Eltern eines homosexuellen Kindes die Möglichkeit, Ihre lesbische Tochter oder Ihren schwulen Sohn wirkungsvoll zu unterstützen.

Die Schoolmates-Studie hat ferner einen Katalog von empfehlenswerten Verhaltensweisen für Kinder und Jugendliche formuliert, die »Bullying« gegenüber anderen Heranwachsenden *beobachten*. Dazu gehören unter anderem:

- das Opfer zu schützen, indem es von einer Gruppe von Mitschülerinnen und Mitschülern begleitet wird,

- das Selbstbewusstsein des Opfers zu stärken,

- den Bullies direkt entgegenzutreten, sowie

- das Opfer dabei zu unterstützen, Hilfe von außen (vor allem bei Eltern und Lehrpersonen) zu finden.

Die im Leitfaden *für Lehrkräfte und das übrige Schulpersonal* vorgeschlagenen Strategien gegen das Bullying von Schülerinnen und Schülern, die homosexuell sind oder für homosexuell gehalten werden, eignen sich auch für Sie als Eltern. In erster Linie geht es darum, sensibel und achtsam für das Thema »Bullying« zu sein und sich kritisch mit eigenen, unter Umständen bestehenden Vorurteilen auseinanderzusetzen. Konkret wird empfohlen:

- Schülerinnen und Schüler über Bullying und seine Folgen zu informieren,

- zum Abbau von Vorurteilen und Stereotypen beizutragen, die von den Bullies als »Rechtfertigung« für ihr gewalttätiges Verhalten oft herangezogen werden,
- ein offenes, vertrauensvolles und Sicherheit vermittelndes Klima zu schaffen,
- konkrete Begegnungen mit Lesben, Schwulen und Bisexuellen zu organisieren (z. B. durch die Einladung von Mitgliedern einer Arbeitsgruppe von Lesben und Schwulen zur Aufklärung über Homosexualität in den Schulen).

Weitere Empfehlungen beschäftigen sich mit konkreten Maßnahmen gegen das Bullying in der Schule (Gespräche mit Tätern und Opfern, eindeutige Stellungnahmen gegen jede Form von Gewalt sowie Aufzeigen und Einleiten von Schutzmaßnahmen für die Opfer).

Auch Sie als Eltern können diese Empfehlungen berücksichtigen. Wirkungsvolle und Ihre lesbische Tochter oder Ihren schwulen Sohn unterstützende Strategien sind:

- die Stärkung des Selbstbewusstseins Ihres Kindes,
- Schaffung eines offenen, vertrauensvollen und Sicherheit vermittelnden Klimas in der Familie,
- sensibler Umgang mit dem Coming-out des Kindes, und
- Zusicherung Ihrer Hilfe, wann immer Ihr Kind sie braucht.

Auch wenn die Resultate der Schoolmates-Studie darauf hinweisen, dass es eine recht große Zahl von Kindern und Jugendlichen gibt, die aufgrund ihrer gleichgeschlechtlichen Orientierung Opfer von Bullying werden, kann man in den letzten Jahren doch eine gewisse Änderung des Verhaltens in den Schulen gegenüber homosexuellen Kindern und Jugendlichen feststellen. Es scheint sich zumindest an den höheren Schulen eine größere Akzeptanz im Hinblick auf Homosexualität zu entwickeln, so dass es hier zu weniger massiven Ausgrenzungen kommt.

Zum Abbau von Vorurteilen ist es wichtig, dass das Thema »Homosexualität« in der Schule diskutiert wird.

Dies geschieht allerdings nach wie vor zu selten. Grund dafür ist unter anderem, dass die Lehrerinnen und Lehrer in ihrer Ausbildung wenig bis gar nichts zum Thema »Homosexualität« erfahren. Spezielle Arbeitsgruppen der Lesben- und Schwulenverbände versuchen, diesem Informationsmanko entgegenzuwirken, indem sie in die Schulen gehen und über gleichgeschlechtliche Orientierungen und Lebensweisen informieren und mit den Schülerinnen und Schülern diskutieren. Vermehrt wird in den letzten Jahren das Thema »Homosexualität« auch von der »Basis« her, nämlich von den Schülerinnen und Schülern selbst, in die Diskussion gebracht, indem sie z. B. nicht selten dem Thema »Homosexualität« Referate widmen.

Wichtig im Prozess der Öffnung gegenüber dem Thema »gleichgeschlechtliche Orientierungen und Lebensweisen« wäre, dass lesbische Lehrerinnen und schwule Lehrer sich outen, so dass sie positive Leitbilder für Kinder und Jugendliche darstellen. Viele Lehrerinnen und Lehrer mit gleichgeschlechtlichen Orientierungen scheuen sich aber, mit ihrer Homosexualität sichtbar zu werden, da sie fürchten, dass sich gegen sie von Seiten der Eltern – und vielleicht auch von Kolleginnen und Kollegen – der Vorwurf der Pädosexualität richten könnte. Eine solche Verdächtigung, homosexuelle Lehrerinnen und Lehrer würden die Kinder und Jugendlichen verführen, ist durch nichts zu rechtfertigen, da die sexuelle Orientierung nichts mit der Frage zu tun hat, ob ein Erwachsener sich Erwachsenen oder Kindern zuwendet. Im Falle der Pädosexualität geht es um die Verletzung von Generationengrenzen und um einen Übergriff gegenüber dem Kind. Solche Verhaltensweisen finden sich aber sowohl bei heterosexuellen als auch bei homosexuellen Menschen.

Gewalt in der Öffentlichkeit

Auch im Erwachsenenalter können Lesben, Schwule und Bisexuelle Opfer von Gewalt werden. Dies gilt vor allem für Männer, die ihre gleichgeschlechtliche Orientierung nicht offen leben und deshalb anonymen Sex an Orten suchen, wo sie Angriffen weitgehend schutzlos ausgeliefert sind. Besonders gefährdet sind in dieser Hinsicht

Männer, die wegen ihrer verdeckten Lebensweise dann nicht den Mut aufbringen, Anzeige zu erstatten. Die gegen Lesben gerichtete Gewalt kommt hingegen meist aus dem unmittelbaren persönlichen Umfeld der Frauen.

Gefährdet sind Lesben und Schwule aber generell auch an Orten mit allgemein großer Gewaltbereitschaft, die sich prinzipiell gegen jeden Menschen richten kann, der sich dort aufhält. Lesben und Schwule, die sich als solche zu erkennen geben, können hier indes bevorzugt Opfer von Gewalt werden. Die sicherste Art, sich vor derartigen Übergriffen zu schützen, ist für alle – heterosexuelle wie homosexuelle –Menschen, solche Orte nach Möglichkeit zu meiden. Wichtig ist natürlich, dass größtmögliche Sicherheit für *alle* Menschen besteht und sie davor geschützt sind, Opfer von Gewalt zu werden.

Gewalt im beruflichen Bereich

Auch der berufliche Bereich ist keineswegs frei von möglichen Ausgrenzungen. So weisen Studien zur Diskriminierung am Arbeitsplatz auf Diskriminierungsraten zwischen 60 % und 80 % hin.[9] Die Art der Ausgrenzung reicht von anzüglichen Bemerkungen über die Nicht-Berücksichtigung bei Beförderungen bis hin zu manifester Gewalt.

Wenn Ihre lesbische Tochter oder Ihr schwuler Sohn sich im beruflichen Bereich outen will, bedarf es eines sorgfältigen Abwägens, wie die Reaktion der Umgebung ausfallen wird. Es gibt Berufe, in denen Homosexualität überhaupt kein Problem ist. In diesen in der Fachliteratur als »*safe haven*«-*Berufe* bezeichneten Tätigkeitsfeldern (beispielsweise im künstlerischen Bereich) bedarf es im Allgemeinen keinerlei Überlegungen, ob und wann ein Coming-out am Arbeitsplatz möglich ist. Hier interessiert es entweder niemanden, ob die Mitarbeitenden homo-, bi- oder heterosexuell sind – es kommt sogar vor, dass die Heterosexuellen unter ihnen ausdrücklich auf ihre gegengeschlechtliche Orientierung hinweisen müssen, weil in diesem Bereich (z. B. bei Balletttänzern) wie selbstverständlich angenommen wird, sie seien homosexuell. Oder es besteht prinzipiell eine große Offenheit gegenüber den verschiedenen sexuellen Orientierungen und Lebensweisen.

Demgegenüber gibt es andere Berufe und Tätigkeitsfelder, in denen es geradezu tabu ist, sich über die eigene homo- oder bisexuelle Orientierung zu äußern. Dies betrifft etwa den Spitzensport. Vor allem im Mannschaftssport, z. B. in den Fußballvereinen, outet sich praktisch nie ein Spieler als homo- oder bisexuell. Dies wäre das Ende seiner Karriere. In diesen Gruppen herrscht eine ausgeprägte Homosexualitätsfeindlichkeit, und die lesbischen Spitzensportlerinnen und schwulen Spitzensportler fürchten (und hier sind es vor allem die Männer), dass sie massiv ausgegrenzt und von den Fans nicht mehr als »Idole« betrachtet würden.

Schwierig wird Ihrem bi- oder homosexuellen Kind die Entscheidung, ob es sich am Arbeitsplatz outen will, häufig auch bei Berufen im kirchlichen Bereich fallen (vgl. meine Ausführungen dazu weiter unten). Entweder wird die Homosexualität (wie in der katholischen Kirche und in fundamentalistischen protestantischen Gruppierungen) prinzipiell abgelehnt. In diesem Fall bleibt den meisten in diesem Bereich Tätigen, wenn sie dort arbeiten wollen, nur die Möglichkeit, ihre gleichgeschlechtliche Orientierung und Lebensweise zu verstecken, was zu einem zum Teil erheblichen Verheimlichungsstress führt. Oder die Homosexualität wird zwar nicht prinzipiell abgelehnt, darf aber (wie z. B. in den meisten protestantischen Landeskirchen Deutschlands in den Pfarrhäusern) nicht offen gelebt werden.

Das Problem liegt darin, dass es keine prinzipiell »richtige« Empfehlung gibt, ob sich Lesben und Schwule am Arbeitsplatz outen sollen oder nicht. Was »richtig« oder »falsch« ist, hängt von einer Vielzahl von Faktoren ab, die individuell beurteilt werden müssen. Erst dann ist es möglich, die Entscheidung darüber zu treffen, wie offen jemand im Beruf mit der gleichgeschlechtlichen Orientierung umgehen will.

Wenn Sie als Eltern eines homosexuellen Kindes von diesen Problemen erfahren, könnte dies bei Ihnen die Angst verstärken, Ihre lesbische Tochter oder Ihr schwuler Sohn sähen einer schwierigen beruflichen Zukunft entgegen. Dieser Eindruck entspricht jedoch nicht ganz der Realität. Gewiss bestehen in manchen Berufsfeldern noch etliche Schwierigkeiten. Vieles hat sich in den letzten Jahren im beruflichen Bereich aber doch zum Besseren gewendet. Antidiskriminierungsgesetze, ein erhöhtes Selbstbewusstsein von Lesben und Schwulen, die Aktivitäten der lokalen und nationalen Lesben- und Schwulenverbände sowie nicht zuletzt Lesben- und Schwulenvereinigungen in den verschiedenen Berufsfeldern bieten homo- und bisexuellen Menschen heute einen erhöhten Schutz und haben die Sicherheit für sie im beruflichen Bereich wesentlich verbessert.

Wenn von Diskriminierungsraten von 60 % bis 80 % die Rede war, ist es interessant zu sehen, dass nahezu identische Prozentsätze in Untersuchungen über sexuelle Belästigung von Frauen am Arbeitsplatz berichtet werden. Diese Übereinstimmung weist darauf hin, dass es bei Diskriminierungen von Lesben, Schwulen und Bisexuellen im beruflichen Bereich eigentlich nicht in erster Linie um die Homosexualität geht, sondern vielmehr darum, die betreffenden Mitarbeiterinnen und Mitarbeiter an einem empfindlichen Punkt, in diesem Fall an ihrer sexuellen Identität, zu treffen und damit Gewalt ihnen gegenüber auszuüben. Dahinter können Rivalitätskonflikte und andere individuelle und strukturelle Probleme stehen.

Dies mildert die Verletzung, die den Betreffenden durch die Diskriminierung zugefügt worden ist, natürlich nicht ab. Aber für Lesben, Schwule und Bisexuelle selbst wie auch für Sie als Eltern wird der Situation dadurch doch zumindest ein Stück weit die Brisanz genommen. Es ist eben nicht eine Ausgrenzung, die eine spezifische, nur Menschen mit einer gleichgeschlechtlichen Orientierung treffende Gefahr ist. Die übereinstimmenden Befunde von sexueller Belästigung von Frauen am Arbeitsplatz und von Diskriminierungen von Lesben, Schwulen und Bisexuellen im beruflichen Bereich weisen vielmehr darauf hin, dass alle Menschen Opfer von Ausgrenzungen und Gewalt werden können. Dabei ist allerdings zu berücksichtigen, dass sich in unserer patriarchal strukturierten Gesellschaft Diskriminierungen vor allem gegen die Menschen richten, die nicht in die androzentrische, patriarchal geprägte Welt passen, d. h. Frauen und homosexuelle Menschen. Im Fall von Lesben und Schwulen ist die Homosexualität einer der möglichen »Aufhänger«, an dem solche Diskriminierungen sich festmachen können.

Diskriminierungen in den christlichen Kirchen

Obwohl man annehmen sollte, dass im kirchlichen Bereich Menschen prinzipiell Akzeptanz und Wertschätzung finden, trifft dies bedauerlicherweise für das Thema »Homosexualität« nicht zu. Da sich die Sorgen, die Sie sich als Eltern um Ihr homosexuelles Kind machen, nicht selten auch auf diesen Lebensbereich beziehen, möchte ich im Folgenden auf die hier bestehenden Probleme eingehen. Gerade wenn für Sie die religiöse Dimension wichtig ist, kann es Ihnen nicht gleichgültig sein, ob Ihre lesbische/bisexuelle Tochter oder Ihr schwuler/bisexueller Sohn in der Kirche willkommen ist oder auf Ablehnung stößt.

Im Zentrum praktisch aller theologischen Erörterungen über die gleichgeschlechtliche Orientierung steht die Frage, was die Bibel über Homosexualität sage. Es sind im Grunde nur wenige Passagen des Alten und des Neuen Testaments, welche mehr oder weniger direkte Aussagen über gleichgeschlechtliche Handlungen machen. Neben dem Schöpfungsbericht von der Erschaffung und vom gottgewollten Zusammensein von Mann und Frau (Gen 1,27f.; Gen 2,18.22ff.) wird vor allem auf die Erzählung vom Untergang der Städte Sodom und Gomorrha hingewiesen (Gen 19). Aus dem Neuen Testament sind es die Aussagen des Paulus in Röm 1,26f. (vom »widernatürlichen Verkehr« als Beispiel für die Disharmonie zwischen Schöpfer und Geschöpfen) sowie in 1 Kor 6,9 und 1 Tim 1,10 (Verweis auf »Lustknaben« und »Knabenschänder«).

Die Frage, die sich in Diskussionen dann stellt, ist, ob die Bibel uns eine Antwort und verbindliche Richtlinien zum Umgang mit gleichgeschlechtlichen Orientierungen liefert. Im Hinblick auf diese Frage finden sich bei den verschiedenen Autoren diametral entgegengesetzte Antworten:[10] Von evangelikaler Seite etwa wird aus den biblischen Texten der Schluss gezogen, homosexuelles Verhalten sei »falsch«, d. h. »schöpfungswidrig« und somit »sündhaft«. Demgegenüber vertreten andere Autoren die Auffassung, die Bibel sage nichts zu homosexueller Liebe, ihr seien gleichgeschlechtliche Liebesbeziehungen in unserem heutigen Sinne unbekannt. Die betreffenden Passagen im Alten und Neuen Testament schilderten ausnahmslos Situationen, in denen es um gewaltsames Verhalten, Vergehen gegen das Gastrecht, heidnische Relikte und Ähnliches gehe.

Was die Haltung der christlichen Kirchen zur Homosexualität betrifft, besteht ein erheblicher Unterschied zwischen der katholischen und der protestantischen Kirche. Die katholische Kirche zeichnet sich durch eine hierarchische, männerdominierte Struktur aus und vertritt eine weltweit geltende, stark restriktive Sexualmoral. Im Weltkatechismus und in den offiziellen Verlautbarungen wird Homosexualität strikt abgelehnt und darf nicht gelebt werden. So wird im Weltkatechismus Homosexualität als »schwere Verirrung« bezeichnet, und Menschen mit gleichgeschlechtlichen Orientierungen werden »zur Keuschheit« aufgerufen, d. h. sie sollen auf die Realisierung ihres Begehrens verzichten.

Die protestantische Kirche zeigt hingegen eine pluralistischere Einstellung – mit großen Unterschieden im Hinblick auf die Akzeptanz von Homosexualität auf der Ebene der regionalen Kirchen und der einzelnen Gemeinden. Die von der EKD und der VELKD formulierten Texte vermeiden im Zusammenhang mit homosexuellen Handlungen das Wort »Sünde« und verstehen sich als Orientierungshilfen oder Gesprächsbeiträge ohne institutionell gesicherte Verbindlichkeit.

Letztlich bleiben aber auch diese Texte ambivalent, wenn sie beispielsweise eine generelle Regelung für die Anstellung homosexueller Mitarbeiterinnen und Mitarbeiter und für gleichgeschlechtliche Lebensgemeinschaften in Pfarrhäusern ablehnen. Erst in jüngster Zeit lassen sich in dieser Hinsicht in einigen Landeskirchen gewisse Lockerungen erkennen. Es war allerdings auch die EKD, die im Jahre 2004 ausdrücklich vor der von der deutschen Bundesregierung geplanten Stiefkindadoption mit dem Argument warnte, derartige Adoptionen würden darauf hinzielen, gleichgeschlechtlichen Lebenspartnerschaften langfristig das volle Adoptionsrecht einzuräumen.

Vehemente Ablehnung erfolgt im protestantischen Bereich vor allem von evangelikalen Kreisen, die ihren homosexuellen Mitgliedern verbieten, ihre sexuelle Orientierung zu leben, und sie, wie schon erwähnt, im Rahmen von – aus fachlicher und ethischer Sicht nicht akzeptablen – »Umpolungs«-Aktivitäten zu einem heterosexuellen Lebensstil drängen (vgl. auch Kapitel 5, S. 70).

In welcher Hinsicht müssen Sie sich als Eltern im Zusammenhang mit dem kirchlichen Bereich Sorgen machen? Die Sorge kann Ihr Kind dann betreffen, wenn es beispielsweise einer religiösen Gruppierung nahesteht und – je nach deren Einstellung zur Homosexualität – mit Ablehnung rechnen muss, sobald es seine gleichgeschlechtliche Orientierung offen kommuniziert. Sorgen machen sich Eltern auch, wenn ihr Kind einen Beruf im kirchlichen Bereich anstrebt oder innehat und unter Umständen hier mit Schwierigkeiten – etwa auch einer Kündigung – wegen seiner Homo- oder Bisexualität rechnen muss.[11] Dies gilt vor allem für Tätigkeiten innerhalb der katholischen Kirche.

Sie machen sich aber vielleicht auch Sorgen um Ihre eigene Situation. Dies gilt beispielsweise, wenn Sie sich in einer religiösen Gemeinschaft heimisch fühlen, die Homosexualität als Sünde bezeichnet und ablehnt. In einer solchen Gruppierung müssen Sie unter Umständen befürchten, dass Sie beim Bekanntwerden der Homosexualität Ihres Kindes unter Druck gesetzt werden, Ihr Kind von der »Sündhaftigkeit« seiner Orientierung zu überzeugen und es von seinem homosexuellen Lebensstil abzubringen. Dies kann Sie in große Konflikte stürzen, da Sie einerseits Ihr Kind lieben und es mit seiner sexuellen Orientierung akzeptieren möchten, die Homosexualität andererseits aber von Ihrer religiösen Bezugsgruppe strikt abgelehnt wird.

Trotz dieser negativen Haltung, die zum Teil in den christlichen Kirchen besteht, müssen Sie sich vor Augen halten, dass dies nur *eine* Seite des Problems ist. Daneben gibt es, vor allem in der protestantischen, aber auch an der Basis der katholischen Kirche, durchaus Offenheit und Akzeptanz gleichgeschlechtlicher Orientierungen und Lebensweisen. Allerdings geraten die an der Basis der Kirchen Tätigen mitunter selbst in große Schwierigkeiten, wenn sie Solidarität mit Lesben und Schwulen zeigen, dies bei ihren vorgesetzten Stellen aber massive Kritik auslöst.

Lesben und Schwule haben in den verschiedenen christlichen Kontexten eine eigene Spiritualität entwickelt und leben sie in speziellen Gruppierungen, z. B. in lesbisch-schwulen Basiskirchen. Diese eigene Spiritualität ermöglicht es ihnen, die Verletzungen, die ihnen in den offiziellen Kirchen zum Teil zugefügt worden sind, hinter sich zu lassen und jenseits der institutionellen Kirchen einen Raum zu schaffen, in dem sie ihren Glauben entwickeln und leben können.

Wenn Menschen mit gleichgeschlechtlichen Orientierungen ein spirituelles Leben führen wollen, sind sie aufgrund ihrer speziellen Situation und wegen der Homosexualitätsfeindlichkeit, die sie zum Teil in den Kirchen erleben, gezwungen, sich intensiv mit Glaubensfragen auseinanderzusetzen. Auf diese Weise können sie zu einem wichtigen Element in der Erneuerung der Kirchen und zu einer fruchtbaren Herausforderung für alle Christinnen und Christen werden, indem sie den in den Kirchen zum Teil herrschenden Tendenzen zur Erstarrung in Dogmatismus und Buchstaben-Frömmigkeit entgegenwirken.

Wenn Sie selbst vielleicht mitunter an der Enge und Rigidität der offiziellen Kirchen verzweifeln, bedenken Sie und trösten Sie sich damit, dass lesbische, schwule und bisexuelle Christinnen und Christen dieser Erstarrung ihr eigenes »Charisma« (vgl. Kapitel 12), eine sie auszeichnende »Begabung zur gleichgeschlechtlichen Liebe«, entgegenzusetzen haben – eine Begabung, die eine »Gnaden-Gabe Gottes« ist und die sie nicht länger verbergen wollen, wie auch in einer Broschüre der Vereinigung Homosexuelle und Kirche (HuK) beschrieben wird: »Homosexuelle ChristInnen wollen ihre Gaben und Begabungen in ihre Gemeinden einbringen und offen zu ihrer Gabe der Homosexualität stehen können. Sie berufen sich dabei auf die Lehre des Paulus, der allen Gaben gleiche Würde und gleichen Wert einräumt. Gerade in ihrer Vielfalt und Unterschiedlichkeit ergänzen sich die Charismen untereinander. Sie sind eins, weil sie aus dem vereinenden Geist Gottes kommen. Die Gaben unterschiedlicher Menschen können in den Kirchen, im Dienst vor Gott, zur Entfaltung kommen – auch die Gaben der Menschen mit unterschiedlicher Ausprägung von Sexualität. Im Sinne des Gleichnisses von den anvertrauten Talenten (Mt 25,14–30) wollen homosexuelle ChristInnen ihre ›Talente‹ nicht weiter vergraben, sondern im Dienst Gottes und der Gemeinde mit ihnen wuchern.«[12]

Homosexualität und Islam

Wie bereits in Kapitel 3 erwähnt, bestehen im Allgemeinen in islamischen Kulturen große Probleme für Kinder, Jugendliche und Erwachsene, die in sich eine gleichgeschlechtliche Orientierung spüren und diese auch leben möchten (vgl. S. 91). Da unter den Leserinnen und Lesern dieses Ratgebers vielleicht auch etliche aus dem islamischen Kulturkreis sind, möchte ich hier etwas ausführlicher auf die Beurteilung der Homosexualität im Islam eingehen.[13]

Im Allgemeinen besteht – auch unter Muslimen – die Ansicht, der Islam lehne die gleichgeschlechtliche Orientierung als Sünde und Vergehen aufs Schärfste ab, da der Koran in der Geschichte vom Volk Lots (die auch im Alten Testament berichtete Geschichte von Sodom und Gomorrha) Homosexualität eindeutig verurteile und darauf hinweise, dass homosexuelle Menschen zu bestrafen seien.

Eine solche Auffassung ist indes nicht ganz richtig und muss, ebenso wie die Beurteilung der Homosexualität im christlichen Bereich, differenzierter angeschaut werden.

Bekanntlich enthält der Koran nach muslimischem Glauben die vom Propheten Muhammad empfangene und verkündete direkte Offenbarung Gottes. Diese beinhaltet zwar eine Reihe von Geboten und Verboten, der Koran ist aber kein Gesetzbuch. Der weitaus größte Teil des Korans besteht aus Ermahnungen, Betrachtungen der Schöpfung, den Geschichten der früheren Gottesgesandten (wie Noah, Abraham, Mose, Jesus) sowie Beschreibungen des Jüngsten Gerichts und des Jenseits. Im ganzen heiligen Buch der Muslime gibt es kein Wort für »Homosexualität« und auch keinen Begriff für Frauen und Männer, die gleichgeschlechtlich fühlen und handeln.

In Diskussionen über Homosexualität wird meist die Geschichte von Lot und seinem Volk zitiert, die im Koran in mehreren, leicht unterschiedlichen Varianten erzählt wird (Suren 7, 11, 15, 26, 27, 29, 54). Sie entspricht dem biblischen Sodom-Bericht in Genesis 1,19. Aus diesen Erzählungen ist von etlichen muslimischen Gelehrten der Schluss gezogen worden, der Koran lehne die gleichgeschlechtliche Beziehung strikt ab. Die Männer des Volkes Lots hätten sich der Sünde von Sex zwischen Männern schuldig gemacht. Dabei spricht der Koran in diesem Zusammenhang davon, die Leute von Sodom seien die Ersten gewesen, die sich diese Perversion hätten einfallen lassen.

Kritisch ist zu dieser die Homosexualität als Sünde bezeichnenden Interpretation zu sagen, dass der Koran nicht explizit von Sex spricht, sondern der Text ein Wort enthält, das lediglich auf das Bestehen eines Wunsches und ein Begehren der Leute Lots hinweist, ohne dass dies eine spezifisch sexuelle Bedeutung hätte. Wie auch im biblischen Bericht von Sodom und Gomorrha stehen im Zentrum der Lot-Erzählung nicht eigentlich die Sexualität, sondern die Verletzung des Gastrechts sowie Ungerechtigkeit und Unterdrückung.

Eine kritische Prüfung der Stellen im Koran, die als Beleg für die Notwendigkeit, Homosexuelle zu bestrafen, angeführt werden, ergibt interessanterweise, dass es in der Sure 4 (15–16) ausdrücklich heißt, es müssten vier Zeugen gefunden werden, welche die »Schandbarkeit« bezeugen. Dies ist eine Forderung, welche die Bestrafung homosexueller Handlungen erheblich einschränkt. Außerdem verweist diese Sure darauf, dass man von den sich schandbar Verhaltenden ablassen solle, wenn sie bereuen und sich bessern, »denn Gott ist vergebend und barmherzig«.

Außerdem ist wichtig zu wissen, dass konkrete Hinweise auf die Bestrafung homosexueller Menschen sich nicht eigentlich im Koran, sondern in der Sunna, dem »Brauch« des Propheten Muhammad, finden. Die Sunna stellt eine Sammlung von vielen tausend Überlieferungsberichten (*Hadithe*) dar. Diese Hadithe sind Überlieferungen mit einer Aussage über ein Wort oder eine Tat Muhammads, wobei die Authentizität der Hadithe nicht immer gesichert ist. Dies gilt auch für viele Hadithe, welche die Homosexualität betreffen. Gemäß dieser Hadithe soll der Prophet jene verdammt haben, »die das tun, was das Volk Lots getan hat«. Es heißt dort unter anderem, Muhammad habe sogar zur Tötung und Steinigung solcher Menschen aufgefordert. Dem widerspricht allerdings, dass es nach dem Koran keine Todesstrafe wegen sexueller Delikte gibt. Wenn in den islamistischen Staaten gemäß der *Scharia*, dem islamischen Recht, homosexuelle Frauen und Männer mit brutalsten Strafen bedroht werden, so widerspricht dies deshalb eindeutig dem Koran.

Bei einer historischen Betrachtung zeigt sich interessanterweise, dass die Männerliebe in der Vergangenheit in der islamischen Kultur, vor allem in der klassischen türkischen und arabischen Liebeslyrik, einen großen Platz einnimmt. Die heute in den islamistischen Staaten herrschende antihomosexuelle Diskriminierung ist als eine ursprünglich von den europäischen Staaten ausgehende, der arabischen Kultur eigentlich fremde Ablehnung der mann-männlichen Liebe zu interpretieren.[14]

Letztlich finden sich im Koran keine eindeutigen Aussagen über die gleichgeschlechtliche Liebe. Die Äußerungen, welche die Homosexualität verdammen, und die Forderung schwerer Strafen, bis hin zur Tötung homosexueller Menschen, werden in den Hadithen formuliert, deren Authentizität jedoch, wie gesagt, gerade in den die Homosexualität betreffenden Passagen nicht immer gesichert ist. Insofern wäre der Koran selbst letztlich kein Hinderungsgrund für die Akzeptanz der gleichgeschlechtlichen Orientierung von Muslimen.

Es wird deutlich, dass im Islam, ebenso wie im Christentum, die gleichgeschlechtlichen Orientierungen und Lebensweisen nicht völlig der Lehre des für diese Religion geltenden heiligen Buches widersprechen. Auch der Islam bietet einen viel weiteren spirituellen Raum für homosexuelle Menschen, als es die islamistischen Staaten, die sich auf die Scharia stützen, vertreten. Dies bedeutet für Sie als muslimische Eltern einer Tochter oder eines Sohnes mit gleichgeschlechtlicher Orientierung, dass Sie nicht der Ansicht sein müssen, die sexuelle Ausrichtung Ihres Kindes sei mit dem Koran unvereinbar. Homosexuell-Sein und Muslim-Sein widersprechen sich ebenso wenig wie Homosexuell-Sein und ChristIn-Sein.

Die Beziehungen homosexueller Menschen – ein Problem?

Sorgen bereitet Ihnen vielleicht auch der Gedanke daran, wie Ihr homosexuelles Kind seine Beziehungen gestalten wird. Wird Ihre lesbische Tochter eine Partnerin, Ihr schwuler Sohn einen Partner finden, mit der sie bzw. mit dem er glücklich wird? Dies sind zwar Gedanken, die auch Eltern heterosexueller Kinder bewegen. Nur, werden Sie sich fragen, ist es nicht doch schwieriger, eine gleichgeschlechtliche Partnerschaft zu führen?

Dabei denken Sie vielleicht nicht in erster Linie an die rechtlichen Probleme, die ich im nächsten Unterkapitel behandeln werde, sondern an die Frage, wie diese Beziehungen gestaltet und ob sie von der Umgebung akzeptiert werden. Vielleicht haben Sie in irgendwelchen Berichten auch gelesen oder von Bekannten, die der Homosexualität ablehnend gegenüberstehen, gehört, gleichgeschlechtliche Beziehungen hätten keinen Bestand, brächen schnell wieder ab und zeichneten sich dadurch aus, dass Lesben und vor allem Schwule in schnellem Wechsel immer wieder andere Partner suchten. Läuft Ihr Kind dann nicht Gefahr, im Alter einsam sein Leben fristen zu müssen? Dies sind Fragen, die Ihnen als Eltern unter Umständen Sorgen bereiten.

Was ich hier als sorgenvolle Gedanken, mit denen Sie sich vielleicht beschäftigen, geschildert habe, sind größtenteils vorurteilsbeladene Zerrbilder des Lebens von Lesben und Schwulen, die einer genaueren Prüfung nicht standhalten. In Bezug auf die Dauerhaftigkeit der gleichgeschlechtlichen Partnerschaften bestehen längst nicht die großen Unterschiede zu heterosexuellen Partnerschaften, wie mitunter angenommen wird. Die hohen Scheidungsraten in der Gegenwart zeigen, dass auch heterosexuelle Ehen nicht mehr die Konstanz aufweisen, die sie in der Vergangenheit gehabt haben. Und etliche Ehen bleiben aus finanziellen Gründen und wegen der Kinder bestehen und nicht, weil die Ehegatten eine sie erfüllende Beziehung miteinander leben.

Lesben und Schwule hingegen haben in den meisten Ländern erst seit wenigen Jahren die Möglichkeit, ihre Partnerschaften in Form der eingetragenen gleichgeschlechtlichen Partnerschaft rechtlich absichern zu lassen, wobei diese Partnerschaften zumeist rechtlich nicht der heterosexuellen Ehe gleichgestellt sind. Auch gibt es in den meisten dieser eingetragenen Partnerschaften keine Kinder, die, wie bei heterosexuellen Paaren, oft Grund dafür sind, die Ehe trotz Konflikten weiterzuführen. Soweit uns Zahlen über Scheidungen von homo-

und heterosexuellen Paaren vorliegen, weisen sie auf sehr ähnliche Prozentsätze hin.[15]

Diese Resultate zeigen, dass Sie sich als Eltern eines homosexuellen Kindes keine Sorgen machen müssen, Ihre lesbische Tochter oder Ihr schwuler Sohn würde nur kurze, immer wieder wechselnde Beziehungen eingehen. Es bleibt außerdem abzuwarten, wie sich die Möglichkeit der Eintragung der gleichgeschlechtlichen Partnerschaft auf die Beziehungskonstanz auswirken wird. Wahrscheinlich werden die lesbischen und schwulen Partnerschaften weiterhin an Stabilität gewinnen.

Ein anderes Thema, das Ihnen in Bezug auf die gleichgeschlechtliche Partnerschaft Ihres Kindes vielleicht Sorgen bereitet, ist die Frage, ob Ihre Tochter oder Ihr Sohn in einer solchen Beziehung glücklich sein wird. Zu diesem Thema liegen uns heute etliche vergleichende Studien mit homo- und heterosexuellen Paaren vor. Diese Untersuchungen belegen, dass in gleichgeschlechtlichen Partnerschaften, auch wenn es »Regenbogenfamilien« mit Kindern sind (vgl. Kapitel 10), im Allgemeinen eine egalitäre Rollenverteilung in Bezug auf die Pflichten und Rechte besteht, während viele Frauen in heterosexuellen Ehen, vor allem ab dem Moment, wenn Kinder geboren werden, in traditioneller Rollenverteilung leben (die Frau besorgt das Haus und der Mann verdient das Geld). Die Zufriedenheit in den gleichgeschlechtlichen Partnerschaften ist dementsprechend in der Regel größer als in heterosexuellen Ehen. Sie müssen sich auch in dieser Hinsicht als Eltern also keine Sorgen machen, Ihr Kind würde in einer gleichgeschlechtlichen Partnerschaft unglücklich werden. Im Gegenteil: Es wird im Allgemeinen zufriedener sein als in einer heterosexuellen Ehe.

Sorgen machen Sie sich schließlich vielleicht auch, wenn Sie daran denken, wie Ihre lesbische Tochter oder Ihr schwuler Sohn im höheren Alter leben wird. Wenn Sie von der – wie ausgeführt allerdings irrigen – Annahme ausgegangen sind, bei Lesben und Schwulen gebe es keine stabilen Beziehungen, befürchten Sie vermutlich, Ihr Kind werde im Alter einsam und verbittert sein. Auch diese Einschätzung entspricht nicht der Realität.[16] Wie dargestellt, gehen auch Lesben und Schwule dauerhafte Partnerschaften ein und pflegen intensive Beziehungen zu anderen Menschen. Zum Teil sind die Kontakte zu anderen Lesben und Schwulen aus der »gay community«, der lesbisch-schwulen »family«, sogar intensiver, als viele heterosexuelle Menschen sie zu ihren Freundinnen und Freunden unterhalten.

Einen gewissen Vorteil gegenüber Heterosexuellen haben Lesben und Schwule auch dadurch, dass sie infolge ihres »Minoritäten«-Status – weil sie eine zahlenmäßig relativ kleine Gruppe sind – zeitlebens ihre sozialen Kontakte bewusst pflegen müssen. Dies zeigt sich beispielsweise in den verschiedenen homosexuellen Berufs- und Freizeitgruppen, in denen Lesben und Schwule sich engagieren. Viele in traditionellen Ehen lebende heterosexuelle Männer hingegen verlassen sich, was die Pflege der sozialen Kontakte angeht, weitgehend auf ihre Ehefrauen. Wenn solche Männer durch Scheidung oder Tod ihre Frau verlieren, sind sie häufig in Bezug auf die Pflege ihrer sozialen Kontakte unerfahren und hilflos und deshalb weitaus stärker der Gefahr der Vereinsamung ausgesetzt als schwule Männer. Homosexuell-Sein bedeutet also keineswegs, Probleme in den mitmenschlichen Beziehungen zu haben. Lesben und Schwule haben nicht zwangsläufig instabilere Beziehungen mit immer wieder wechselnden Partnerinnen und Partnern. Sie leben, wie Heterosexuelle auch, in stabilen Partnerschaften und fühlen sich darin sehr wohl, nicht zuletzt wegen der hier herrschenden egalitären Rollenverteilung. Ihre lesbische Tochter oder Ihr schwuler Sohn wird im Verlauf der psychosozialen Entwicklung in mancherlei Hinsicht sogar fähiger, Beziehungen aufzunehmen und zu pflegen, und hat häufig einen starken Rückhalt in den lesbisch-schwulen Bezugsgruppen, die nicht von ungefähr als »family« bezeichnet werden. Deshalb müssen Sie sich als Eltern keine Sorgen um die soziale Zukunft Ihres homosexuellen Kindes machen.

Rechtliche Probleme

Zu den Bereichen, die Ihnen als Eltern eines homosexuellen Kindes unter Umständen Sorgen bereiten, gehört schließlich auch die rechtliche Situation, in der sich Lesben und Schwule in unserer Gesellschaft befinden. Trotz der Partnerschaftsgesetze, die es Lesben und Schwulen in vielen europäischen Ländern heute ermöglichen, ihre Partnerschaft juristisch abzusichern, muss man bei einer realistischen Einschätzung der Situation sehen, dass die gleichgeschlechtlichen Partnerschaften nach wie vor gegenüber der heterosexuellen Ehe benachteiligt sind.

Dies betrifft vor allem das Adoptionsrecht, das in den meisten Ländern Lesben und Schwulen in eingetragenen Partnerschaften nicht zugestanden wird (vgl. Kapitel 10). Aber auch im Hinblick auf binationale Partnerschaften und einige finanzielle Aspekte bestehen in den meisten Ländern, in denen die eingetragene Partnerschaft möglich ist, nach wie vor Benachteiligungen der gleichgeschlechtlichen Partnerschaft gegenüber der heterosexuellen Ehe.

HIV-Gefährdung

Es sei abschließend noch auf ein Thema eingegangen, das vor allem im Zusammenhang mit schwulen Männern diskutiert wird, obwohl es heute Jugendliche wie Erwachsener beider Geschlechter und aller sexueller Orientierungen angeht. Es ist die Gefährdung durch HIV. Hinzu kommen aber auch *andere sexuell übertragbare Erkrankungen* wie Hepatitis und in den letzten Jahren Syphilis.

Für die Auseinandersetzung mit diesen Erkrankungen ist es unheilvoll, dass in Aufklärungskampagnen, bei Darstellungen in der Fachliteratur sowie in Gesprächen im Freundes- und Bekanntenkreis vor allem Aids wie selbstverständlich mit Schwul-Sein in Verbindung gebracht wird. Deshalb werden auch Sie als Eltern eines schwulen Sohnes sich vermutlich Sorgen in Bezug auf die Gefährdung Ihres Kindes durch diese Erkrankung machen, obwohl Ihnen sicher klar ist, dass Infektionen dieser Art ebenso bei einem heterosexuellen Kind auftreten können.

Dennoch ist es eine Tatsache, dass Aids von Beginn an als Krankheit von Stigmatisierten definiert worden ist und von vielen Menschen in unserer Gesellschaft – vielleicht auch von Ihnen? – nach wie vor als infolge eines sexuellen Fehlverhaltens »selbst verschuldet« betrachtet wird. Dadurch ist Aids ein ganz besonderer Status zugewiesen worden, der dieser Erkrankung einen völlig anderen Charakter gibt als anderen schweren Leiden, etwa einer Krebserkrankung.

Von Anfang an haftete Aids das Odium der Selbstverschuldung und »Strafe für einen lasziven Lebenswandel« an. Dadurch werden nicht nur tiefe Gräben zwischen »gesund« und »krank« aufgerissen, sondern man grenzt die Aidskranken durch Einführung moralischer Kategorien auch von den »gewöhnlichen Kranken« ab und diskriminiert sie insofern doppelt.

Wie kein anderes Leiden ist Aids mit massiven Scham- und Schuldgefühlen verbunden, mit denen die Betreffenden, zusätzlich zu den durch die Krankheit selbst verursachten Problemen, fertig werden müssen. Sie können vielfach gerade nicht mit dem rechnen, was Kranken sonst im Allgemeinen zuteil wird, nämlich mit Solidarität, Mitgefühl und Unterstützung von Seiten ihrer Umgebung. HIV-positive homosexuelle Männer sehen sich, wenn ihre Erkrankung bekannt wird, mit einer doppelten Schmach und Schuld konfrontiert: Sie sind als Schwule entlarvt und haben sich »als Strafe« für ihren »unmoralischen Lebenswandel« Aids »geholt«, wie es in solchen Situationen dann oft heißt.

Wenn Sie sich ein realistisches Bild von der tatsächlichen Gefährdung machen wollen, so ist zum einen zu berücksichtigen, dass sich das Sexualverhalten Schwuler tiefgreifend verändert hat und die Gefahr einer HIV-Infektion stark reduziert worden ist. Schwule beachten die Safer-Sex-Regeln im Allgemeinen sehr gut. Zum anderen bedeutet die Diagnose »HIV positiv« wegen der heute verfügbaren Medikamente nicht mehr, wie in den 80er Jahren, dass die Kranken mit einem baldigen Lebensende rechnen müssen. Heute können sie vielmehr davon ausgehen, dass sie nicht direkt davon bedroht sind, manifest aidskrank zu werden. Zugleich erinnert sie die tägliche Medikamenteneinnahme aber auch immer wieder daran, einem erhöhten Krankheitsrisiko ausgesetzt zu sein. Außerdem sind Menschen mit einer HIV-Infektion auch in den verschiedensten Situationen des sozialen Lebens (z. B. im Sexualverhalten, bei Arztbesuchen, bei der Anmeldung bei Versicherungen usw.) mit ihrer Erkrankung konfrontiert und müssen jeweils entscheiden, wie sie damit umgehen und wem sie zu welcher Zeit davon berichten.

Probleme im Zusammenhang mit der Homosexualität Ihres Kindes

Diese Auflistung von möglichen Gefahren, Benachteiligungen und Diskriminierungen, denen Ihr homosexuelles Kind zum Opfer fallen kann, wird Sie als Eltern vermutlich beunruhigen und könnte Ihre Sorgen verstärken. Doch es ist nötig, den Tatsachen ins Auge zu schauen, denn nur dann kann es gelingen, eine realistische, ganzheitliche Sicht zu gewinnen und konstruktiv mit den eigenen Ängsten und den Angst auslösenden Situationen umzugehen.

Die Zeiten sind vorbei, in denen homosexuelle Menschen in erheblichem Maße diskriminiert wurden und gefährdet waren. Heute wird etliches unternommen, z. B. in den Schulen, um die Gewalt gegenüber Lesben, Schwulen und Bisexuellen einzudämmen bzw. zu unterbinden. Auch in den Kirchen und im Hinblick auf die rechtliche Situation ist derzeit in unserer Gesellschaft viel im Fluss. Sie können Ihrer lesbischen Tochter oder Ihrem schwulen Sohn eine große Hilfe sein, wenn Sie Ihr Kind in schwierigen Situationen unterstützen und sich für die Verhütung von Gewalt, z. B. im Rahmen von Präventionsprojekten, einsetzen.

Auf den Punkt gebracht

Welche Schlüsse können Sie als Eltern eines homosexuellen Kindes aus den Ausführungen in diesem Kapitel ziehen?

* Zunächst müssen Sie sich darüber klar sein, dass es die beschriebenen Probleme für Menschen mit gleichgeschlechtlichen Orientierungen in unserer Gesellschaft zwar gibt. Sie dürfen darüber aber nicht vergessen, dass in Bezug auf die rechtliche Absicherung und den Diskriminierungsschutz in der Gegenwart viel in Bewegung ist. Die Lesben- und Schwulenverbände der verschiedenen Länder und die nationalen Interessen- und Berufsgruppen sind in dieser Hinsicht aktiv und bestrebt, den Schutz von Menschen mit gleichgeschlechtlichen Orientierungen zu verbessern. Zudem sind einzelne Personen mit ihrer Klage bis vor den Europäischen

Gerichtshof für Menschenrechte in Straßburg gezogen (so z. B. ein lesbisches Paar, weil in der Schweiz gleichgeschlechtlichen Paaren noch kein Adoptionsrecht zugestanden wird). Insofern kann man sagen, dass sich die rechtliche Situation für Lesben und Schwule permanent verbessert und manche jetzt noch bestehenden Benachteiligungen in nächster Zeit beseitigt werden.

- Was die Beziehungen Ihrer lesbischen Tochter oder Ihres schwulen Sohnes angeht, müssen Sie sich keine Sorgen machen. Diese Partnerschaften sind so stabil wie heterosexuelle Ehen auch, wobei in gleichgeschlechtlichen Partnerschaften im Allgemeinen eine egalitäre Rollenverteilung besteht und die Zufriedenheit in diesen Partnerschaften häufig größer ist als in traditionellen heterosexuellen Ehen.

- Wie immer, wenn es um die Konfrontation mit uns unbekannten Situationen geht, können in uns Ängste aufbrechen, die sich später als übertrieben und in keiner Weise der Realität angemessen erweisen. Dies gilt auch für die Sorgen, die Sie sich als Eltern angesichts der Frage machen, wie groß die Gefahr ist, dass Ihr homosexuelles Kind Opfer von Diskriminierungen und Gewalt wird. Ich werde in den Kapiteln 5 und 6 noch ausführlich auf diese Probleme eingehen.

- Sie können sich davor schützen, sich in unrealistische Ängste hineinzusteigern, indem Sie Ihr Kind bitten, Ihnen von seinem Alltag und den Erfahrungen, die es mit seiner gleichgeschlechtlichen Orientierung und Lebensweise macht, zu berichten. Sich differenziert mit der Realität Angst auslösender Situationen auseinanderzusetzen, ist ein gutes Mittel, übertriebene Ängste abzubauen.

- Es ist für Sie als Eltern hilfreich, wenn Sie sich vergegenwärtigen, dass Schwierigkeiten, mit denen Ihr Kind sich auseinandersetzen muss, nicht nur Belastungen sind. Menschen können an solchen Situationen auch reifen, und Ihr Kind wird im Verlauf der Zeit Techniken entwickeln, mit derartigen Situationen umzugehen, z. B. im Sinne der sich an Schülerinnen und Schüler sowie an Lehrpersonen richtenden Empfehlungen der Schoolmates-Studie, auf die oben bereits eingegangen wurde (vgl. S. 46).

- Bei der Auseinandersetzung Ihres Kindes mit Diskriminierungen und schwierigen sozialen Situationen, die aufgrund der Homosexualität entstehen können, ist von entscheidender Bedeutung, ob Ihr Kind über Selbstbewusstsein und ein stabiles Selbstwertgefühl verfügt. Je selbstsicherer ein Mensch ist, desto weniger verletzbar ist er und desto besser kann er sich gegen Anfeindungen wehren. Sie können als Eltern einen wesentlichen Beitrag zur Entwicklung eines stabilen Selbstwertgefühls Ihres Kindes leisten, indem Sie es zu einem selbstbewussten Menschen erziehen, ihm Wertschätzung entgegenbringen, auch – und in diesem Fall vor allem – in Bezug auf seine gleichgeschlechtliche Orientierung, und es bei der Auseinandersetzung mit schwierigen Lebensumständen unterstützen.

- Hilfreich bei der Klärung und beim Abbau Ihrer Sorgen um die Zukunft Ihres Kindes kann es schließlich auch sein, wenn Sie das Gespräch mit anderen Eltern suchen, die mit ähnlichen Fragen konfrontiert sind oder waren. Solche Gesprächspartnerinnen und -partner finden Sie am besten in Selbsthilfegruppen für Eltern von Lesben und Schwulen (siehe dazu einige Adressen im Anhang). Diese Eltern kennen die Sorgen und Ängste, die Sie sich machen, aus eigener Erfahrung und können Ihnen davon berichten, wie sie damit umgegangen sind. Allein die Möglichkeit, sich »Luft zu machen«, indem Sie offen über Ihre Sorgen sprechen, wird Sie entlasten. Außerdem finden Sie in einer solchen Selbsthilfegruppe vielfältige Unterstützung.

5. Coming-out des Kindes und Reaktionen der Umwelt

Der Begriff des »Coming-out« wird heute nicht mehr, wie ursprünglich, nur beim Thema »Homosexualität« verwendet, sondern taucht in den verschiedensten Kontexten auf. So »outet« sich jemand als Single oder in einer Partnerschaft lebend, als Liebhaber klassischer Musik oder von Rockmusik oder als der christlichen oder der buddhistischen Weltanschauung verpflichtet. Immer geht es in solchen Situationen darum, einer anderen Person etwas Privates mitzuteilen, das diese von dem oder der Sich-Outenden bisher noch nicht gewusst und auch nicht unbedingt erwartet hat. In diesen Situationen bezeichnet das Coming-out ganz wörtlich das »Hinaustreten« mit einer für die Umgebung unerwarteten Information.

Wenn wir im Zusammenhang mit Homosexualität vom Coming-out sprechen, meinen wir hingegen nicht nur die Mitteilung eines privaten Sachverhalts an eine mehr oder weniger weite Umgebung, sondern verstehen darunter einen zweiphasigen Vorgang: Die erste Phase betrifft die Zeit, in der sich das Kind oder der Jugendliche seiner Homosexualität bewusst wird und sie akzeptiert. Dies ist die Voraussetzung zum Eintritt in die zweite Phase, in der der betreffende Mensch seine gleichgeschlechtliche Orientierung offen kommuniziert und lebt. Wenn es in diesem Kapitel um das Coming-out Ihres Kindes geht, ist es wichtig, beide Phasen zu berücksichtigen und zu untersuchen, welche Schritte Ihr Sohn oder Ihre Tochter dabei unternimmt und wie die Umgebung darauf reagiert.

Die *erste Phase des Coming-out* durchläuft ein Mensch, der eine gleichgeschlechtliche Orientierung entwickelt, im Allgemeinen bereits in der Kindheit und Jugendzeit (vgl. Kapitel 1). Die meisten Lesben, Schwulen und Bisexuellen berichten, dass sie schon in der Vorpubertät gespürt haben, dass sie sich zum gleichen Geschlecht hingezogen gefühlt haben. Das Schwärmen des Mädchens für eine Lehrerin oder eine Kameradin und die Faszination, die der Junge im Hinblick auf einen Lehrer oder einen Kameraden gespürt hat, hatten für diese Kinder eine besondere – erotisch gefärbte – Qualität. Und früh haben sie bemerkt, dass sie in dieser Hinsicht »anders« als ihre Geschlechtsgenossinnen und -genossen sind.

Dieses »Anders-Sein« können Kinder zwar noch nicht benennen, und ihnen ist nicht bewusst, dass es um eine gleichgeschlechtliche Orientierung geht. Sie spüren aber, dass sich ihre Gefühle von denen ihrer Kameradinnen und Kameraden unterscheiden. Da sich Kinder in diesem Alter ihren Eltern oder anderen ihnen nahestehenden Menschen zumeist noch nicht anvertrauen, ist diese erste Phase des Coming-out, in der sie sich ihrer Homosexualität zunehmend bewusst werden, im Allgemeinen eine Zeit der Einsamkeit.

Viele dieser Kinder fragen sich, ob ihre sich auf das gleiche Geschlecht richtenden Gefühle »normal« sind, da sie nicht denen der Mehrheit anderer Kinder und Jugendlicher entsprechen. In einem sehr konservativen, homosexualitätsfeindlichen Klima empfinden die Kinder zwar auch früh ihre gleichgeschlechtliche Orientierung. Da die Umgebung Homosexualität aber ablehnt und als »Krankheit« oder »Sünde« bezeichnet (vgl. Kapitel 4), können diese Kinder ihre gleichgeschlechtliche Orientierung nicht akzeptieren, und es kann zu einer jahre- bis jahrzehntelangen Unterdrückung dieser Gefühle kommen.

In der ersten Phase ihres Coming-out, in der die Jugendlichen herauszufinden versuchen, »was« sie sind, ist oftmals das Internet ein Medium, über das sie mit anderen Lesben und Schwulen in Kontakt treten. Auf der einen Seite bietet sich den Heranwachsenden in den diversen Chaträumen für Lesben, Schwule und Bisexuelle die Möglichkeit, zunächst noch völlig anonym mit anderen zu kommunizieren und von deren Erfahrungen zu profitieren. Auf der anderen Seite aber können die Chatkontakte bei den jungen Menschen die Illusion nähren, sie hätten doch viele Freundinnen und Freunde und würden auch mit ihnen offen über ihre Homo- oder Bisexualität sprechen.

Letztlich ist dies jedoch ein Irrtum. Denn die Kontakte in den Lesben- und Schwulenforen können zwar einen gewissen Einstieg in die Auseinandersetzung mit dem Thema der eigenen Homosexualität darstellen. Auf Dauer sind derartige virtuelle Kontakte aber keine Alternative zum realen Kennenlernen anderer Menschen mit gleichgeschlechtlicher Orientierung. Insofern verhindern oder verzögern zumindest – paradoxerweise – die heute stark genutzten Internetkontakte zum Teil das Coming-out von jungen Lesben und Schwulen.

Wenn in einer konservativen, homosexualitätsfeindlichen Umgebung den Heranwachsenden das Coming-out schwer gemacht wird, haben derartige Behinderungen mitunter schwerwiegende psychische Störungen zur Folge. Studien an jugendlichen Lesben und Schwulen zeigen, dass der Verheimlichungsstress bei ihnen zu körperlichen/psychosomatischen und psychischen Beeinträchtigungen führt und dass mitunter die Belastung so groß wird, dass diese Jugendlichen suizidal werden oder sich sogar tatsächlich das Leben nehmen.

Je offener hingegen das Klima im Elternhaus ist, in dem die Kinder aufwachsen, desto unproblematischer ist es für sie, sich ihrer gleichgeschlechtlichen Orientierung bewusst zu werden, sie zu akzeptieren und in die zweite Phase des Coming-out einzutreten, in der sie ihr Umfeld über ihre Homosexualität informieren. Häufig sind es nicht die Eltern, denen sich die Kinder zuerst anvertrauen, sondern Kameradinnen und Freunde, bei denen die homosexuellen Kinder spüren, dass sie von deren Seite keine Ablehnung, sondern Akzeptanz und Unterstützung erfahren werden.

Nach diesen ersten, vorsichtigen Schritten kommt vielleicht die Zeit, in der Sie als Eltern informiert werden. Da vor allem die ersten Coming-out-Schritte im Allgemeinen von großer Angst, zurückgewiesen zu werden, begleitet sind, stellt die Information der Eltern im Erleben der Kinder ein besonders großes Risiko dar. Die Kinder »tasten« sich deshalb häufig vorsichtig an das heikle Thema »Homosexualität« heran und versuchen herauszufinden, wie die Eltern vermutlich darauf reagieren werden.

Eine fast typische Situation stellt die folgende Geschichte der Familie Meister dar:

Die 18-jährige Laura hatte schon vor Jahren gespürt, dass sie sich stark zu Frauen und Mädchen hingezogen fühlt. Anfangs hatte sie geglaubt, das sei »normal« und ihre Freundinnen hätten ähnliche Gefühle. Zunehmend hatte Laura aber bemerkt, dass die Freundinnen sich von den Jungen angezogen fühlten und deren Aufmerksamkeit zu erregen versuchten.

Da Laura in einem offenen Elternhaus lebte, war immer wieder auch einmal das Gespräch auf das Thema »Homosexualität« gekommen. Außerdem erfuhr sie in den Medien von Lesben und deren Beziehungen und wurde sich schließlich der Tatsache bewusst, dass sie nicht heterosexuell, sondern homosexuell war.

Während längerer Zeit wagte Laura nicht, mit irgendjemandem über ihre Gefühle zu sprechen. Als ihr aber eine Klassenkameradin anvertraute, sie habe einen schwulen Bruder, fasste Laura Mut und erzählte der Freundin von ihrer Vermutung, dass sie lesbisch sei. Die Freundin berichtete Laura daraufhin, dass das Coming-out ihres Bruders zwar zuerst einen Schock bei ihren Eltern ausgelöst habe. Diese hätten sich aber schnell beruhigt, und heute sei die Homosexualität des Sohnes für sie kein Problem mehr. Das Gespräch mit der Freundin entlastete Laura sehr, und sie war glücklich, eine Vertraute zu haben, mit der sie offen über ihre Gefühle sprechen konnte.

Als Laura eines Tages im Veranstaltungskalender ihrer Heimatstadt von lesbisch-schwulen Filmtagen las, entschloss sie sich, zu einer der Veranstaltungen zu gehen. Ihren Eltern sagte sie, sie werde mit Klassenkameradinnen eine Disco besuchen.

Zunächst war es Laura peinlich, sich an der Kasse in die Schlange der Wartenden einzureihen. Ängstlich schaute sie sich immer wieder um, ob nicht irgendwelche Bekannte oder gar Schulkameraden in der Nähe wären, die sie »an diesem Ort« entdecken könnten.

»Du bist sicher zum ersten Mal hier«, fragte plötzlich eine junge Frau, die vor ihr in der Warteschlange stand. »Ja, schon«, erwiderte Laura. »Wieso meinst du das?« »Ich beobachte dich schon seit einiger Zeit und habe mich – entschuldige, dass ich das so offen sage – ein bisschen über dich amüsiert. Ich habe mich nämlich erinnert, dass ich genauso ängstlich um mich geschaut habe, als ich vor zwei Jahren das erste Mal bei einer lesbisch-schwulen Veranstaltung war. Das ist uns allen am Anfang so gegangen. Das Coming-out ist immer eine schwierige Sache – zumindest meint man das, wenn man damit noch ganz am Anfang steht. Hinterher fragt man sich dann allerdings, was denn daran eigentlich so viel Angst gemacht hat.«

Laura war sehr erleichtert, Katharina, so hieß die junge Frau, kennengelernt zu haben. Katharina kannte etliche andere lesbische Frauen und schwule Männer, begrüßte sie herzlich und stellte sie Laura vor. Schon bald hatte Laura das Gefühl der Fremdheit und Befangenheit verloren und empfand die freundschaftliche Atmosphäre als sehr angenehm.

»So ist das in unserer Community«, stellte Katharina lapidar fest, als Laura sich am Ende des Abends bei der Verabschiedung herzlich dafür bedankte. Vorher hatten die beiden Frauen noch ihre E-Mail-Adressen ausgetauscht, und Katharina hatte versprochen, Laura mit »Szene«-Nachrichten zu versorgen.

Zu Hause erwähnte Laura nichts von ihrem Ausflug in die lesbischschwule Welt. Als ihr Katharina einige Wochen später bei einem Treffen einen Flyer für eine Lesbendisco gab, ließ sie diesen Flyer aber absichtlich in ihrem Zimmer auf ihrem Schreibtisch liegen. Tatsächlich sah Lauras Mutter den Flyer, als sie im Zimmer der Tochter saubermachte. Abends sprach die Mutter Laura darauf an, woher sie den Flyer habe. Die Tochter antwortete zunächst ausweichend, sie habe ihn von einer Bekannten bekommen. Als Frau Meister aber weiter insistierte, berichtete Laura ihr schließlich, sie habe sich von jeher zu Frauen hingezogen gefühlt und sei nun in die Lesbenszene eingestiegen.

Frau Meister versuchte die Situation zunächst zu bagatellisieren und die gleichgeschlechtlichen Empfindungen der Tochter als »Durchgangsphase« zu interpretieren. Doch als Laura der Mutter unter Tränen versicherte, dass sie sich als Liebespartnerin nur eine Frau vorstellen könne und jetzt in Katharina eine Freundin gefunden habe, mit der sie sich gefühlsmäßig tief verbunden fühle, sah Frau Meister ein, dass sie Lauras gleichgeschlechtliche Orientierung akzeptieren musste. Im Grunde bereitete ihr das auch keine große Mühe, da sie sich, wie sie Laura gestand, »das eigentlich schon gedacht hatte«. Ihr sei schon seit längerem aufgefallen, dass Laura kein Interesse an den Kontakten zu ihren Klassenkameraden habe und Anlässe, bei denen sie junge Männer hätte kennenlernen können, gemieden habe.

Laura war sehr erleichtert, dass die Mutter ihr so viel Verständnis entgegenbrachte, zumal die Mutter sich auch bereit erklärte, den Vater über die Homosexualität der Tochter zu informieren.

Nicht selten verläuft das Coming-out von Jugendlichen so wie bei der Familie Meister – vorausgesetzt, die Eltern sind so offen wie Lauras Mutter. Nach anfänglicher Verwirrung bei der Wahrnehmung, dass die Geschlechtsgenossinnen und -genossen am Gegengeschlecht interessiert sind, während die homosexuellen Jugendlichen sich vom gleichen Geschlecht angezogen fühlen, folgt, wie bei Laura, eine Phase der zunehmenden Sicherheit, homo- und nicht heterosexuell zu sein.

Dies bringt einerseits eine gewisse Beruhigung mit sich, da sich die Unsicherheit über die eigene Identität auflöst. Andererseits ist es aber auch eine Zeit, in der sich die Jugendlichen durch ihr »Anders-Sein« oft einsam und fremd in ihrer Umgebung fühlen, da sie über einen zentralen Teil ihres Erlebens mit niemandem zu sprechen wagen. Selbstzweifel, depressive Episoden und sozialer Rückzug sind nicht selten die Folgen dieser belastenden Situation.

Wenn Sie als Eltern bei Ihrem Kind derartige Veränderungen wahrnehmen, sollten Sie unbedingt das Gespräch mit ihm suchen. Unabhängig davon, welches die Ursachen eines solchen Verhaltens sind, deuten diese Zeichen in jedem Fall darauf hin, dass Ihr Kind sich in einer schwierigen Lebenssituation befindet und dringend Hilfe braucht.

Selbstverständlich ist es in einer solchen Situation das Wichtigste, dass Sie als Eltern im Dialog mit Ihrem Kind sind. Falls Ihre Tochter oder Ihr Sohn aber Mühe haben, mit Ihnen zu sprechen, kann es für Ihr Kind eine große Hilfe bedeuten, wenn Sie es auf Fachleute hinweisen, an die es sich wegen seiner Probleme wenden kann. Wenn es mehr oder weniger klar ist, dass es um das Thema »Homosexualität« geht, können Sie direkt auf die Angebote der lokalen und nationalen Homosexuellen-Arbeitsgruppen hinweisen. Ansonsten sollten Sie Ihr Kind dazu ermutigen, bei psychotherapeutischen Fachleuten Hilfe zu suchen. Im Hinblick auf Letztere ist es aber wichtig, dass diese sich mit dem Thema »Homosexualität« auskennen und keine Vorbehalte gegenüber Lesben, Schwulen und Bisexuellen haben. Sonst würden Beratungen durch solche Fachleute Ihrem Kind keine Klärung bringen, sondern es in noch tiefere Konflikte und Selbstzweifel stürzen.

Mit dem Thema »Homosexualität« vertraute Therapeutinnen und Therapeuten können in dieser schwierigen Zeit die ersten Schritte Ihres Kindes in die Öffentlichkeit fachgerecht begleiten und Ihre Tochter oder Ihren Sohn in diesem Prozess beraten. Dies ist wichtig, da für die weitere Entwicklung Ihres Kindes viel davon abhängt, dass diese Schritte ohne größere Störungen und ohne tiefe Verletzungen und Enttäuschungen erfolgen.

Oft reicht es bereits aus, dass die homosexuellen Jugendlichen oder jungen Erwachsenen sich einem unvoreingenommenen Menschen öffnen können, die eigenen Gefühle, Hoffnungen und Ängste formulieren und sich beispielweise in einer vorsichtig durchgeführten Beratung oder Therapie selbst darüber klar werden, was ihre sexuelle Orientierung ist und wie sie den Weg in die Öffentlichkeit gestalten wollen.

Seien Sie in einer solchen Situation nicht enttäuscht, wenn Ihr Kind sich nicht zuerst an Sie wendet, sondern mit professionellen Beraterinnen und Beratern Kontakt aufnimmt und seine Situation bespricht. Gerade solche Kontakte können besonders fruchtbar sein, weil Ihr Kind auf diese Weise mit einer Person, die nicht so eng mit ihm verbunden ist wie Sie als Mutter oder Vater, seine Gefühle und Verhaltensweisen klären und seine Vermutung, lesbisch, schwul oder bisexuell zu sein, festigen bzw. erkennen kann, dass sein bisheriger Eindruck nicht seiner wahren Orientierung entspricht.

Ein solcher Klärungsprozess setzt erfahrene und mit dem Thema »Homosexualität« vertraute Fachleute voraus. Denn es bedarf dabei von Seiten der Beraterinnen und Berater eines sehr subtilen Vorgehens, bei dem jeder in irgendeine Richtung gehender Druck moralischer, weltanschaulicher oder sonstiger Art und jegliche suggestive Einflussnahme unbedingt vermieden werden müssen. Die Berater sollen sich mit ihrem Fachwissen und mit einer unvoreingenommenen Haltung den Heranwachsenden als Gegenüber zur Verfügung stellen und es Ihrem Kind ermöglichen, im Dialog mit ihnen sich selbst zu finden, sich zu artikulieren und sich mit der eigenen sexuellen Orientierung zu akzeptieren.

In Zeiten, in denen Ihr Kind beim Gewahrwerden seiner gleichgeschlechtlichen Orientierung eine große Verunsicherung spürt, ist es eine enorme Entlastung, wenn die Jugendlichen eine Vertrauensperson finden, mit der sie offen über ihre Gefühle sprechen können. Wie bei Laura sind es oft nicht zuerst die Eltern, sondern es ist eine Freundin, der gegenüber die homosexuellen Jugendlichen sich outen. Da Frauen im Allgemeinen weniger Probleme mit dem Thema »Homosexualität« haben als Männer (vgl. Kapitel 3), fällt es lesbischen wie schwulen Jugendlichen zumeist wesentlich leichter, zunächst mit der »besten Freundin« über ihre Gefühle zu sprechen.

Mit zunehmender Sicherheit in Bezug auf die eigene Identität entsteht dann bei den Jugendlichen der Wunsch, mehr über die homosexuelle Welt zu erfahren. Im Beispiel von Laura ist es der Moment, als sie den Schritt wagt, zu einer lesbisch-schwulen Filmveranstaltung zu gehen. Jeder dieser Schritte erfordert indes großen Mut, da immer wieder die Angst vor negativen Reaktionen der Umgebung überwunden werden muss. Schon die Suche nach einem Buch über Homosexualität in einer Bibliothek oder in einer Buchhandlung bedeutet in dieser Entwicklungsphase für die Jugendlichen eine große Überwindung.

Nochmals schwieriger ist dann der erste Schritt in die reale homosexuelle Welt, wie Laura sie bei ihrem Besuch der lesbisch-schwulen Filmveranstaltung erlebt. Typisch für eine solche Situation ist die Angst der Jugendlichen, irgendjemand aus dem Familien- oder Bekanntenkreis könne sie bei einer »solchen« Veranstaltung sehen und damit ihre Homosexualität entdecken. Ebenso charakteristisch ist aber auch die Erfahrung, die Laura macht, in der lesbisch-schwulen »Szene« Unterstützung zu finden. Die ihr zugehörigen Lesben und Schwulen haben ja alle ähnliche Ängste erlebt und wissen aus eigener Erfahrung, wie sehr die Menschen, die in den Anfangsphasen ihres Coming-out stehen, in diesem Prozess auf Hilfe angewiesen sind.

Auch wenn die ersten Schritte in die lesbisch-schwule Welt den Jugendlichen eine enorme Erleichterung bringen und ihnen der persönliche Kontakt mit anderen Homosexuellen hilft, eigene negative Bilder von Lesben und Schwulen abzubauen (vgl. Kapitel 2), bleibt in dieser Phase doch die Angst vor der »Entdeckung« ihrer Homosexualität bestehen, und der Verheimlichungsstress kann zu erheblichen Belastungen führen.

Rückblickend sagen eigentlich alle Lesben, Schwulen und Bisexuellen, dass die von ihnen erlebte Angst vor ihrem Coming-out unverhältnismäßig stark gewesen sei und in keiner Weise der Realität angemessen gewesen wäre. Als Eltern können Sie Ihrem homosexuellen Kind bei seinem Coming-out behilflich sein, indem Sie Ihre lesbische Tochter oder Ihren schwulen Sohn hinsichtlich ihrer bzw. seiner Ängste beruhigen, zum Coming-out ermuntern und beim Schritt in die Öffentlichkeit unterstützen.

Mit zunehmender Sicherheit und größer werdender Akzeptanz im Hinblick auf ihre gleichgeschlechtliche Orientierung finden die Jugendlichen den Mut, sich den Eltern gegenüber zu outen. Häufig verläuft dies ähnlich wie bei Laura: Die Jugendlichen lassen – scheinbar unabsichtlich – Informationsmaterial über lesbisch-schwule Veranstaltungen, ein Buch über Homosexualität oder andere mehr oder weniger »eindeutige« Hinweise in ihrem Zimmer in der Hoffnung liegen, die Mutter möge sie finden und die Jugendlichen darauf ansprechen – wie Frau Meister es ja auch tut.

Eine andere beliebte und bewährte Methode, das Thema »Homosexualität« in der Familie zur Sprache zu bringen und herauszufinden, wie die Eltern und Geschwister wohl auf die Mitteilung der Jugendlichen, lesbisch bzw. schwul zu sein, reagieren werden, ist der gemeinsame Besuch eines Films über Homosexualität oder ein von den Jugendlichen initiiertes Gespräch über eine lesbische Klassenkameradin oder einen schwulen Kollegen. Auf diese indirekte Weise führen die Jugendlichen ihre Eltern vorsichtig an das Thema »Homosexualität« heran, ohne sich sofort selbst outen zu müssen. Den Eltern schließlich zu sagen, dass es um die eigene Person geht, ist dennoch auch dann noch ein Schritt, der großen Mut braucht.

Auch wenn Sie als Eltern über diese Information Ihres Kindes, homosexuell zu sein, zunächst vielleicht schockiert sind, ist es wichtig, dass Sie sich bewusst sind, dass Ihr Kind sich vielleicht jahrelang mit Gefühlen der Angst und Scham herumgeschlagen hat und dass es ein Zeichen des Vertrauens in Sie ist, wenn es sich Ihnen gegenüber nun outet. Außerdem sollten Sie bedenken, dass Ihr Kind durch die

Mitteilung seiner gleichgeschlechtlichen Orientierung ja kein anderer Mensch wird. Sie bleibt die gleiche Tochter und er der gleiche Sohn. Durch die Mitteilung der Homosexualität ist nur eine neue Facette der Persönlichkeit sichtbar geworden.

Wichtig in diesem Prozess des Coming-out Ihres Kindes Ihnen gegenüber ist auch, dass Sie sich vor Augen halten, dass Sie und Ihr Kind sich unterschiedlich lange mit dem Thema »Homosexualität« beschäftigt haben. Die lesbische Tochter oder der schwule Sohn haben die unter Umständen mehrere Jahre dauernde Phase der inneren Klärung ihrer sexuellen Orientierung bis hin zur Gewissheit, homo- oder bisexuell und nicht heterosexuell zu sein, hinter sich. Hinzu kommt eine mehr oder weniger lange Zeit bis zum Gespräch mit den Eltern.

Dies bedeutet: Ihre Tochter oder Ihr Sohn kann von Ihnen als Eltern nicht erwarten, dass Sie in der Auseinandersetzung mit dem Thema »Homosexualität« am gleichen Ort stehen wie sie oder er selbst. Es ist in dieser Phase des Coming-out Ihres Kindes hilfreich, wenn Sie ihm dies klarmachen, da die Kinder oft wie selbstverständlich davon ausgehen, die Eltern müssten nach dem Coming-out ihnen gegenüber sofort volles Verständnis für die Homosexualität haben und auf demselben Informationsstand sein, den die Jugendlichen sich über Jahre hinweg geschaffen haben.

Auf jeden Fall ist es für Ihr Kind eine enorme Entlastung, die Sie nicht hoch genug einschätzen können, wenn es den Schritt gewagt hat, sich Ihnen anzuvertrauen. Sehr positiv ist dieser Prozess im geschilderten Beispiel der Familie Meister verlaufen. Problematischer ist die Situation bei dem in Kapitel 3 geschilderten Beispiel von Manuel, dessen Vater die Homosexualität seines Sohnes – zumindest zunächst – vehement ablehnt (siehe S. 35). Und äußerst schwierig kann es für Jugendliche werden, deren Eltern prinzipiell homosexualitätsfeindlich sind, unter Umständen den Kontakt zu ihrem Kind abbrechen oder, wie es in traditionellen muslimischen Familien geschehen kann, sogar mit Gewalt gegen ihr Kind vorgehen. In diesem Fall kann es zu tiefgreifenden psychischen Verletzungen der Kinder mit nachhaltigen negativen Folgen für ihre weitere Entwicklung kommen.

Betty Fairchild, selbst Mutter eines schwulen Sohnes, hat sehr praxisnahe Empfehlungen für Eltern formuliert, die von ihren Kindern erfahren, dass sie homosexuell sind:

1. Zuallererst: Lass deinen Sohn/deine Tochter wissen, dass du sie nach wie vor liebst.

2. Sei dir bewusst, dass es deinem Kind nicht leichtgefallen ist, darüber zu sprechen, und dass es dir etwas Wichtiges mitgeteilt hat. Versuche, es wirklich zu verstehen.

3. Versuche herauszufinden, wie dein Kind sich fühlt und was es für dein Kind heißt, homosexuell zu sein.

4. Gerate nicht in Panik. Egal, wie stark du betroffen bist – versuche bei deiner Reaktion, so gut du es kannst, zurückhaltend zu sein. Wenn du offen und ehrlich über das sprechen kannst, was du fühlst, dann wird es dir und deinem Kind helfen.

5. Glaube nicht, dass die Sache mit einem ersten Gespräch abgeschlossen ist. Dein Kind wird wieder mit dir darüber sprechen wollen, wenn du dazu bereit bist.

6. Sei bereit, die Freunde deines Kindes zu treffen. Für dein Kind wird das wichtig sein. Du selbst aber magst angenehm überrascht sein, wenn du sie kennenlernst. Ganz nebenbei gesagt: Auch diese jungen Freunde brauchen einfühlende Eltern, mit denen sie sprechen können.

7. Frag dein Kind nach einigen guten Büchern über Homosexualität. Lies sie auch.

8. Gibt es andere in der Familie, die darüber informiert werden sollten, und ist das deine Aufgabe, so lass dir Zeit, bis du die neue Situation verkraftet hast.

9. Führe nicht jedes kleine Ärgernis, das du mit deinem Kind auszustehen hast, darauf zurück, dass es homosexuell ist. Beargwöhne nicht jede Bewegung deines Kindes. Dein Kind sollte die bisher gewohnte Freiheit und Privatheit haben.

10. Wenn du dein Kind in den Arm zu nehmen pflegst, dann mach es jetzt besonders häufig. Lass dein homosexuelles Kind spüren, dass

deine Liebe zu ihm sich nicht geändert hat oder gar verschwunden ist.[17]

Ist, wie bei Laura, das Coming-out gegenüber den Eltern gelungen, so gilt es für die Jugendlichen nun, weitere Schritte in die Öffentlichkeit zu tun. Meist werden zunächst die Menschen aus dem persönlichen Freundeskreis, dann weitere Familienangehörige und schließlich die Kolleginnen und Kollegen aus dem beruflichen Bereich informiert. Selbst wenn es den homosexuellen Jugendlichen und jungen Erwachsenen zunehmend leichter fällt, ihre gleichgeschlechtliche Orientierung zu kommunizieren, stellen sich ihnen doch immer wieder die Fragen: *Wem? Was? Zu welcher Zeit?* Und immer von Neuem muss Ihre lesbische Tochter oder Ihr schwuler Sohn abschätzen, mit welchen Reaktionen der Umgebung zu rechnen ist und wie sie oder er damit umgehen will bzw. kann.

Eine für die Fragen »Wem?« »Was?« »Zu welcher Zeit?« typische Situation ist die folgende: Ihre lesbische Tochter erzählt ihren Arbeitskolleginnen und -kollegen von dem Urlaub, den sie mit ihrer Partnerin in Venedig verbracht hat. Je nach Stand ihres Coming-out und der – zumindest von Ihrer Tochter vermuteten – Einstellung der Kolleginnen und Kollegen wird sie zu entscheiden haben, welche der folgenden Formulierungen sie zur Schilderung ihrer Ferien verwenden will: »*Ich* war in Venedig«, »*Wir* waren in Venedig«, »Ich war mit *einer* Freundin in Venedig«, »Ich war mit *meiner* Freundin in Venedig«, »Ich war mit *meiner Partnerin* in Venedig« oder »Ich war mir *meiner Frau* in Venedig«.

Jede dieser sechs Formulierungen beinhaltet eine unterschiedliche Information, die Ihre Tochter ihren Gesprächspartnern dadurch gibt. Wenn sie von sich in der Einzahl spricht (»*Ich* war …«), wird niemand an eine gleichgeschlechtliche Partnerschaft denken. »*Wir* waren …« signalisiert bereits, dass eine zweite Person dabei war. Im Sinne der in unserer Gesellschaft geltenden »heterosexuellen Vorannahme« werden die Kolleginnen und Kollegen allerdings annehmen, es sei ein Mann gewesen. Die Formulierung »mit *einer* Freundin« weist darauf hin, dass eine zweite Frau dabei war, ohne dass aber die gleichgeschlechtliche Art der Beziehung zwischen den beiden Frauen explizit benannt worden wäre. Deutlicher sind dann schon die Formulierungen »mit *meiner*

Freundin« und »mit *meiner Partnerin*«. Wenn Ihre Tochter der Umgebung aber klar vermitteln möchte, dass sie in einer lesbischen Partnerschaft lebt, wird sie dies am eindeutigsten mit der Formulierung »mit *meiner Frau*« tun. Die Entscheidung über den Grad der Offenheit wird sie jeweils von der Situation (z. B. wer ist anwesend?), der Art der Beziehung, die sie zu ihren Gesprächspartnern hat, und von ihrer augenblicklichen Befindlichkeit (z. B. fühlt sie sich einer Diskussion über ihre lesbische Beziehung im Moment gewachsen?) abhängig machen.

Im Grunde ist die zweite Phase des Coming-out ein lebenslanger Prozess. Aus dieser Tatsache sollten Sie als Eltern eines homosexuellen Kindes aber nicht den Schluss ziehen, dass Sie Ihr Kind bedauern müssten, weil es in einer solchen schwierigen Situation lebt. Der Schriftsteller Edmund White hat in einem seiner Essays die positive Seite dieser Situation beschrieben.[18] Er hat darauf hingewiesen, dass homosexuelle Menschen von früh auf daran gewöhnt sind zu reflektieren, wer sie sind und inwiefern sie gleich und inwiefern anders sind als die Menschen ihrer Umgebung, und dass dadurch so etwas wie eine philosophische Grundhaltung entstehen kann. Edmund White hat deshalb vom schwulen Mann als dem »schwulen Philosophen« gesprochen. Dies ist eine interessante Überlegung, stellt sie doch nicht einseitig die schwierige Seite des Lebens von homosexuellen Menschen ins Zentrum, sondern zeigt auf, dass die Tatsache, zu einer Minderheit zu gehören, durchaus auch ihre positive Seite hat.

Auch wenn jeder Schritt in die Öffentlichkeit mit Unsicherheit und Angst verbunden ist, machen Lesben und Schwule eine für sie selbst oft erstaunliche Erfahrung: Die Information über ihre Homosexualität wird vom Gegenüber im Allgemeinen wegen des Muts, etwas so Persönliches mitzuteilen, bewundert. Es ist fast die Regel, dass das Gespräch daraufhin an Tiefe gewinnt, und häufig folgt eine Mitteilung der Gesprächspartner über eigene sehr persönliche Themen. Gar nicht selten erfahren Lesben und Schwule in solchen Situationen selbst von Menschen, mit denen sie jahrelange Freundschaften verbinden, etwas, das sie bisher nicht gewusst haben.

Jeder Schritt im Coming-out Ihres Kindes birgt zwar ein gewisses Risiko von Ablehnung in sich (vgl. Kapitel 4). Die Erfahrung zeigt aber, dass durch das offene Gespräch Ihres Kindes über seine Homosexualität

Beziehungen auch an Tiefe gewinnen und dadurch zu einer enormen Bereicherung werden können.

Wie in Kapitel 4 dargestellt (siehe S. 51), darf man bei der Diskussion des Coming-out indes nicht außer Acht lassen, dass es in Bezug auf das berufliche Umfeld unterschiedliche Situationen gibt. Während in einigen Berufen Homosexualität überhaupt kein Problem darstellt und dort der Anteil von Lesben und Schwulen dementsprechend auch hoch ist (sog. Safe-haven-Berufe), gibt es wiederum andere Berufe, in denen es sehr riskant ist, sich als homosexuell zu outen.

Es ist allerdings für Ihr Kind nicht immer einfach abzuschätzen, wie groß an einem bestimmten Arbeitsplatz tatsächlich das Risiko ist, wegen der Homosexualität abgelehnt zu werden. Gerade in den Anfangsstadien des Coming-out bestehen oft große Ängste, die der Realität aber unter Umständen nicht gerecht werden. Außerdem fehlt es den jungen Lesben und Schwulen zumeist auch noch an Erfahrung, wie sie bei ihrem Coming-out auf sensible Weise vorgehen können.

In diesem Prozess können Sie Ihrer lesbischen Tochter bzw. Ihrem schwulen Sohn eine große Hilfe sein, wenn Sie die in diesem Zusammenhang auftauchenden Fragen miteinander diskutieren. Dabei geht es nicht darum, dass Sie Ihrem Kind Ratschläge erteilen. Ihre Tochter oder Ihr Sohn muss selbst spüren, wie sie oder er sich verhalten will. Ein Gespräch kann ihnen aber helfen, Ideen zu sammeln, wann es sinnvoll ist, sich am Arbeitsplatz zu outen, und auf welche Weise dies am besten geschehen kann.

Zur Auseinandersetzung mit der Frage, wann und wie ein Coming-out am Arbeitsplatz sinnvoll ist, gehört es auch, die Realität richtig einzuschätzen. Wie in Kapitel 4 dargestellt, gibt es neben den »Safe-haven«-Berufen, in denen Homosexualität überhaupt kein Problem ist, auch Tätigkeitsbereiche, in denen es ein großes Risiko bedeutet, sich zu outen. Neben den Berufen im kirchlichen Bereich sind es vor allem männerdominierte handwerkliche Berufe, in denen die gleichgeschlechtliche Orientierung meist verschwiegen wird, weil die betreffenden Schwulen fürchten, ausgegrenzt zu werden, wenn sie sich outen.

Auch die Frauen und Männer im Spitzensport hüten sich im Allgemeinen, ihre gleichgeschlechtliche Orientierung bekannt zu machen.

So ist das Thema »Homosexualität« etwa unter Fußballspielern absolut tabu. Wenn sich ein bekannter Fußballspieler überhaupt je outet, so geschieht dies höchstens Jahre, nachdem er nicht mehr im Verein spielt. Ähnlich ist es in anderen Disziplinen des Spitzensports.

Um solchen Tabus und den sich darin äußernden Diskriminierungen in Berufen der Wirtschaft und des Gewerbes entgegenzuwirken, haben sich in den verschiedenen Ländern Vereinigungen für lesbische und schwule Führungskräfte gebildet: in Deutschland der »Völklinger Kreis« und die »Wirtschaftsweiber«, in der Schweiz »NETWORK« und das »WyberNet« und in Österreich AGPRO (Austrian Gay Professionals) und die »Queer Business Women« (QBW). Die »egma« (European Gay and Lesbian Managers Association) ist ein Zusammenschluss dieser Gruppen auf gesamteuropäischer Ebene. Das Ziel dieser Vereinigungen ist, als lesbische und schwule Führungskräfte sichtbar zu werden, lesbisch-schwule Projekte zu unterstützen und Gremien für einen Gedankenaustausch und für die Entwicklung gemeinsamer Handlungsstrategien für die Gleichstellung von Lesben und Schwulen zu bilden.

Außerdem haben sich lesbisch-schwule Gruppierungen der verschiedensten Berufskategorien gebildet, die in ihrem jeweiligen Umfeld Diskriminierungen entgegenwirken und die in diesen Berufen tätigen Lesben und Schwulen ermuntern, sich zu outen, und sie in diesem Prozess unterstützen. So gibt es beispielsweise Vereinigungen für Lesben und Schwule, die in pädagogischen und therapeutischen Berufen tätig sind, für die homosexuellen Angestellten im kirchlichen Bereich sowie für diejenigen bei der Polizei und beim Militär. Die meisten dieser Vereinigungen sind national organisiert und haben sich dann aber auch zu internationalen Dachgesellschaften zusammengefunden.

Ich möchte an dieser Stelle bereits darauf hinweisen, dass Sie als Eltern parallel zum Coming-out Ihres Kindes einen ähnlichen Coming-out-Prozess durchlaufen. Denn auch Sie müssen sich in Ihrem Freundes- und Bekanntenkreis, im familiären Rahmen und unter Umständen bei Ihren Arbeitskolleginnen und -kollegen als Eltern eines homosexuellen Kindes »outen«. Auf diese Fragen werde ich ausführlich im nachfolgenden Kapitel eingehen.

Auf den Punkt gebracht

Welche Schlüsse können Sie als Eltern aus den Ausführungen dieses Kapitels ziehen?

- Seien Sie sich darüber klar, dass Ihr Kind eine oft schwierige Zeit hinter sich hat, ehe es Ihnen zu erkennen gibt, dass es homosexuell ist. Die erste Phase des Coming-out, in der es sich seiner gleichgeschlechtlichen Orientierung bewusst wird, ist im Allgemeinen mit großer Unsicherheit und dem zum Teil schmerzlichen Gefühl, »anders« zu sein, verbunden. Ihr Kind braucht deshalb großen Mut, sich Ihnen anzuvertrauen.

- Seien Sie hellhörig und sprechen Sie Ihr Kind darauf an, wenn Sie beobachten, dass es depressiv ist und sich von sozialen Kontakten zurückzieht. Unabhängig davon, ob es um das Thema »Homosexualität« oder um andere Fragen geht, signalisiert es durch ein solches Verhalten, dass es in Not ist und Ihre Hilfe braucht. Scheuen Sie sich in einer solchen Situation nicht, Ihr Kind direkt auf seine Sorgen anzusprechen. Sie erleichtern es ihm damit, aus seiner Isolation herauszukommen.

- Wenn Ihr Kind sich Ihnen noch nicht anvertrauen mag, Sie aber spüren, dass es in psychischer Not ist, ermuntern Sie es, psychotherapeutische Hilfe bei Fachleuten zu suchen, die mit dem Thema »Homosexualität« vertraut sind und ihm gegenüber keine Vorbehalte haben. Oder weisen Sie Ihr Kind auf die verschiedenen homosexuellen Arbeits- und Fachgruppen hin, bei denen es sich informieren und beraten lassen kann.

- Falls Sie bisher nicht im Entferntesten daran gedacht haben, Ihr Kind könne homosexuell sein, und Sie es jetzt erfahren, so ist es verständlich, dass Sie – je nach Ihrer prinzipiellen Einstellung zur Homosexualität – mehr oder weniger irritiert, vielleicht sogar schockiert sind. Gestehen Sie sich solche Gefühle zu. Es macht keinen Sinn, sie mit aller Macht zu unterdrücken. Falls nötig, bitten Sie Ihr Kind, Ihnen Zeit zu lassen, damit Sie sich mit der Homosexualität Ihrer Tochter bzw. Ihres Sohnes auseinandersetzen und Ihre persönliche Einstellung dazu finden können.

- Vergessen Sie nie, dass Ihr Kind die gleiche Person bleibt, die es immer war, auch wenn es Ihnen nun durch die Mitteilung seiner Homosexualität eine neue Facette seines Wesens zeigt. Das Beste, was Sie Ihrem Kind in einer solchen Situation sagen können, ist die Äußerung von Manuels Mutter: »Du bist und bleibst mein lieber Sohn!« (Siehe S. 35).

- Bleiben Sie im Dialog mit Ihrem Kind, und versuchen Sie, so offen wie möglich zu bleiben.

- Lassen Sie sich von Ihrem Kind über das Leben als Lesbe oder Schwuler informieren. Ihr Kind hat sich ja bereits längere Zeit damit beschäftigt und zumeist auch schon erste reale Erfahrungen in dieser Welt gesammelt. Es ist deshalb ein Stück weit »Experte« und kann Ihnen etliches erklären und Ihnen helfen, Ängste, die Sie unter Umständen haben, abzubauen (vgl. Kapitel 4).

- Sehen Sie es Ihrem Kind nach, wenn es in seinem Coming-out-Prozess mitunter unausgeglichen und ungeduldig ist. Es ist schwierig für Ihr Kind und erfordert viel Kraft von ihm, wenn es das Coming-out in den verschiedenen Bereichen seines Lebens erfolgreich durchlaufen will. Je offener und akzeptierender Sie selbst sind und werden, desto besser können Sie Ihr Kind dabei unterstützen. Mit der in der Familie erfahrenen Sicherheit und Solidarität fällt es Ihrem Kind dann wesentlich leichter, weitere Coming-out-Schritte zu machen.

6. »Was sagen wir der Familie und den Bekannten?« – Coming-out der Eltern

Wie im letzten Kapitel bereits angedeutet, durchlaufen auch Sie als Eltern eines homosexuellen Kindes ein Coming-out. Ähnlich wie Ihr Kind werden Sie sich in einer ersten Phase damit auseinandersetzen müssen, dass Ihre Tochter lesbisch oder Ihr Sohn schwul ist, und dies als Tatsache akzeptieren. Je nach Persönlichkeit und den Lebensumständen gehen Eltern mit dieser Situation ganz unterschiedlich um. Aber fast immer wird die Eröffnung Ihres Kindes, homosexuell zu sein, zumindest anfangs für Sie ein mehr oder weniger großer Schock sein und widerstreitende Gefühle, vor allem Sorgen in Bezug auf die Zukunft Ihres Kindes (vgl. Kapitel 4), in Ihnen auslösen. Mitunter werden Sie sich in einem wahren Wechselbad der Gefühle befinden und hin- und herschwanken zwischen dem Eindruck, das sei doch gar nicht möglich, es sei »sicher nur so eine Phase, die wieder vorbeigeht«, und der Haltung: »Dann ist sie / er halt homosexuell. Was ist schon dabei?«

Das Verwirrende in dieser Phase wird für Sie vor allem sein, dass Sie als heterosexuelle Eltern (auf die Situation von lesbischen oder schwulen Eltern werde ich in Kapitel 11 noch näher eingehen) wie selbstverständlich davon ausgegangen sind, ihr Kind sei heterosexuell. Diese »heterosexuelle Vorannahme« liegt insofern nahe, als die Mehrheit der Menschen um Sie herum und Sie selbst heterosexuell sind. Nur wenn es in Ihrer Verwandtschaft oder in Ihrem Freundeskreis Lesben und Schwule gibt, werden Sie vielleicht auch in Betracht ziehen, dass Ihre Tochter lesbisch oder Ihr Sohn schwul sein könnte. Im Allgemeinen werden solche Gedanken aber kaum auftauchen, und insofern wird für Sie die Wahrnehmung irgendwelcher auf die Homosexualität hinweisender Zeichen oder die Mitteilung Ihres Kindes, es sei homosexuell, in der Regel Irritation auslösen.

Es geht in dieser ersten Phase Ihres Gewahrwerdens und Akzeptierens der gleichgeschlechtlichen Orientierung Ihres Sohnes oder Ihrer Tochter darum anzuerkennen, dass beispielsweise Verhaltens- und Erlebensweisen, die üblicherweise als »typisch männlich« oder »typisch weiblich« betrachtet werden, für Ihr Kind geringe oder keine Gültigkeit besitzen. Die in Kapitel 1 diskutierte Tatsache, dass Ihr Sohn vielleicht nicht die in unserer Gesellschaft weithin von Jungen und Männern erwartete Freude an körperlichen Auseinandersetzungen und sportlichen Wettkämpfen zeigt, sondern musische Interessen hat, werden Sie bei einer positiven Beziehung zwischen Ihnen und Ihrem Kind nicht als »Fehlen« eines sozial weithin als wichtig erachteten Merkmals oder gar als »Versagen« in der geschlechtsspezifischen Sozialisation empfinden, sondern als ein gleichwertiges Anders-Sein. Im Fall einer lesbischen Tochter bedeutet dies, dass Sie beispielsweise deren burschikose Art und ihre Durchsetzungsfähigkeit oder ihr Interesse am Sport nicht als Manko an »Weiblichkeit«, sondern als etwas Positives wahrnehmen.

Eine solche positive Bewertung der gleichgeschlechtlichen Orientierung ist nicht nur für Ihr Kind wichtig, sondern öffnet auch Ihnen Wege zu echter Akzeptanz und schützt Sie vor Schuldgefühlen, die Sie – unnötigerweise! – entwickeln würden, wenn Sie der Meinung wären, Sie hätten irgendetwas in der Erziehung falsch gemacht. Die Entwicklung einer gleichgeschlechtlichen Orientierung hat wie gesagt überhaupt nichts mit irgendwie gearteten Erziehungsfehlern zu tun, sondern ist eine Veranlagung, die, wie die Heterosexualität, danach drängt, gelebt und in Beziehungen gestaltet zu werden (vgl. Kapitel 1, S. 21).

Gewiss ist es nicht einfach für Sie, sich von den gesellschaftlich als »normal« definierten – und damit als verbindlich erklärten – Rollenklischees und von der Vorstellung, nur die Heterosexualität sei »normal«, zu befreien. Soll dieser Schritt gelingen, so setzt dies voraus, dass Sie Ihre bisherigen Normvorstellungen kritisch hinterfragen und Abschied von manchen Erwartungen nehmen, die Sie Ihrem Kind gegenüber hegen. Dies ist kein einfacher Prozess, bedeutet er doch, dass Sie vor der Aufgabe stehen, manches, was Sie bisher als »selbstverständlich« betrachtet haben, nun neu und anders als bisher bewerten zu müssen.

Dazu gehört als Erstes natürlich die Auseinandersetzung mit dem Thema »Homosexualität«. Vielleicht haben Sie sich bisher nie intensiver damit beschäftigt und die gleichgeschlechtliche Orientierung als etwas Ihnen total Fremdes, »Exotisches« empfunden, das »irgendwelche merkwürdigen Menschen« angeht, in Ihrer näheren Umgebung aber nie aufgetaucht ist. Möglicherweise haben Sie sich sogar für ausgesprochen tolerant gehalten und gemeint, Sie hätten gegenüber »solchen« Menschen keinerlei Vorbehalte; vielleicht dachten Sie, Ihre Maxime sei: »Soll doch jeder so leben, wie er will, Hauptsache es betrifft mich nicht.« Und nun stehen Sie plötzlich vor der Tatsache, dass Ihr eigenes Kind ein »solcher« Mensch ist und Ihre Tochter oder Ihr Sohn Sie durch die Mitteilung, sie bzw. er sei homosexuell, direkt mit dem Thema »Homosexualität« konfrontiert.

Zu Ihrem Erstaunen, unter Umständen sogar voller Scham, spüren Sie angesichts dieser Situation vielleicht, dass Sie keineswegs so offen und tolerant sind, wie Sie immer gedacht hatten. Und Sie machen die Erfahrung, dass es relativ einfach ist, etwas zu tolerieren – was noch lange nicht wirklich *akzeptieren* bedeutet! –, das man aus der Ferne betrachtet. Viel schwieriger ist es aber nun, wo Sie direkt damit durch einen Menschen konfrontiert sind, der Ihnen sehr nah und vertraut ist.

Genau hier liegt aber auch die Chance für Sie, sich in konstruktiver Weise mit dem Thema »Homosexualität« auseinanderzusetzen. Sie tun es nicht in abstrakter, »theoretischer«, gefühlsmäßig distanzierter Weise, sondern mit starkem Engagement um Ihrer selbst und Ihres Kindes willen. Auch wenn dieser Prozess des Wahrnehmens und der Akzeptanz der gleichgeschlechtlichen Orientierung Ihres Kindes mitunter schwierig, vielleicht sogar leidvoll für Sie ist, stellt er für Sie, wenn Sie diese Phase Ihres eigenen Coming-outs als Eltern eines homosexuellen Kindes erfolgreich durchlaufen haben, eine Bereicherung dar und führt zu einer Vertiefung und Intensivierung Ihrer Beziehung zu Ihrem Kind. Vielleicht haben Sie Homosexualität in der Vergangenheit aber auch als etwas Abstoßendes empfunden, als eine Veranlagung, die Ihnen nicht nur fremd ist, sondern die Sie als »krank« oder »sündig« betrachtet haben. Umso größer ist der Schock, dass nun Ihre eigene Tochter lesbisch oder Ihr eigener Sohn schwul sein soll!

Eine solche Situation kann Sie in große Verwirrung und tiefe Konflikte stürzen. Einerseits lieben Sie Ihr Kind und haben es bisher so akzeptieren können, wie es ist. Andererseits erfahren Sie nun, dass es eine sexuelle Orientierung hat, die Ihnen große Mühe bereitet oder die Sie sogar vehement ablehnen. Zweifellos ist dies eine Sie selbst und die Beziehung zu Ihrer Tochter oder Ihrem Sohn sehr belastende Situation. Durch die Mitteilung Ihres Kindes, es sei homosexuell, sind Sie unvermittelt mit einem Thema konfrontiert, das Sie bisher von sich ferngehalten haben.

Eine mögliche Reaktion darauf ist die, dass Eltern die Beziehung zu ihrem Kind abbrechen. Dies ist jedoch eine für alle Beteiligten unheilvolle Entwicklung. Eltern, die sich in dieser Art verhalten, verletzen nicht nur ihr Kind aufs Schwerste, sondern auch sich selbst, indem sie den Menschen, der ihnen doch eigentlich so lieb ist, von sich stoßen. Mitunter ist nach einer solchen Trennung die Beziehung zwischen Eltern und Kind unwiderruflich zerstört.

Bedenken Sie auch, dass Eltern, die sich schwer damit tun, die gleichgeschlechtliche Orientierung ihrer Tochter oder ihres Sohnes zu akzeptieren, oder sie sogar bekämpfen, es sich selbst und ihrem Kind schwermachen. Die Ablehnung der Homosexualität von Seiten der nächsten Bezugspersonen kann bei den Heranwachsenden schlimme Folgen haben. Ein zurückweisendes Verhalten seitens der Eltern kann dazu führen, dass lesbische Mädchen, schwule Jungen und bisexuelle Jugendliche sich sozial zurückziehen und total verunsichert sind, weil sie selbst im innerfamiliären Kreis, auf den sie in ihrer weiteren Entwicklung doch so dringend angewiesen sind, in der zentralen Frage ihrer sexuellen Identität keine Unterstützung finden. Gelingt es Ihnen als Eltern hingegen, Ihrem Kind zu vermitteln, dass Sie seine gleichgeschlechtliche Orientierung akzeptieren und wertschätzen, so helfen Sie ihm, zu sich selbst zu finden und sich selbst zu akzeptieren.

Wenn Sie der gleichgeschlechtlichen Orientierung gegenüber bisher große Vorbehalte hatten und nun unvermittelt damit konfrontiert sind, dass Ihr eigenes Kind »so« ist, geben Sie sich selbst Zeit für die Klärung Ihrer Gefühle und vermitteln Sie Ihrem Kind, das ja wahrscheinlich Ihre Einstellung zur Homosexualität kennt, dass Sie diese Zeit brauchen. Vermeiden Sie es aber, aus der ersten Betroffenheit heraus Dinge zu sagen oder zu tun, die Ihr Kind verletzen und die Beziehung zwischen Ihnen gefährden könnten.

Und wenn Ihnen in einem sehr emotional geführten Gespräch doch einmal etwas »herausgerutscht« ist, von dem Sie später spüren, dass es Ihr Kind verletzt hat, so haben Sie den Mut, sich dafür zu entschuldigen. Ihr Kind wird Ihnen dies danken, und ihm kann daran klar werden, wie schwierig für Sie die Auseinandersetzung mit seiner Homosexualität ist, müssen Sie nun doch Überzeugungen, die Sie bisher für selbstverständlich gehalten haben und die Ihnen aus verschiedenen Gründen wichtig waren, hinterfragen und eine neue Einstellung dazu finden. Gelingt Ihnen dieser Perspektivwechsel, so ist ein solcher Klärungsprozess für Sie als Eltern ebenso wie für Ihr Kind befreiend und kann Ihre familiären Beziehungen stärken und entspannen.

In jedem Fall braucht es eine gewisse Zeit, bis Sie die gleichgeschlechtliche Orientierung Ihres Kindes als Tatsache anerkennen und akzeptieren können. Auch wenn Ihr Kind nach seinem eigenen Coming-out von Ihnen eine sofortige, volle Akzeptanz erwartet und auf weitere Schritte in die Öffentlichkeit drängt, sollten Sie sich Zeit für die Klärung Ihrer Gefühle zugestehen und Ihrem Kind – wie sich selbst – klarmachen, dass Sie diese Phase in wesentlich kürzerer Zeit durchlaufen als Ihr Kind. Ihre Tochter oder Ihr Sohn hat sich ja meist bereits jahrelang mit der Frage auseinandergesetzt, ob sie oder er lesbisch bzw. schwul ist, und hatte beim Coming-out Ihnen gegenüber vielleicht selbst noch nicht das Stadium völliger Selbstakzeptanz erreicht. Ihr Kind und Sie selbst dürfen deshalb von Ihnen nicht erwarten, dass Sie diesen Prozess innerhalb weniger Tage oder Monate durchlaufen.

Ihre persönliche Auseinandersetzung mit dem Thema »Homosexualität« umfasst ganz unterschiedliche Dimensionen. Die Probleme haben für Sie vielleicht schon mit der Bezeichnung »schwul« angefangen, die Ihr Sohn für sich selbst verwendet. Möglicherweise geht Ihnen das Wort »homosexuell« bereits kaum über die Lippen. Aber von »schwul« zu sprechen, wenn es um den eigenen Sohn geht, fällt nicht wenigen Eltern noch viel schwerer. Schämen Sie sich nicht, dass Sie in den Augen Ihres Sohnes so »altbacken« sind, und fragen Sie ihn doch einmal, wie lange er gebraucht hat, bis er von sich selbst ohne Zögern als »schwul« sprechen konnte. Solche Hinweise werden Ihr Kind wahrscheinlich nachdenklich stimmen und dazu führen, dass es mehr Geduld mit Ihnen hat und Ihnen Zeit für die Klärung Ihrer eigenen Gefühle lässt.

So wird es vermutlich auch für Sie nicht ganz einfach werden, wenn Sie als Eltern eine Fülle von neuen Dingen im Zusammenhang mit der homosexuellen Welt, in der Ihr Kind sich nun bewegt, kennenlernen. Auch dafür brauchen Sie Zeit, und Sie sind in diesem Fall auf die Erklärungen Ihres Kindes angewiesen. Ich werde weiter unten noch ausführlicher auf einige diesbezügliche Themen eingehen.

Zur Phase Ihrer Auseinandersetzung mit dem Thema »Homosexualität« gehört auch, dass Sie sich über gleichgeschlechtliche Lebensweisen informieren und ein differenzierteres Bild davon gewinnen, als Sie es bisher vielleicht gehabt haben. Vieles von dem, was Sie erfahren werden, mag Sie irritieren und befremden, unter Umständen sogar abstoßen. Geben Sie sich aber auch diesbezüglich Zeit und urteilen Sie nicht vorschnell.

Am besten fragen Sie Ihre lesbische Tochter oder Ihren schwulen Sohn. Sie sind ja eigentlich »Experten«, die den Weg, auf dem Sie sich jetzt befinden, bereits mehr oder weniger hinter sich haben. Denn auch sie mussten sich, wie bereits dargestellt, mit den Besonderheiten des Lebens als Lesbe, Schwuler oder bisexueller Mensch auseinandersetzen, haben nach und nach die homosexuelle »Szene« kennengelernt und ihre Position darin gefunden.

Sich über lesbisch-schwule Lebensweisen zu informieren und sich eine eigene Meinung dazu zu bilden, heißt nicht, dass Sie alles davon auch gut finden müssten. In dieser Phase Ihres Coming-out ist es aber wichtig, dass Sie sich unvoreingenommen damit auseinandersetzen und Ihr Kind zu verstehen versuchen. Wenn Sie mit bestimmten Dingen Probleme haben, müssen Sie das Ihrer Tochter oder Ihrem Sohn gegenüber nicht verheimlichen. Ihr Kind kennt Sie sicher sowieso gut genug, um zu wissen, was Ihnen fremd ist und womit Sie wahrscheinlich Mühe haben werden.

Eine ernsthafte, von gegenseitiger Wertschätzung geprägte Diskussion darüber kommt Ihnen beiden zugute: Sie werden die für Sie nötigen Informationen erhalten und können sich daraufhin Ihre eigene Meinung bilden, und Ihr Kind wird durch Ihre Fragen und Einwände seine eigene Sicht schärfen und durch das Gespräch mit Ihnen in seiner Argumentation sicherer werden. Solche offenen, in gegenseitigem Respekt geführten Gespräche stärken die Beziehung zwischen Ihnen und Ihrem Kind und ermöglichen es Ihnen, Zugang zu der Ihnen bisher fremden gleichgeschlechtlichen Orientierung Ihrer Tochter bzw. Ihres Sohnes zu finden. Dies gibt Ihnen Kraft und stellt eine gute Voraussetzung dafür dar, in die zweite Phase Ihres Coming-out einzutreten, in der Sie sich Ihren Familienangehörigen und Bekannten gegenüber als Eltern eines homosexuellen Kindes zu erkennen geben.

Das folgende Beispiel soll das Coming-out, das Eltern von Lesben und Schwulen durchlaufen, veranschaulichen.

Der 28-jährige Andreas Kleiber hat vor wenigen Wochen seinen Eltern mitgeteilt, er sei schwul. Anlass war eine Reise, die er mit seinem Freund Markus antreten wollte. Die Eltern hatten ihn gefragt, warum er eigentlich nie mit einer Freundin verreise. Es gebe doch »so nette Mädchen« in seinem Bekanntenkreis. »Warum immer mit diesem Markus?« Andreas kam diese Diskussion sehr gelegen, denn er hatte die Eltern schon lange über seine Homosexualität und die seit zwei Jahren bestehende Beziehung zu Markus informieren wollen.

Auf seine Eröffnung, homosexuell zu sein, reagierten die Eltern zwar zunächst irritiert. Die Mutter räumte dann aber ein, sie habe sich schon »so etwas« gedacht, da Andreas zwar eine Reihe von Frauen in seinem Freundeskreis habe, aber für sie als Mutter nie spürbar geworden sei, dass der Sohn zu einer dieser Frauen eine nähere Beziehung unterhalte. Er sei »kameradschaftlich« mit ihnen umgegangen, sie habe aber nie ein erotisches »Knistern« zwischen ihm und einer dieser Frauen beobachtet. Von Markus hingegen habe er wiederholt als von »meinem« Freund gesprochen und sich begeistert über ihn geäußert.

Obwohl das Ehepaar Kleiber aufgeschlossen war und kein Problem mit der gleichgeschlechtlichen Orientierung seines Sohnes hatte, spürten die Eltern doch, dass es ihnen Mühe bereitete, als Andreas von Markus und sich als »schwul« sprach. Als der Vater sein Befremden wegen dieser Bezeichnung äußerte, lachte Andreas und meinte: »Dann müsst ihr euch aber noch an einiges gewöhnen. Aber keine Sorge, wir werden euch das schon noch beibringen.«

Damit seine Eltern sich mehr über Homosexualität informieren konnten, schenkte Andreas ihnen Literatur, die ein sachliches und korrektes Bild vom schwulen Leben vermittelte. Immer wieder stießen Kleibers bei der Lektüre dieser Bücher auf Sachverhalte, die ihnen völlig fremd waren, und sie bemerkten, dass sie Vorurteile und Zerrbilder vom homosexuellen Leben hatten, die sie korrigieren mussten.

So waren sie völlig irritiert, als sie Andreas und Markus von der »community« und »family« reden hörten und von ihrem Sohn erfuhren, dass damit die lesbisch-schwule Gemeinschaft gemeint sei. »Das kann doch keine ›Familie‹ für dich sein«, wandte seine Mutter ein. »Wir sind deine Familie!« Dass sich Andreas mit anderen, ihm völlig fremden Lesben und Schwulen geradezu familiär verbunden fühlte, konnten die Kleibers nur schwer nachvollziehen. Und staunend erfuhren sie von Andreas, dass es ein sich über viele Länder erstreckendes Netzwerk lesbisch-schwuler Berufs- und Interessengruppen gibt. »So finden wir überall andere Lesben und Schwule, die uns mit Rat und Tat zur Seite stehen. Das ist halt der Vorteil, wenn man zu einer ›Minorität‹ gehört«, erklärte Andreas den Eltern.

»Dabei dürft ihr nicht vergessen, dass es beispielsweise innerhalb der schwulen Community eine Fülle verschiedener ›Szenen‹ gibt«, ergänzte Markus bei einem dieser Gespräche. »Ihr habt doch sicher schon von der ›Lederszene‹ oder von den ›Tunten‹ gehört oder gelesen.« »Und dann gibt es natürlich noch die verschiedenen lesbisch-schwulen Berufsgruppen«, fügte Andreas hinzu. »Zum Beispiel die lesbisch-schwulen Vereinigungen der Polizistinnen und Polizisten, der Managerinnen und Manager, den Gay- und Lesbiansport, die Gruppierungen der schwulen Priester und Ordensangehörigen, die lesbisch-schwulen Basisgemeinden usw. usw.«

»Das ist ja unglaublich«, meinten die Eltern. »Schafft ihr euch da denn nicht ein eigenes Ghetto, wenn ihr euch beispielsweise in eine lesbisch-schwule ›Basiskirche‹ zurückzieht?« »Diese Kritik hören wir häufig«, entgegnete Andreas. »Das mit dem Ghetto stimmt so nicht. In einer lesbisch-schwulen ›Basiskirche‹ zu sein heißt ja nicht, dass dort nur Lesben und Schwule teilnehmen dürfen. Ihr seid herzlich eingeladen, am nächsten Sonntag mit uns zusammen dorthin zu gehen. Heteros sind immer willkommen. Da es spezielle lesbisch-schwule Gottesdienste sind – und zwar ökumenische, ohne die in den Kirchen sonst weit verbreiteten Berührungsängste und Animositäten zwischen den Konfessionen –, herrscht dort im Gegensatz zu den offiziellen, heterosexuell geprägten Kirchen eine Grundhaltung, die ganz selbstverständlich die gleichgeschlechtliche Orientierung wertschätzt. Ihr könnt euch wahrscheinlich gar nicht vorstellen, wie gut das tut nach all den negativen Äußerungen, die wir zum Beispiel vom Papst hören, wenn er sich über Homosexualität äußert.«

Zu einer längeren Diskussion kam es zwischen Markus, Andreas und dessen Eltern anlässlich des Christopher Street Day (CSD), an dem die Freunde teilzunehmen planten. Herr Kleiber war zunächst völlig entsetzt und meinte, der Sohn wolle doch wohl nicht etwa in Frauenkleidern oder halbnackt auf die Straße gehen. Andreas erklärte den Eltern daraufhin den historischen Hintergrund des CSD, nämlich dass dieses Fest an den Beginn der Lesben- und Schwulenbewegung erinnern soll, als im Jahr 1969 die Schwulen sich in New York in der Szene-Bar »Stonewall Inn« in der Christopher Street gegen die Razzien der Polizei in den Schwulenbars zu wehren begonnen hatten.

Als Hintergrund des besonderen Verhaltens auf dem CSD nannten Andreas und Markus auch den Wunsch der teilnehmenden Lesben und Schwulen, dadurch die Lebensfreude und Unbeschwertheit, mit der sie heute leben können, zum Ausdruck zu bringen. Zum Teil sei es aber auch als Provokation gegen die bigotten bürgerlichen Normen gedacht, und schließlich sollten durch eine solche Aufmachung auch Klischees bedient werden, die in der Öffentlichkeit über den – angeblich besonders für Schwule geltenden – »ausschweifenden« Lebensstil bestünden, mit dem Ziel, diese Zerrbilder zu bestätigen und damit zugleich ad absurdum zu führen.

Obschon die Eltern für ein solches Fest großes Verständnis hatten, fanden sie, sie könnten die »Aufmachung«, in der die am CSD teilnehmenden Lesben und Schwulen sich dort »zur Schau stellten«, absolut nicht akzeptieren. Sie waren deshalb sehr beruhigt, als sie erfuhren, Andreas und Markus würden in »normaler« Alltagskleidung hingehen. Selbst daran teilnehmen würden sie aber nicht, meinten die Eltern entschieden, als die beiden jungen Männer ihnen dies vorschlugen.

Nachdem Andreas die Eltern über seine Homosexualität informiert hatte, war es ihm ein großes Bedürfnis, sich auch im Verwandtenkreis und an der Arbeitsstelle zu outen. Einige seiner engsten Freundinnen und Freunde hatte er bereits vor längerer Zeit informiert. Seine Eltern hatten zwar Verständnis dafür, baten ihn aber, auf ihre Gefühle Rücksicht zu nehmen und noch zu warten. »Wir brauchen einfach noch etwas Zeit. Es ist ja nicht nur deine persönliche Sache, sondern wir als Eltern hängen ja mit daran«, meinte seine Mutter. »Wenn du jetzt die Verwandten informierst, werden die natürlich zu uns kommen und wissen wollen, warum du homosexuell bist, was das für uns Eltern bedeutet usw. Im Moment fühlen wir uns einer solchen Diskussion noch nicht gewachsen. Gib uns bitte noch ein wenig Zeit.«

Herr Kleiber bat Andreas vor allem darum, seiner Mutter, Andreas‹ Großmutter, nichts von seiner Homosexualität zu sagen. »Sie stammt aus einer Generation, für die Homosexualität etwas ›Perverses‹, ›Krankhaftes‹ ist. Sie hätte dafür absolut kein Verständnis.« »Das ist ja interessant, was du da von deiner Mutter sagst«, entgegnete Andreas lachend. »Mit ihr habe ich schon darüber gesprochen, als ihr noch gar nichts davon geahnt habt. Du kennst Großmutter offenbar schlecht. Sie hatte sogar großes Verständnis für mich und hat mich bestens beraten, wie ich es euch beibringen könnte!«

Anlässlich eines anderen Gesprächs zwischen den Eltern und Andreas äußerte Frau Kleiber, dass sie nun ja auch gegenüber ihren Freundinnen »Farbe bekennen« müsse, warum Andreas keine Freundin habe. »Bis jetzt habe ich immer – nach bestem Wissen und Gewissen – gesagt, du hättest noch nicht ›die Richtige‹ getroffen. Das kann ich jetzt natürlich nicht mehr sagen, wo du dich outest und meine Freundinnen das über andere Kanäle vielleicht schon erfahren haben.«

Das Beispiel der Familie Kleiber zeigt, dass Sie als Eltern eines homosexuellen Kindes auch einen Coming-out-Prozess durchlaufen, der in manchem dem Ihres Kindes ähnlich ist. Wie am Beginn dieses Kapitels dargestellt, umfasst dieser Prozess eine erste Phase, in der Sie sich der gleichgeschlechtlichen Orientierung Ihres Kindes bewusst werden und sie akzeptieren. Je offener Sie sind, desto leichter wird Ihnen dies fallen. Nutzen Sie dabei, wie im Beispiel die Eltern von Andreas, die Chance, sich von Ihrer lesbischen Tochter oder Ihrem schwulen Sohn die Informationen geben zu lassen, die Ihnen eine sachliche Auseinandersetzung mit dem Thema »Homosexualität« ermöglichen.

Solche Informationen können Sie sich beispielsweise in der Fachliteratur oder in populären Büchern holen, die von vorurteilsfreien Autorinnen und Autoren verfasst worden sind. Achten Sie dabei darauf, dass Sie zumindest in der Anfangszeit Ihrer Beschäftigung mit dem Thema »Homosexualität« solche die gleichgeschlechtliche Orientierung wertschätzende Literatur lesen und sich möglichst umfassend über die damit zusammenhängenden Fragen informieren.

Später können Sie durchaus auch Bücher und andere Publikationen lesen, die eine die Homosexualität ablehnende Sicht vertreten. In der Auseinandersetzung mit solchen zumeist von Mitgliedern fundamentalistischer Gruppierungen verfassten Büchern und im Gespräch darüber mit Ihrem Kind können Sie Sicherheit für die Diskussion mit Dritten gewinnen, die möglicherweise genau die in solchen Publikationen vertretenen Meinungen äußern.

Selbstverständlich reicht es zur Veränderung Ihrer Einstellung zur Homosexualität und Ihres Verhaltens gegenüber Ihrer lesbischen Tochter oder Ihrem schwulen Sohn nicht aus, sich »theoretisch«, mit Hilfe von Büchern, zu informieren. Da Sie im Hinblick auf die gleichgeschlechtlichen Orientierungen und Lebensweisen aber vermutlich eine mehr oder weniger große Wissenslücke haben, ist es in Ihrer Auseinandersetzung mit dem Thema »Homosexualität« ein wichtiger Schritt, der sich für Sie positiv auswirkt, wenn Sie sich so umfassend wie möglich informieren. Es ist klar, dass es daneben auch der persönlichen Begegnung mit Lesben, Schwulen und bisexuellen Menschen bedarf. Diese Möglichkeit bieten Ihnen zum einen Ihr Kind selbst und zum anderen seine homo- und bisexuellen Freundinnen und Freunde.

Um die Gespräche mit Ihrem Kind und seinen Freunden voll nutzen zu können, ist es jedoch hilfreich, wenn Sie Ihr Wissen um gleichgeschlechtliche Orientierungen und Lebensweisen erweitern. Erst dann können Sie die Fragen stellen, die Ihnen weiterhelfen und zur Klärung Ihrer Einstellung zur Homosexualität beitragen. Auf manche Probleme werden Sie auch erst durch die Lektüre von Büchern über Homosexualität aufmerksam werden. Und schließlich werden Sie sich bei Ihren Coming-out-Schritten als Eltern eines homosexuellen Kindes wesentlich sicherer fühlen und besser argumentieren können, wenn Sie über grundlegendes Wissen verfügen.

Wenn Sie sich Literatur über gleichgeschlechtliche Orientierungen und Lebensweisen besorgen wollen, werden Sie selbst vielleicht auch eine ähnliche Verunsicherung, eventuell sogar Scham, wie Ihre lesbische Tochter oder Ihr schwuler Sohn empfinden, wenn Sie in einer Bibliothek oder einer Buchhandlung nach einem Buch über Homosexualität fragen oder vor den entsprechenden Regalen stehen. Diese Erfahrung kann Ihnen helfen, die Ängste Ihres Kindes in seinem Coming-out-Prozess etwas besser zu verstehen. Zugleich werden Sie aber auch an sich selbst beobachten – ähnlich wie Ihr Kind dies erlebt hat –, dass Sie im Laufe der Zeit in dieser Hinsicht immer sicherer und unbefangener werden und auch beim Aussprechen der Worte »lesbisch« und »schwul« nicht mehr wie anfangs ins Stocken geraten.

Auf jeden Fall lohnt es sich für Sie, sich umfassend über die Themen zu informieren, mit denen Ihr homosexuelles Kind Sie konfrontiert. In den Diskussionen des Ehepaars Kleiber mit seinem Sohn Andreas und dessen Freund Markus sind etliche davon angesprochen worden: die verschiedenen Berufs- und Interessengruppen der lesbisch-schwulen »Community«, die verschiedenen »Szenen« im Freizeitbereich und die Bedeutung der nationalen und internationalen lesbisch-schwulen Netzwerke, die zu dem von Andreas erwähnten »Family«-Gefühl führen.

Mitunter mag Ihnen als Eltern schwindlig werden bei den vielen Ihnen bisher völlig fremden Begriffen, mit denen Ihr Kind um sich wirft, wenn es von der lesbisch-schwulen Welt spricht. Und nicht immer wird es für Sie nachvollziehbar sein, warum es beispielsweise in den verschiedenen Berufsgruppen eigene lesbisch-schwule Vereinigungen braucht oder was der Wert einer lesbisch-schwulen Basisgemeinde ist. Scheuen Sie sich nicht, Ihre Fragen zu formulieren, und lassen Sie sich von Ihrem Kind informieren. Es ist in dieser Hinsicht Experte, und der Gedankenaustausch über die homosexuelle Welt und ihre Inhalte tut Ihnen als Eltern ebenso wie Ihrer Tochter oder Ihrem Sohn gut. Auf diese Weise erhalten Sie auch Argumente, die Sie bei Ihren Gesprächen mit Dritten, die Ihnen oft genau die gleichen kritischen Fragen stellen werden, verwenden können.

Im Beispiel der Familie Kleiber äußern die Eltern ihr Befremden über die verschiedenen lesbisch-schwulen Berufsgruppen und Basisgemeinden und halten dagegen, homosexuelle Menschen zögen sich dadurch in ein selbst geschaffenes Ghetto zurück. Dies ist eine weit verbreitete Ansicht, und es kann sein, dass auch bei Ihnen ähnliche Gedanken auftauchen, wenn Sie davon erfahren. Die Vorstellung vom selbst geschaffenen Ghetto entspricht indes nicht der Realität. Die lesbisch-schwulen Berufs- und Interessengruppen sind keineswegs Ghettos, da Lesben und Schwule ja nicht gezwungenermaßen 24 Stunden am Tag in diesen Gruppierungen leben, sondern sich dort nur zu speziellen Anlässen aufhalten. Die meiste Zeit hingegen verbringen sie unter heterosexuellen Menschen. Für ihre Identitätsentwicklung ist es indes wichtig, dass sie sich auch im Kreis von Menschen mit gleichgeschlechtlicher Orientierung aufhalten und in der Auseinandersetzung mit ihnen ihre eigene Identität stärken.

Es sei hier noch einmal ausdrücklich darauf hingewiesen, wie hilfreich in Ihrem eigenen Coming-out-Prozess auch der Kontakt zu anderen Eltern von Lesben und Schwulen sein kann, am besten über eine Selbsthilfegruppe von Eltern von Lesben und Schwulen. Diese Eltern haben ja eine ähnliche Entwicklung wie Sie durchlaufen. Solche Gruppen bieten Ihnen einen Raum, in dem Sie offen über Ihre Sorgen und Fragen, die sich aufgrund der Homosexualität Ihres Kindes ergeben, sprechen können.

Da die anderen Eltern ähnliche Erfahrungen mit ihren homosexuellen Kindern gemacht haben wie Sie, finden Sie in diesen Selbsthilfegruppen auch großes Verständnis für Ihre Situation. Hier können Sie auch offener und direkter über Ihre Vorbehalte gegenüber den gleichgeschlechtlichen Orientierungen und Lebensweisen sprechen als mit Ihrem Kind, das sich durch solche Äußerungen, je nach seiner eigenen Position im Coming-out-Prozess, vielleicht gekränkt und in Frage gestellt fühlt. Außerdem erleben Sie in einer solchen Selbsthilfegruppe Solidarität, die für Sie besonders wichtig sein kann, wenn Sie in der Anfangszeit Ihrer Beschäftigung mit der gleichgeschlechtlichen Orientierung Ihres Kindes in Ihrem Umfeld niemanden haben, mit dem Sie offen sprechen können.

Im Prozess der Akzeptanz der gleichgeschlechtlichen Orientierung Ihres Kindes werden Sie sicher auch die Fragen nach den Ursachen der Homosexualität beschäftigen (vgl. Kapitel 1). Und Sie müssen damit rechnen, dass Ihnen genau die gleichen Fragen, die Sie selbst haben, auch von Dritten gestellt werden. Angesichts der Homosexualität Ihres Kindes fragen Sie sich vielleicht als Mutter oder Vater, was Sie in der Erziehung Ihres Kindes »falsch« gemacht haben. Wie ich in Kapitel 1 dargestellt habe, ist die gleichgeschlechtliche Orientierung *nie die Folge von Erziehungsfehlern*. Plagen Sie sich deshalb nicht mit völlig unnötigen Schuldgefühlen herum! Sie haben Ihr Kind so erzogen wie viele andere Eltern auch und haben nichts »falsch« gemacht, was dann zu seiner gleichgeschlechtlichen Orientierung geführt hätte. Lassen Sie sich in dieser Hinsicht nicht durch – fachlich absolut nicht zu rechtfertigende – Argumente von Gegnern der Homosexualität beirren, und lassen Sie sich von ihnen keine Schuldgefühle einreden.

In solchen Diskussionen über die Ursachen der Homosexualität ist es hilfreich für Sie, wenn Sie sich über den aktuellen Stand der Forschung zur Entstehung der gleichgeschlechtlichen Orientierungen informiert haben. Auf diese Weise gewinnen Sie selbst an Sicherheit und können auch besser auf kritische Äußerungen reagieren. Einige Literaturhinweise erhalten Sie im Anhang (siehe S. 181).

Wenn Sie sich hingegen Selbstvorwürfe machen, belasten Sie sich und machen es sich schwer, die Homosexualität Ihres Kindes zu akzeptieren. Außerdem bringen solche Schuldgefühle Sie in Gesprächen mit Dritten in eine defensive Position, wodurch die Diskussion für Sie nochmals schwieriger wird. Im Gespräch mit anderen Eltern von Lesben und Schwulen werden Sie erfahren, dass auch sie sich anfangs – ähnlich wie Sie – mit den Fragen nach den Ursachen der Homosexualität ihres Kindes auseinandergesetzt haben, bis sie schließlich zur Einsicht gekommen sind: »Es interessiert uns gar nicht, warum unser Kind lesbisch, schwul oder bisexuell ist. Es ist, wie es ist, und das ist gut so.«

Die Erfahrungen anderer Eltern können Sie auch für die zweite Phase Ihres Coming-out nutzen, wenn es darum geht, sich dem weiteren sozialen Umfeld als Eltern eines lesbischen oder schwulen Kindes zu erkennen zu geben. Zögern Sie auch nicht, Ihr Kind nach seinen Erfahrungen bei diesem Schritt zu fragen. Im Allgemeinen ist Ihr Kind Ihnen diesbezüglich schon ein Stück voraus und kann Ihnen den einen oder anderen guten Tipp geben.

Wie in Kapitel 5 dargestellt, muss Ihr Kind bei seinem Coming-out-Prozess bei jedem Schritt in die Öffentlichkeit abschätzen, wie die Umgebung wohl reagieren wird und wie es mit dieser Reaktion umgehen will bzw. umgehen kann. Sie befinden sich jetzt als sich outende Eltern eines homosexuellen Kindes mehr oder weniger in der gleichen Situation. Auch Sie werden sich fragen, wie Ihre Verwandten und Bekannten auf die Mitteilung, Ihre Tochter sei lesbisch oder bisexuell bzw. Ihr Sohn sei schwul oder bisexuell, reagieren werden. Werden sie empört darüber sein und sich entwertend über Ihr Kind äußern? Wird es zu einem Abbruch der Beziehung zwischen diesen Personen und Ihrer Familie kommen? Und in welcher Weise wird Ihre Mitteilung und die Reaktion Ihrer Verwandten und Bekannten Ihre Beziehung zueinander beeinflussen?

Dies sind Fragen, die Sie in dieser Phase Ihres Coming-out sicher beschäftigen werden. Es sind wichtige Fragen, die Sie für sich selbst, oft aber auch zusammen mit Ihrem Kind klären müssen. Dabei werden Sie erleben, dass sich die Beziehungen zu Dritten durch die Mitteilung der Homosexualität Ihres Kindes selten verschlechtern. Oft werden Sie das Gegenteil erleben: Ihre Mitteilung führt bei Ihrem Gegenüber häufig dazu, dass dieses über eigene persönliche Themen zu reden beginnt, die bisher in Ihren Gesprächen miteinander nie berührt worden sind. Dies ist eine Erfahrung, die Ihr Kind aus seinem eigenen Coming-out-Prozess bestätigen wird. Wie in Kapitel 5 beschrieben, reagieren viele Menschen, denen gegenüber Ihr Kind sich als lesbisch, schwul oder bisexuell outet, in gleicher Weise damit, dass sie in solchen Begegnungen auch eigene, sehr persönliche, bisher nicht erwähnte Themen ansprechen.

Insofern leidet die Beziehung zu anderen Menschen sehr oft nicht dadurch, dass Sie sich als Eltern eines homosexuellen Kindes outen, sondern gewinnt an Tiefe. Wenn Sie sich dieser Tatsache bewusst sind, werden Sie viel unbefangener in ein solches Gespräch gehen, als wenn Sie voller Angst sind, die Beziehung zu den betreffenden Verwandten oder Bekannten könne Schaden leiden oder sogar abbrechen.

Trotz dieser positiven Erfahrung, die Lesben, Schwule und Bisexuelle selbst und ihre Eltern im Allgemeinen machen, gilt es in Ihrem
Coming-out als Eltern eines homosexuellen Kindes, in realistischer
Weise einzuschätzen, von wem und in welcher Situation eventuell
doch mit negativen Reaktionen zu rechnen ist. Die Konsequenz, die
Sie aus dieser Einschätzung ziehen, kann unterschiedlicher Art sein.
Wenn bei realistischer Einschätzung der Situation zu befürchten ist,
dass die erwartete Ablehnung für Sie selbst und/oder für Ihr Kind
verhängnisvolle Folgen hat, kann Ihre Entscheidung lauten, diesen
Personen nichts über die Homosexualität Ihres Kindes mitzuteilen.
Dies kann beispielsweise der Fall sein, wenn Sie selbst oder Ihr Kind
in einem beruflichen Umfeld tätig sind, in dem Homosexualität
vehement abgelehnt wird. Hier könnte ein Coming-out fatale Folgen
für Ihre ökonomische Situation oder die Ihres Kindes haben.

Immerhin sollten Sie, wenn es nur Sie selbst angeht, bedenken,
dass Sie als Eltern viel mehr Freiheiten haben als Ihre Tochter oder
Ihr Sohn. Sie sind viel weniger angreifbar und müssen zumindest im
Allgemeinen nicht fürchten, aus Ihrer beruflichen Position gedrängt zu
werden. Wenn Sie sich dieser Vorteile bewusst sind, können Sie durch
Ihr Coming-out vielleicht an Ihrem Ort einen wichtigen Beitrag zum
Verständnis und zur Akzeptanz gleichgeschlechtlicher Orientierungen
und Lebensweisen leisten.

Wenn die Menschen Ihres Umfelds, die eine negative Einstellung
zur Homosexualität haben, erleben, dass Sie und Ihr Kind »ganz
normale« Menschen sind und in keiner Weise den Zerrbildern
entsprechen, welche die Homosexualitätsgegner vor Augen haben,
wird dies zumindest einige von ihnen nachdenklich stimmen.
Das unmittelbar, persönlich erlebte Beispiel, das Sie und Ihr Kind
liefern, wirkt im Allgemeinen stärker als das »Phantombild«,
das Menschen in sich tragen, die keine eigenen Erfahrungen mit
Lesben, Schwulen, Bisexuellen und ihren Eltern haben. Indem
Sie sich als Eltern eines homosexuellen Kindes outen, können
Sie deshalb in Ihrem Bezugskreis, selbst wenn er der Homosexualität gegenüber negativ eingestellt ist, zur zunehmenden Akzeptanz gleichgeschlechtlicher Orientierungen und Lebensweisen
beitragen.

In anderen Kontexten, in denen Sie befürchten, Ihre Mitteilung, Ihr Kind sei homosexuell, werde negative Reaktionen hervorrufen, werden Sie sich vielleicht entscheiden, diese Ablehnung in Kauf zu nehmen, auch wenn die Beziehung zu diesen Personen daraufhin abbricht. In diesem Fall geht es für Sie um die Frage, ob Sie aus der gleichgeschlechtlichen Orientierung Ihres Kindes ein Geheimnis machen und immer wieder in Situationen geraten wollen, in denen Sie beispielsweise statt vom Partner Ihres Sohnes von seiner »Freundin« reden.

Wenn Sie eine solche Haltung gegenüber Ihrer Verwandtschaft einnehmen, können Sie sich etwa der Schwierigkeit gegenübersehen, wie Sie und Ihr Kind sich bei Familienfeiern verhalten wollen. Wird Ihr Kind daran nicht teilnehmen? Oder nur ohne Partnerin bzw. Partner, als »Single« auftreten (vgl. Kapitel 8)? Außerdem besteht in solchen Konstellationen immer auch die Gefahr, dass den Personen, denen gegenüber Sie die Homosexualität Ihres Kindes verheimlichen wollen, diese Information irgendwann von dritter Seite zugetragen wird. Die *Geheimhaltung* der gleichgeschlechtlichen Orientierung Ihres Kindes ist, abgesehen von wenigen Ausnahmen, also keine konstruktive Lösung. Der Verheimlichungsstress stellt sowohl für Sie als auch für Ihr Kind eine erhebliche Belastung dar und zieht Kräfte ab, die Sie besser für eine konstruktive Auseinandersetzung mit Ihrer Situation verwenden.

Wenn Sie die Frage Ihres Coming-out als Eltern eines homosexuellen Kindes kritisch überdenken, werden Sie wahrscheinlich zum Schluss kommen, dass es sich im Allgemeinen nicht lohnt, die Homosexualität Ihres Kindes zu verschweigen. Sinnvoll kann dies höchstens sein, wenn mit großer Sicherheit massive, vor allem ökonomische Nachteile zu erwarten sind.

Gerade die Entscheidungen in den geschilderten heiklen Situationen lassen erkennen, dass es empfehlenswert, mitunter sogar von großer Bedeutung ist, Ihr Coming-out als Eltern eines homosexuellen Kindes immer auch auf das Coming-out Ihres Kindes abzustimmen. Dies gilt vor allem für die Information der Personen, mit denen Sie beide in Kontakt stehen. Ein Alleingang Ihrerseits oder von Seiten Ihrer Tochter oder Ihres Sohnes könnte für beide Teile zu unangenehmen Situationen führen. Es lohnt sich in jedem Fall, sich wenigstens über das geplante

Vorgehen zu verständigen, damit sowohl Sie als auch Ihr Kind wissen, was der andere tut. Durch ein solches Gespräch können Sie als Familie Ihre Coming-out-Prozesse aufeinander abstimmen und die Solidarität miteinander stärken, was Ihnen allen zugutekommt.

Das Beispiel des Ehepaars Kleiber zeigt, dass es für Sie als Eltern eines homosexuellen Kindes nicht immer einfach ist, den zweiten Schritt Ihres eigenen Coming-out-Prozesses zu tun. Sie sehen sich mit ähnlichen Ängsten konfrontiert, wie Ihre Tochter oder Ihr Sohn sie auch erlebt haben, als es um die Information eines weiteren Kreises von Bezugspersonen über die eigene gleichgeschlechtliche Orientierung ging.

Oft fällt es Eltern besonders schwer, ihren eigenen Eltern von der Homosexualität ihres Kindes zu erzählen. Typischerweise argumentieren sie dann, wie Herr Kleiber, damit, die ältere Generation habe mit gleichgeschlechtlichen Orientierungen besonders große Probleme. Dies ist keineswegs immer der Fall. Häufig ist es sogar so, wie Andreas Kleiber es erlebt hat, dass nämlich die Großeltern unter Umständen mehr Verständnis für die Situation der Enkel haben als die eigenen Eltern. Dies ist insofern verständlich, als die Großeltern nicht so nah mit den Enkelkindern verbunden sind wie die Eltern und sich deshalb nicht in dem Maße verantwortlich für ihr Wohlergehen fühlen.

Halten Sie sich als Eltern bei Ihren Gesprächen mit Verwandten und Bekannten vor Augen, dass die Akzeptanz der gleichgeschlechtlichen Orientierung Ihres Kindes nicht unbedingt vom Alter der anderen Person abhängt. Oft sind die Menschen der älteren Generation toleranter als die Jüngeren, und unversehens finden Sie vielleicht in den älteren Menschen Ihrer Umgebung Verbündete, die Ihnen in Ihrem eigenen Coming-out-Prozess hilfreich zur Seite stehen können.

In diesem Prozess ist es von großer Bedeutung, dass Sie als Eltern miteinander im Gespräch bleiben und immer wieder den Dialog mit Ihrem Kind suchen. So lassen sich am besten Informationslücken schließen, Ihr eigener Coming-out-Prozess und der Ihres Kindes aufeinander abstimmen und Missverständnisse klären oder vermeiden.

Gerade wenn Ihr Kind in seiner Begeisterung über das eigene Coming-out den Wunsch hat, seiner Umgebung möglichst schnell mitzuteilen, dass es lesbisch, schwul oder bisexuell ist, ist es wichtig, dass Sie als Eltern spüren – und dies Ihrem Kind auch vermitteln –, ob das

Tempo Ihrer Tochter oder Ihres Sohnes Ihnen entspricht. Wie bereits erwähnt, hat sich Ihr Kind im Allgemeinen bereits jahrelang mit seiner sexuellen Orientierung auseinandergesetzt, ehe es sich Ihnen offenbart hat. Es kann deshalb nicht erwarten – dies sei nochmals betont –, dass Sie diesen Prozess innerhalb weniger Wochen durchlaufen. Scheuen Sie sich nicht, Ihr Kind auf diesen Zeitunterschied hinzuweisen.

Dies wird besonders dann relevant, wenn es um die Information von Familienangehörigen oder gemeinsamen Bekannten geht. Jeder Schritt, den Ihr Kind in dieser Hinsicht tut, zwingt Sie unter Umständen zu einem eigenen Coming-out-Schritt, zu dem Sie aber möglicherweise noch nicht bereit oder noch nicht fähig sind. Es kann aber auch umgekehrt sein, dass Sie als Eltern mit einer dritten Person über die Homosexualität Ihres Kindes sprechen möchten, Ihre Tochter oder Ihr Sohn aber Ängste entwickelt, dies könne ihr bzw. ihm Nachteile bringen. Eine solche Situation kann beispielsweise vorliegen, wenn Sie mit jemandem sprechen möchten, der Kontakt zum beruflichen Umfeld Ihres Kindes hat, Ihr Kind aber seine gleichgeschlechtliche Orientierung noch nicht am Arbeitsplatz zum Thema machen möchte.

In derartigen Situationen bedarf es in der Familie Absprachen über die nächsten Coming-out-Schritte, damit weder Sie als Eltern noch Ihr Kind in »Zugzwang« geraten. Nur müssen Sie alle sich über eines klar sein: *Wenn die Information über die Homosexualität eines Menschen einmal »heraus« ist, ist sie nicht mehr zu kontrollieren.* Das heißt: Ihr Kind oder Sie können Ihren jeweiligen Gesprächspartnerinnen oder -partnern zwar ans Herz legen, diese Information für sich zu behalten. Abgesehen von ganz wenigen Menschen, zu denen ein absolutes Vertrauensverhältnis besteht, können Sie aber nicht davon ausgehen, dass die Betreffenden die Information tatsächlich für sich behalten. Dies mag Sie auf der einen Seite verunsichern. Auf der anderen Seite erleichtert es aber auch den Coming-out-Prozess, da Sie nach den ersten Schritten auf diesem Weg immer wieder auf Menschen treffen werden, die Ihnen sagen: »Das habe ich schon längst gewusst«.

Auf den Punkt gebracht

Zusammenfassend kann man im Hinblick auf Ihren Coming-out-Prozess als Eltern eines lesbischen, schwulen oder bisexuellen Kindes Folgendes festhalten:

- Geben Sie sich die nötige Zeit für die Auseinandersetzung mit Ihren Gefühlen in Bezug auf die Homosexualität Ihres Kindes.

- Schämen Sie sich nicht, wenn Sie mit bestimmten Dingen (Begriffen oder lesbisch-schwulen Lebensweisen) Probleme haben, und suchen Sie sachliche Information.

- Stimmen Sie Ihre Schritte in die Öffentlichkeit (Information von Verwandten und Bekannten über die Homosexualität) mit denen Ihres Kindes ab.

- Versuchen Sie in realistischer Weise abzuschätzen, wo für Sie und/oder Ihr Kind im Falle eines Coming-out die reale Gefahr massiver Nachteile besteht. Entscheiden Sie am besten gemeinsam, wie Sie sich diesbezüglich verhalten wollen.

- Seien Sie sich darüber klar, dass durch die Mitteilung der Homosexualität Ihres Kindes Beziehungen oft an Tiefe gewinnen können. Falls es doch zu Ablehnung kommt, entscheiden Sie, wie viel Ihnen die Beziehung zu dieser Person wert ist, d. h. ob Sie die Beziehung aufrechterhalten oder abbrechen wollen.

- Suchen Sie Kontakt zu anderen Eltern von Lesben und Schwulen, am besten über eine Selbsthilfegruppe. Sie finden dort Solidarität und als Gesprächspartner Eltern, die ähnliche Prozesse wie Sie durchlaufen haben und Ihnen mit Rat und Tat zur Seite stehen.

- Bleiben Sie als Eltern miteinander im Gespräch und suchen Sie den Dialog mit Ihrem Kind.

7. Die Beziehung zwischen Eltern und Kind und mögliche Veränderungen

Vielleicht bewegt Sie die Frage, ob sich durch das Coming-out Ihres Kindes Ihre Beziehung zu ihm verändern wird. Die Antwort darauf lautet: »Ja und nein.« Die Beziehung wird sich insofern auf jeden Fall verändern, als jede Veränderung der Lebensumstände eines Menschen zu einer Veränderung seiner Beziehungen zu anderen Menschen, vor allem zu nahen Angehörigen, führt. Das haben Sie sicher bereits in der Vergangenheit bei den verschiedenen Entwicklungsschritten Ihres Kindes beobachtet, z. B. bei seinem Eintritt in den Kindergarten, beim Schulbeginn, beim Schulabschluss, beim Eintritt in das Berufsleben usw. In allen diesen Schwellensituationen des Lebens, in denen Ihr Kind bestimmte Entwicklungsschritte gemacht hat, hat sich die Art der Beziehung zwischen Ihnen und Ihrer Tochter oder Ihrem Sohn zum Teil unmerklich, zum Teil aber auch deutlich verändert. Insofern ist klar, dass auch eine so wichtige Weichenstellung im Leben Ihres Kindes wie sein Coming-out einen spürbaren Einfluss auf Ihre Beziehung zueinander haben wird.

Wenn Eltern sich die Frage stellen, ob sich ihre Beziehung zu ihrem homosexuellen Kind verändern wird, schwingt darin nicht selten die Sorge mit, die Beziehung könne sich verschlechtern. Es ist die Befürchtung, die Homosexualität könne Gräben zwischen Eltern und Kind aufreißen und zu so viel Trennendem führen, dass darunter die Beziehung erheblich leiden würde.

Dies ist tatsächlich möglich, auch wenn es längst nicht so oft passiert, wie Eltern und Kinder es mitunter befürchten. Ich habe in Kapitel 3 beschrieben, dass eine die Homosexualität vehement ablehnende Haltung der Eltern zu schweren seelischen Verletzungen der Kinder und zu einem Bruch mit den Eltern führen kann. Indes sollten Sie sich als Eltern darüber klar sein, dass eine solche Verschlechterung der Beziehung

keineswegs zwangsläufig geschieht und dass Sie einen wesentlichen Einfluss darauf haben, ob es eine Veränderung zum Schlechten oder zum Guten wird – denn auch eine Verbesserung der Beziehung kann eine Folge des Coming-out Ihres Kindes sein!
Das folgende Beispiel möge der Veranschaulichung dienen.

Frau Müller lebt seit ihrer Scheidung vom Ehemann vor 15 Jahren mit ihrer 22-jährigen Tochter Susanne, einer Studentin, und dem 17-jährigen Sohn Heiko, der kurz vor dem Abitur steht, zusammen. Die Kinder haben über die Jahre hin regelmäßig Kontakt mit dem Vater unterhalten, der vor zehn Jahren wieder geheiratet hat. Frau Müller ist keine neue Beziehung eingegangen. Vor einigen Monaten hat Susanne der Mutter eröffnet, dass sie lesbisch ist. Frau Müller war darüber, wie sie es damals selbst formulierte, »total schockiert«.

Es war zu einer heftigen Auseinandersetzung zwischen Mutter und Tochter gekommen. In diesem Streit waren von beiden Seiten harte, zum Teil sehr verletzende Worte gefallen. Am Ende der Auseinandersetzung hatte Frau Müllers Aussage gestanden, wenn Susanne »jetzt auch noch meine, lesbisch sein zu müssen«, solle sie sich eine eigene Wohnung suchen. »Dann geh! Aber für immer! Eine lesbische Tochter gibt es für mich nicht.«

Susanne war durch diese Reaktion der Mutter zutiefst verletzt, packte noch am gleichen Tag ihre Sachen und zog zu einer Studienkollegin. Heiko versuchte sein Bestes, zwischen Mutter und Schwester zu vermitteln. Frau Müller blieb aber unerbittlich. Obwohl auch Susannes Vater zunächst Probleme mit der Homosexualität der Tochter hatte, ließ er sich von seiner zweiten Frau und Susanne und Heiko überzeugen, dass Homosexualität nichts Krankhaftes oder Sündiges sei. Er unterstützte Susanne deshalb vermehrt und versuchte auch, positiven Einfluss auf seine Ex-Frau zu nehmen.

Die zweite Frau des Vaters hatte in den zurückliegenden Jahren nur lockeren Kontakt zu den Kindern ihres Mannes gehabt. In der jetzigen Krise nahm sie sich Susannes aber in rührender Weise an und unterstützte sie, wo immer sie konnte. »Mir imponiert der Mut, den Susanne hat, zu sich zu stehen und sich zu outen. Dabei muss man sie doch unterstützen«, antwortete sie auf die erstaunte Frage ihres Mannes, warum sie das für seine Tochter tue.

Die Vermittlungsversuche der verschiedenen Familienmitglieder führten indes keineswegs zu einer Verbesserung der Situation. Frau Müller empfand das Verhalten der Kinder, des Ex-Mannes und seiner jetzigen Frau vielmehr geradezu als »Komplott« und fühlte sich, wie sie einer Freundin gestand, »total im Stich gelassen. Alle machen gegen mich Front und machen sich Gedanken, wie es der ›armen Susanne‹ geht. Aber niemand fragt, wie ich mit dem allen fertig werde!« Immerhin folgte Frau Müller schließlich dem Rat der Freundin und suchte psychologische Hilfe bei einer städtischen Ehe- und Familienberatungsstelle.

In den Gesprächen mit der dort tätigen Psychologin konnte herausgearbeitet werden, dass der Streit, der bei Susannes Coming-out zwischen Mutter und Tochter entbrannt war, eigentlich wenig mit dem Thema »Homosexualität« zu tun hatte. Bei diesem Anlass waren vielmehr die seit Jahren bestehenden Konflikte zwischen Frau Müller und Susanne aufgebrochen und hatten sich am Thema »Homosexualität« entzündet. Letztlich war es aber darum gegangen, dass sich Frau Müller seit der Scheidung ganz für die Kinder eingesetzt und auf viel Eigenes verzichtet hatte. Ihre Hoffnung war gewesen, dafür eines Tages »entschädigt« zu werden, indem ihre Kinder »bestens geraten« wären und sie von der Umgebung als sich aufopfernde Mutter Anerkennung bekommen hätte.

Als Susanne der Mutter eröffnet hatte, dass sie lesbisch sei, schienen alle diese Hoffnungen mit einem Schlag zerstört zu sein. Frau Müller erinnerte sich an die negativen Kommentare, die sich gegen eine Bekannte aus der Vereinigung der Eineltern bzw. Alleinerziehenden gerichtet hatten, als bekannt geworden war, dass deren Sohn schwul war. Es waren die Enttäuschung über die Zerstörung ihrer Hoffnungen und die Angst vor einer solchen Kritik ihrer Umgebung, die Frau Müller bis an der Punkt getrieben hatten, Susanne hinauszuwerfen.

Nach der Klärung dieser Gefühle schlug die Psychologin Frau Müller vor, sie könne auch mit Susanne ein Gespräch führen, um mit ihr zu klären, welches ihre Gründe für die heftige Reaktion gegenüber der Mutter gewesen seien. Vielleicht ließe sich danach ja ein gemeinsames Gespräch mit Mutter und Tochter arrangieren.

Susanne nahm das Gesprächsangebot der Psychologin gerne an, da auch sie unter dem Zerwürfnis mit der Mutter litt, infolge der tiefen Kränkung, die sie von ihr erfahren hatte, von sich aus aber nicht den ersten Schritt auf die Mutter zu machen wollte. Die Gespräche der Psychologin mit Susanne förderten zutage, dass Susanne sich seit etlichen Jahren von der Mutter prinzipiell nicht akzeptiert gefühlt und unter dem Eindruck gelitten hatte, sie erfülle die Erwartungen der Mutter nicht. Dies hatte ihre Leistungen, ihr äußeres Erscheinungsbild, ihre sozialen Kontakte und die verschiedensten anderen Bereiche ihres Lebens betroffen. Susanne hatte sich deshalb nur unter großen Ängsten zu einem Coming-out durchgerungen, da sie genau den Vorwurf befürchtet hatte, den Frau Müller dann auch tatsächlich gegen sie richtete. Susanne hatte sich nun umso schuldiger gefühlt, als sie nochmals die Erwartungen der Mutter nicht erfüllt hatte und spürte, wie enttäuscht diese war.

Zugleich war ihr die Diskussion über ihr Coming-out ein erneuter Beweis dafür, dass sie von der Mutter keinerlei Wertschätzung erhielt. So wichtig ihr auch die Unterstützung durch den Bruder und den Vater und dessen zweiter Frau war, so schmerzlich war für Susanne aber auch, dass ihr die Anerkennung der Mutter, die ihre Hauptbezugsperson war, nicht zuteil wurde.

Die Beratung endete mit dem Vorschlag der Psychologin, einige gemeinsame Gespräche mit Frau Müller und Susanne zu führen. In diesen Sitzungen gelang es Frau Müller und Susanne, einander ihre Erwartungen und Enttäuschungen mitzuteilen und die »alten« Konflikte, die nichts mit Susannes Homosexualität zu tun hatten, zu bereinigen. Auf dieser Grundlage entstand ein Vertrauensverhältnis zwischen Mutter und Tochter, das es in dieser Art bisher nicht gegeben hatte, und die Beziehung zwischen Frau Müller und ihrer Tochter gewann eine Tiefe, die für beide eine enorme Bereicherung darstellte.

Wie das Beispiel der Familie Müller zeigt, können sich mit dem Coming-out eines Kindes die Beziehungen in der Familie erheblich verändern. Die eine Veränderung betrifft den heftigen Streit zwischen Mutter und Tochter, der mit gegenseitigen tiefen Verletzungen einherging. Das Beispiel lässt aber auch deutlich werden, dass hinter der Auseinandersetzung über die Homosexualität des Kindes andere

Konflikte stehen können, die nichts mit der gleichgeschlechtlichen Orientierung zu tun haben. Im Fall der Familie Müller sind es die Erwartungen und Ängste der Mutter sowie die Schuldgefühle und der Eindruck der Tochter, von der Mutter prinzipiell nicht die gewünschte Wertschätzung zu bekommen. Diese aus der Vergangenheit stammenden Konflikte brechen beim Gespräch über Susannes Homosexualität auf und führen zu der beschriebenen heftigen Auseinandersetzung mit den gegenseitigen Verletzungen.

Derartige Konflikte können in jeder Familie, unabhängig von der sexuellen Orientierung des Kindes, auftreten. Immer wieder müssen sich Eltern wie Kinder mit eigenen Erwartungen und Wünschen dem anderen gegenüber und mit der Nichterfüllung dieser Wünsche auseinandersetzen. Und stets ist es für Eltern ein – mitunter schmerzlicher – Prozess, wahrzunehmen und zu akzeptieren, dass ihre Kinder sich anders entwickeln, als sie es sich gewünscht haben. Den meisten Eltern gelingt es, dies zu akzeptieren, und sie können mit Freude daran teilnehmen, dass die Kinder ihren eigenen, ihnen entsprechenden und sie mit Zufriedenheit erfüllenden Weg finden.

Als Eltern eines homosexuellen Kindes stehen Sie vor der gleichen Aufgabe wie die Eltern heterosexueller Kinder. Auch Sie werden vielleicht Vorstellungen und Hoffnungen in sich tragen, zu welcher Persönlichkeit sich Ihr Kind entwickeln möge, welchen beruflichen Weg es einschlagen soll oder in welcher Art es später als Erwachsener leben werde. Auch Sie werden, wie andere Eltern, die Erfahrung machen, dass sich Ihre Tochter oder Ihr Sohn zwar in einigen Aspekten durchaus gemäß Ihren Zukunftsvisionen entwickelt. In etlichen Lebensbereichen aber wird etwas ganz anderes herauskommen, als Sie es sich gewünscht haben. So werden Sie, wie alle Eltern, von manchen Hoffnungen und Wünschen in Bezug auf Ihr Kind Abschied nehmen müssen.

Bei einem lesbischen, schwulen oder bisexuellen Kind kommt aber eine Dimension hinzu, mit der sich die Eltern von heterosexuellen Kindern nicht konfrontiert sehen. Anders als diese müssen Sie nämlich auch Abschied von der Erwartung nehmen, Ihr Kind sei heterosexuell. Da dies in unserer von der Heterosexualität geprägten Gesellschaft eine wie selbstverständlich erscheinende Erwartung ist (zur »heterosexuellen Vorannahme« siehe S. 86), ist das Loslassen dieser Vorstellung für Sie eine nicht so einfach zu lösende Aufgabe, was Auswirkungen auf die Beziehung zwischen Ihnen und Ihrem Kind haben kann.

Im geschilderten Beispiel ist es Frau Müller lange Zeit nicht gelungen, ihre Erwartungen an die Tochter in Bezug auf verschiedene Lebensbereiche auf ein realistisches Maß herunterzuschrauben. Als die Tochter sich dann der Mutter gegenüber als lesbisch outet, ist dies der »letzte Tropfen« der Enttäuschung, der bei Frau Müller das »Fass zum Überlaufen bringt«. Dies führt dazu, dass die Mutter Susanne aus dem Haus wirft. Man kann vermuten, dass sich die Situation nicht so dramatisch zugespitzt hätte, wenn Frau Müller früher in der Lage gewesen wäre, ihre Erwartungen an die Tochter kritisch zu hinterfragen und zu akzeptieren, dass Susanne in mancherlei Hinsicht anders ist, als die Mutter sich gewünscht hätte, und ihren eigenen Weg geht. Immerhin gelingt es Frau Müller, in der Psychotherapie zu erkennen, dass es um das Thema ihrer Wünsche und Erwartungen an die Tochter geht. Sie vermag daraufhin im Rahmen der psychologischen Beratung ihre Beziehung zur Tochter zu klären und kann auf diese Weise eine neue, konstruktive Qualität in ihre Beziehung zueinander bringen.

Für Sie als Eltern eines homosexuellen Kindes ist es hilfreich, wenn Sie ganz besonders sensibel und selbstkritisch hinsichtlich Ihrer Erwartungen an Ihr Kind sind. Selbstverständlich werden auch Sie Vorstellungen und Wünsche in Bezug auf die Entwicklung und das Leben Ihres Kindes haben. Ohne solche Zukunftsvisionen wäre Erziehung wohl kaum möglich. Doch ist dies gut für die Beziehung zwischen Ihnen und Ihrem Kind, wenn Sie die Realität Ihrer Tochter oder Ihres Sohnes möglichst genau wahrnehmen und prinzipiell bereit sind, Ihre eigenen Vorstellungen zurückzustellen und zu akzeptieren, dass Ihr Kind sich anders entwickelt, als Sie es sich gewünscht haben. Bei einer solchen grundsätzlich offenen und toleranten Haltung wird Ihnen dann beim Coming-out Ihres Kindes der Abschied von der Erwartung, es sei heterosexuell, nicht mehr so schwerfallen, als wenn, wie im geschilderten Beispiel von Frau Müller, diese »Enttäuschung« zu den übrigen, noch nicht verarbeiteten »Enttäuschungen« hinzukommt.

Ich habe das Wort *Enttäuschung* in Anführungszeichen gesetzt, um es zu problematisieren. Enttäuscht werden können wir nur, wenn wir etwas erwarten und uns in dieser Erwartung getäuscht sehen.

Zumeist wird die Enttäuschung dem Gegenüber angelastet. Bei einer kritischen Betrachtung solcher Situationen müssen wir aber sagen, dass wir Gefühle der Enttäuschung eigentlich nur dann erleben, wenn wir uns selbst in Bezug auf eine Person getäuscht haben, z. B. indem wir bestimmte Persönlichkeitszüge oder Verhaltensweisen falsch gedeutet haben oder unter Umständen gar nicht wahrhaben wollten, dass die Person uns bestimmte Signale gab. Wenn wir schließlich die Augen nicht mehr vor der Realität verschließen können, sind wir »ent-täuscht«.

Sie können sich selbst und Ihrem Kind solche Enttäuschungen ersparen, wenn Sie generell selbstkritisch mit Ihren Erwartungen an Ihre Tochter oder Ihren Sohn umgehen und den Heranwachsenden Raum geben, ihre eigenen Vorstellungen zu entwickeln und diesen zu folgen. Eltern können ohnehin ihren Kindern nicht ersparen, ihre eigenen Erfahrungen zu machen, und dies ist nötig, selbst wenn es sich um Erfahrungen handelt, die schmerzlich für die Kinder sind. Indem Sie den Entwicklungsprozess Ihrer Tochter oder Ihres Sohnes begleiten und fördern, leisten Sie Ihrem Kind und sich selbst einen großen Dienst. Dadurch ersparen Sie sich die Konflikte, wie ich sie im Beispiel von Frau Müller und ihrer Tochter beschrieben habe.

Mitunter sind bei Konflikten – wie in diesem Beispiel – die Fronten so verhärtet, dass selbst Vermittlungsversuche der nächsten Familienangehörigen erfolglos bleiben. Es ist in solchen Situationen hilfreich, wenn eine weiter außen stehende Vertrauensperson eines Konfliktpartners behutsam eingreift, um die Situation zu entschärfen. Im beschriebenen Beispiel ist es die Freundin von Frau Müller, die ihr den Rat gibt, fachliche Hilfe zu suchen.

Gerade wenn Sie sich als Eltern eines homosexuellen Kindes im Gespräch über das Coming-out Ihrer Tochter oder Ihres Sohnes besonders tief verletzt fühlen, sollten Sie berücksichtigen, dass diesen Gefühlen ganz andere Ursachen als die Homosexualität Ihres Kindes zugrunde liegen können. Je heftiger Ihre Reaktion ist, desto eher sollten Sie an diese Möglichkeit denken.

Gewiss ist eine solche kritische Selbstreflexion nicht immer einfach. Dies gilt insbesondere, wenn Ihrer heftigen Reaktion auf das Coming-out Ihres Kindes tiefliegende, Ihnen selbst vielleicht kaum bewusste Probleme zugrunde liegen. Immerhin werden Sie auch in einem solchen Fall spüren, dass durch die Eröffnung Ihres Kindes, es sei homosexuell, »irgendetwas« tief in Ihnen angerührt worden ist, was zu der großen Irritation, wie Sie sie jetzt empfinden, geführt hat. Allein diese Einsicht, dass Ihre heftige Reaktion nicht nur von Ihrer Tochter oder Ihrem Sohn verursacht ist, sondern auch mit einem in Ihnen liegenden Problem zu tun haben könnte, entschärft den Konflikt zwischen Ihnen und Ihrem Kind bereits ein Stück weit. Dadurch wird auch die Gefahr, dass die Beziehung zwischen Ihnen und Ihrem Kind von der einen oder anderen Seite abgebrochen wird, deutlich geringer.

In einer solchen Situation ist auf jeden Fall das Gespräch mit einer Person Ihres Vertrauens wichtig. Dies kann eine Freundin oder ein Freund, ein anderes, nicht direkt am Konflikt beteiligtes Familienmitglied oder eine Fachperson sein. Von ausschlaggebender Bedeutung ist dabei, dass diese Person gleichgeschlechtlichen Orientierungen gegenüber keine Vorbehalte hat und fähig ist, hinter den aktuellen Spannungen den grundsätzlichen Konflikt in der Beziehung zwischen Ihnen und Ihrem Kind zu sehen. Falls sich das schwierig gestaltet, ist fachliche Hilfe unbedingt empfehlenswert.

Wie ich in Kapitel 5 bereits erwähnt habe, reicht es beim Thema »Homosexualität« allerdings – leider – nicht aus, dass Sie Ausschau nach irgendeiner Fachperson aus Beratung, Psychotherapie oder Psychiatrie halten. Obwohl Homosexualität in Medizin und Psychologie heute nicht mehr als Krankheit, sondern als eine der Heterosexualität gleichwertigen Variante der sexuellen Orientierung betrachtet wird, gibt es immer noch einzelne (vor allem christlich-fundamentalistischen Kreisen nahestehende) Therapeutinnen und Therapeuten, die von einem Krankheitskonzept der Homosexualität ausgehen und im Rahmen von »Umpolungs«-Aktivitäten ihre Klientinnen und Klienten dahingehend zu beeinflussen versuchen, dass sie »heterosexuell werden«. Wenn Sie die Konflikte mit Ihrem homosexuellen Kind klären möchten, ist Ihnen mit einer solchen Fachperson nicht gedient. Denn sie wird, entsprechend ihrem Konzept der Homosexualität, alle Probleme auf die gleichgeschlechtliche Orientierung Ihres Kindes zurückführen. Informieren Sie sich deshalb, wenn Sie fachliche Hilfe suchen, bei einer anerkannten staatlichen psychotherapeutischen oder psychiatrischen

Institution oder bei einem der lokalen oder nationalen Lesben- und Schwulen-Verbände nach unvoreingenommenen Fachleuten.

Wenn hier die Rede von sich verändernden Beziehungen zwischen Ihnen als Eltern und Ihrem homosexuellen Kind ist, müssen Sie auch an die folgende Dynamik denken: Es kann sein, dass Ihre lesbische Tochter oder Ihr schwuler Sohn sich zurückzieht, ohne dass Sie selbst direkt Anlass dazu gegeben haben. Dies kann – etwa in der Pubertät – ein durchaus altersentsprechendes Verhalten Ihres Kindes sein, wenn es Abstand von Ihnen zu gewinnen sucht und sich vielleicht auch demonstrativ von Ihnen abwendet. Dies bedeutet indes in keiner Weise, dass Sie etwas »falsch« gemacht hätten oder dass es wegen der Homosexualität Ihres Kindes zu einem Beziehungsabbruch käme.

In solchen Situationen ist es wichtig, dass Sie als Eltern einen »kühlen Kopf« bewahren und nicht alles, was Ihnen am Verhalten Ihres Kindes auffällt und Ihnen unter Umständen Probleme bereitet, auf die Homosexualität zurückführen. Dies gilt ganz besonders, wenn Ihr Kind seinen Coming-out-Prozess im Jugend- oder jungen Erwachsenenalter durchläuft. Für diese Entwicklungsphase ist es typisch, dass die Heranwachsenden etwa in ihren Gefühlen zu den Eltern sehr zwiespältig sein können. Einerseits drängen sie auf Unabhängigkeit und Distanz zu den Eltern und verhalten sich ihnen gegenüber nicht selten ausgesprochen provokativ, andererseits aber ist ihnen die Nähe der Eltern auch wichtig, und sie suchen Schutz und Unterstützung bei ihnen. Dies ist ein durchaus altersentsprechendes Verhalten und hat nichts mit der gleichgeschlechtlichen Orientierung Ihrer Tochter oder Ihres Sohnes zu tun. Der Wunsch nach Schutz und Unterstützung kann bei lesbischen und schwulen Jugendlichen aber aufgrund ihrer spezifischen Lebenssituation als homosexuelle Heranwachsende, die sich im Rahmen ihres Coming-out ihrer sexuellen Orientierung bewusst werden und diese der Umgebung gegenüber kommunizieren, stärker ausgeprägt sein als bei den heterosexuellen Gleichaltrigen. Hier ist es wichtig, dass Sie als Eltern auf diese Wünsche eingehen, ohne aber die Selbstständigkeitsstrebungen Ihres Kindes zu behindern.

Das starke Autonomiebedürfnis von Heranwachsenden ist für diese Entwicklungsphase typisch und für ihre Verselbstständigung auch notwendig. Es kann im Coming-out-Prozess jedoch zu besonders ausgeprägten Wünschen nach Unabhängigkeit und Selbstbestimmung kommen und die Beziehung zwischen Ihnen und Ihrem Kind kann dadurch belastet werden. Dieses starke Autonomiebedürfnis ist verständlich in Anbetracht der Tatsache, dass homosexuelle junge Menschen in gewissen Bereichen ihrer Entwicklung oft weiter sind als die heterosexuellen Gleichaltrigen.

Ich habe in Kapitel 5 den Schriftsteller Edmund White[19] erwähnt, der darauf hingewiesen hat, dass die Auseinandersetzung homosexueller Menschen mit der eigenen gleichgeschlechtlichen Orientierung zu einer verstärkten Reflexion der eigenen Persönlichkeit führt und auf diese Weise eine »philosophische« Haltung entstehen kann. Jugendliche, die einen solchen Prozess durchlaufen haben und den Mut aufbringen, sich ihrer Umgebung gegenüber zu outen, verfügen mitunter über eine deutlich größere Reife als heterosexuelle Gleichaltrige. Insofern ist es naheliegend, dass sie auch früher als ihre Alterskameradinnen und -kameraden Selbstständigkeit beanspruchen.

Ein solches Verhalten mag Sie als Eltern verunsichern, und Sie fragen sich in solchen Momenten vielleicht, ob sich die Beziehung zwischen Ihnen und Ihrem Kind in negativer Weise verändert hat. Letztlich aber ist es doch eine sehr positive Entwicklung, wenn Ihr Kind selbstständig ist und selbstverantwortlich sein Leben in die Hand nimmt! Sie tun gut daran, diesen Prozess nicht zu behindern, sondern ihn zu fördern und Ihre Tochter oder Ihren Sohn – wie eh und je – auf dem Weg zu ihrer Selbstwerdung zu begleiten.

Stärkere Stimmungsschwankungen sind ein charakteristisches Merkmal der Pubertät und der frühen Adoleszenz. Selbstverständlich werden Sie deshalb auch bei Ihrem homosexuellen Kind in dieser Entwicklungsphase solche Stimmungsschwankungen erleben. Hier wäre es verfehlt, dies einseitig auf die Homosexualität zurückzuführen. Es mag sein, dass die Belastungen, die der Coming-out-Prozess mit sich bringt, diese Gefühlsschwankungen bei Ihrem Kind verstärken. Wenn es ab und zu Ihnen gegenüber unwirsch, gereizt oder verstimmt reagiert, heißt das aber keineswegs, Ihre Beziehung hätte sich verschlechtert. Eltern von heterosexuellen Kindern dieses Alters werden Ihnen von ganz ähnlichen Verhaltensweisen ihrer Töchter und Söhne berichten.

Auf der einen Seite ist diese Entwicklungsphase einfach miteinander »durchzustehen«. Jugendliche in der Pubertät und im jungen Erwachsenenalter sind halt so. Auf der anderen Seite ist es auch empfehlenswert, dass Sie Ihr Kind auf die Stimmungsschwankungen ansprechen, wenn sie Ihnen auffallend heftig erscheinen. Es ist in solchen Gesprächen sinnvoll, auf Ihre Beobachtungen hinzuweisen, ohne sie an der Homosexualität festzumachen. Oft haben die Stimmungsschwankungen ganz andere Gründe oder hängen höchstens indirekt mit der gleichgeschlechtlichen Orientierung zusammen. Gründe dieser Art können Unsicherheit im Umgang mit potenziellen Liebespartnerinnen und -partnern und unerwiderte Liebesgefühle, aber auch Unentschiedenheit bezüglich des beruflichen Weges oder allgemeine Sinnfragen sein, wie sie heterosexuelle Jugendliche auch bewegen.

Indem Sie Ihre Tochter oder Ihren Sohn auf die Gefühlsschwankungen, wie Sie sie wahrnehmen, hinweisen, geben Sie ihr oder ihm die Möglichkeit, sich mit Ihnen darüber auszutauschen und, falls spezielle Ursachen zugrunde liegen, diese Gründe mit Ihnen zu klären. In dieser Entwicklungsphase ist es aber auch durchaus möglich, dass Ihr Kind nicht auf Ihr Angebot eingeht, ja Sie vielleicht sogar mit dem Hinweis, das alles gehe Sie »gar nichts an«, schroff zurückweist.

Es ist verständlich, dass eine solche Zurückweisung Sie insbesondere dann kränkt, wenn Sie mit Ihrem Gesprächsangebot Ihrem Kind helfen wollten, den Ursachen seiner Gefühlsschwankungen auf die Spur zu kommen und besser mit seinen Gefühlen umzugehen. Doch respektieren Sie es, wenn Ihre lesbische Tochter oder Ihr schwuler Sohn diese Entwicklungsschritte selbstständig, ohne Hilfe von außen machen will. Wenn Ihr Kind dann irgendwann spüren sollte, dass es doch Hilfe benötigt, weiß es aufgrund Ihres Gesprächsangebots, dass es diese Unterstützung von Ihnen bekommen wird.

Zu gewissen Schwierigkeiten in der Beziehung kann es auch dadurch kommen, dass Ihr Kind im Coming-out-Prozess zumindest zeitweilig sehr leicht irritierbar und verletzbar ist. Es mag sein, dass Sie eine aus Ihrer Sicht völlig harmlose Frage gestellt haben, aus der Ihre Tochter oder Ihr Sohn aber einen kritischen Unterton in Bezug auf die Homosexualität herausgehört hat und deshalb gekränkt reagiert. Wenn diese

Situation dann nicht offen angesprochen wird und nicht geklärt wird, was Sie tatsächlich gemeint haben, kann es zu Missverständnissen und daraus resultierenden Spannungen kommen, die Ihre Beziehung zueinander nachhaltig – in diesem Falle: negativ – beeinflussen.

Es ist deshalb wichtig, dass Sie, wann immer Sie sich missverstanden fühlen, darauf hinweisen. Unter Umständen merken Sie erst im Rahmen einer solchen Klärung, dass Sie vielleicht tatsächlich noch gewisse Vorbehalte gegenüber der Homosexualität Ihres Kindes haben. Zugleich kann eine solche Klärung aber auch für Ihr Kind hilfreich sein, indem es merkt, dass es bei Äußerungen, die unter Umständen gar nichts mit seiner gleichgeschlechtlichen Orientierung zu tun haben, sehr schnell eine Ablehnung »wittert« und darauf unangemessen heftig reagiert.

Unstimmigkeiten und daraus resultierende Beziehungskonflikte können auch dann entstehen, wenn Ihr Kind wahrnimmt, dass Sie im Gespräch mit Dritten über die Homosexualität Ihres Kindes wie »um den heißen Brei herumreden«. Ihre lesbische Tochter oder Ihr schwuler Sohn empfindet dies unter Umständen als »Verrat« und als mangelnde Solidarität mit ihr bzw. ihm und reagiert gekränkt darauf. Sie selbst haben jedoch vielleicht im Gespräch mit der dritten Person unter Umständen nur ein gewisses Unbehagen gespürt, als sich die Diskussion in die Nähe des Themas »Homosexualität« bewegt hat, und gar nicht die Absicht gehabt, die Homosexualität Ihres Sohnes bzw. Ihrer Tochter zu leugnen. Wenn Sie Ihr Kind nach dem Grund für seinen emotionalen Rückzug fragen und es Ihnen offen sagt, wie es Ihr Verhalten empfunden hat, hilft Ihnen dies auch, das eigene Verhalten kritisch zu betrachten und zu erkennen, wo Sie mit eigenen Ängsten und Unsicherheiten kämpfen.

Scheuen Sie sich nicht, Ihr Kind darauf anzusprechen, wenn Sie eine Entfremdung und einen Ihnen unerklärlichen Rückzug Ihrer Tochter oder Ihres Sohnes wahrnehmen. Im offenen Gespräch miteinander können Sie die Gründe für diese Veränderung in Ihrer Beziehung klären. Vielleicht ist es eine ganz natürliche, dem aktuellen Gefühl Ihres Kindes entsprechende Distanzierung, vor allem in Zeiten, in denen es eine intensivere Beziehung zu einer Partnerin bzw. einem Partner eingeht. Möglicherweise liegt dem Rückzug Ihres Kindes aber auch ein

Konflikt zugrunde, der sich durch ein offenes Gespräch klären und lösen lässt.

Wie das Beispiel der Familie Müller zeigt, leiden letztlich alle Familienmitglieder, die direkt am Konflikt Beteiligten ebenso wie das weitere Familiengefüge, unter der Situation und profitieren davon, wenn die Konflikte gelöst werden. Gelingt dies, so können die Beziehungen – wie im Beispiel von Frau Müller und ihrer Tochter – eine Tiefe und Intensität gewinnen, die sie vorher nicht gehabt haben. Insofern kann sich die Beziehung zwischen Ihnen und Ihrem Kind im Verlauf des Coming-out sehr wohl – und zwar zum Besseren! – verändern.

Außerdem können in solchen Konfliktsituationen Lesben und Schwule mitunter unerwartet Unterstützung von Dritten erhalten, die ihnen guttut und ihr Selbstwertgefühl stärkt. Im geschilderten Beispiel ist es die zweite Frau des Vaters, die sich in rührender Weise um Susanne kümmert, da sie den Mut bewundert, den die Tochter ihres Mannes durch ihr Coming-out beweist. Es können aber auch Großeltern, Freundinnen und Freunde der Eltern oder Ihrem Kind nahestehende Menschen sein.

Geben Sie sich selbst und Ihrer Tochter oder Ihrem Sohn in Situationen, in denen sich Ihre Beziehung zueinander konflikthaft zugespitzt hat, eine Chance und akzeptieren Sie die Vermittlungsversuche Dritter. Selbstverständlich muss es eine Person sein, der Sie beide, Sie als Eltern ebenso wie Ihr Kind, vertrauen und bei der Sie spüren, dass sie unparteiisch ist und dass es ihr Ziel ist, zwischen Ihnen und Ihrem Kind zu vermitteln und dadurch zu Ihrer beider Wohl beizutragen.

Bei solchen Gesprächen kann es nicht darum gehen, dass die Drittperson in die Rolle eines »Richters« gedrängt wird und entscheiden soll, wer von Ihnen »schuld« an der Krise ist. Aufgabe der zwischen Ihnen und Ihrem Kind vermittelnden Person ist es vielmehr, eine Atmosphäre zu schaffen, in der es Ihnen und Ihrem Kind möglich ist, die gegenseitigen Erwartungen und Enttäuschungen und die damit verbundenen Gefühle einander mitzuteilen und die dem Konflikt zugrunde liegenden Ursachen zu klären. Wie erwähnt, kann die vermittelnde Person jemand aus Ihrem persönlichen Umfeld sein. Bei schwerwiegenden Konflikten in der Beziehung zwischen Ihnen und Ihrem Kind ist es aber empfehlenswert, sich fachliche Hilfe zu suchen.

Auf den Punkt gebracht

Was können Sie als Eltern tun, wenn Sie spüren, dass sich die Beziehung zwischen Ihnen und Ihrem Kind verschlechtert?

- Prüfen Sie, inwieweit diese Veränderung von Ihnen selbst ausgeht. Vielleicht sind Sie durch das Coming-out Ihres Kindes von ihm enttäuscht, weil es Ihre Erwartungen nicht erfüllt. Oder Sie haben Angst vor den Folgen, die sich für Ihr Kind oder für Sie selbst aus seiner Homosexualität ergeben könnten.

- Wenn Sie spüren, dass sich die Beziehung Ihres Kindes zu Ihnen verschlechtert, sprechen Sie es direkt darauf an. Die Ursache dafür kann – etwa in der Pubertät oder in der frühen Adoleszenz – ein altersentsprechendes Distanzierungsbedürfnis sein, das nichts mit Ihnen oder mit der Homosexualität Ihres Kindes zu tun hat. Der Veränderung der Beziehung zwischen Ihnen und Ihrem Kind kann aber auch die Angst Ihres Kindes vor Ihrer Ablehnung seiner gleichgeschlechtlichen Orientierung zugrunde liegen oder seine Sorge, Sie enttäuscht zu haben. Der Rückzug kann auch damit zusammenhängen, dass Ihr Kind Sie nicht durch sein Coming-out belasten möchte. Oder der Veränderung der Beziehung liegen Missverständnisse zugrunde, die es zu klären gilt.

- Bei tiefgreifenden Beziehungskonflikten (die unter Umständen gar nicht direkt mit der Homosexualität Ihres Kindes zu tun haben, sondern sich lediglich jetzt daran entzünden) sollten Sie sich nicht scheuen, psychologische Hilfe in Anspruch zu nehmen. Machen Sie sich aber z. B. bei anerkannten psychotherapeutischen oder psychiatrischen Institutionen, bei den nationalen und regionalen Homosexuellen-Vereinigungen oder bei einer Selbsthilfegruppe für Eltern von Lesben und Schwulen kundig, wo Sie Fachleute finden, die dem Thema »Homosexualität« gegenüber keine Vorbehalte haben.

8. »Wie sollen wir mit ihrer Partnerin/seinem Partner umgehen?«

Ihr Kind hat gelernt, mit seiner gleichgeschlechtlichen Orientierung und dem sich daraus ergebenden Lebensstil gut umzugehen, und Sie selbst haben große Schritte auf dem Weg Ihres eigenen Coming-out als Eltern einer lesbischen Tochter oder eines schwulen Sohnes gemacht. Sie haben vielleicht gedacht, jetzt trete endlich einmal wieder Ruhe ein. Doch weit gefehlt! Jetzt findet Ihre Tochter oder Ihr Sohn, es werde langsam Zeit, Ihnen ihre Partnerin bzw. seinen Partner vorzustellen.

Wahrscheinlich sind Sie gespannt – und freuen sich hoffentlich auch ein bisschen darauf –, endlich die Person kennenzulernen, die Ihr Kind liebt. Doch beschleicht Sie zugleich vielleicht auch ein etwas mulmiges Gefühl beim Gedanken daran, dieser Person gegenüberzutreten. Denn ein solches Zusammentreffen ist nicht einfach das Kennenlernen irgendeines Ihnen bisher fremden Menschen. Indem Ihre Tochter Ihnen ihre Partnerin oder Ihr Sohn Ihnen seinen Partner vorstellt, sind Sie mit einer ganz besonderen Situation konfrontiert: Es ist einerseits eine Situation, die alle Eltern erleben, wenn ihnen die Kinder ihre Partnerin oder ihren Partner vorstellen. Spätestens in diesem Moment wird den Eltern klar, dass die »Kinder« erwachsen sind und ihre eigenen Wege gehen. Andererseits ist es aber für Sie als Eltern eines homosexuellen Kindes insofern auch eine sehr spezielle Situation, als Sie durch die Partnerin Ihrer lesbischen Tochter oder den Partner Ihres schwulen Sohnes noch einmal in sehr konkreter Form mit dem Thema »Homosexualität« konfrontiert werden.

Was die Situation angeht, die alle Eltern mit ihren Kindern erleben, mag es sein, dass die Eltern sich darüber freuen, dass ihr Kind selbstständig geworden ist und nun eine eigene Familie gründet. Zugleich weist diese Situation die Eltern aber auch darauf hin, dass die Kindheit der Tochter oder des Sohnes unwiderruflich vorbei ist und eine andere, den Eltern bisher fremde Person dem Kind nun sehr nahe steht. Dies bedeutet nicht, dass die Eltern damit für das Kind unwichtig geworden wären. Sie sind und bleiben die Eltern.

Indem Ihr Kind eine Liebesbeziehung zu einer Partnerin oder einem Partner eingeht, ändert sich aber doch etliches in der familiären Dynamik: Eine Ihnen bisher fremde Person wird Teil Ihrer Familie und nimmt von nun an in dieser einen zentralen Platz ein; Sie werden vielleicht mit einer Ihnen wenig vertrauten Welt, welcher die Partnerin oder der Partner Ihres Kindes entstammt, konfrontiert, unter Umständen tun Sie sich sogar ausgesprochen schwer damit, die Lebensweise der/des Geliebten Ihrer Tochter oder Ihres Sohnes zu akzeptieren; durch die Partnerschaft Ihres Kindes treten nun auch seine Schwiegereltern in Ihr Leben, und es stellt sich für Sie die Frage, wie Sie mit ihnen auskommen. Dies sind nur einige der offensichtlichsten Änderungen, welche die Partnerschaft Ihres Kindes für Sie mit sich bringt.

Wie alle Veränderungen im Leben kann dies eine bereichernde, sich für Sie und Ihre Familie positiv auswirkende Erfahrung sein. Es können aus solchen Veränderungen aber auch Konflikte und Probleme erwachsen, die sich für Sie als Eltern belastend auswirken und Ihre Beziehung zu Ihrem Kind unter Umständen schwierig machen.

Ein Stück weit haben Sie es in der Hand, wie sich die Situation entwickeln wird. Wenn Sie offen und tolerant gegenüber verschiedenen Lebensformen und Charakteren sind, wird sich die Beziehung zu Ihrem Kind nicht in negativer Weise verändern. Wenn Sie hingegen diesbezüglich wenig flexibel sind oder wenn die Persönlichkeit und das Verhalten der Partnerin bzw. des Partners Ihres Kindes Ihnen sehr unsympathisch sind, wird es schwer für Sie sein, weiterhin ein ungetrübtes Verhältnis zu Ihrem Kind zu haben. Fast zwangsläufig wird es in diesem Fall zu einer gewissen Distanzierung zwischen Ihnen kommen, und es wird, wenn überhaupt, unter Umständen viel Zeit brauchen, bis Sie einander wieder näherkommen.

Wie erwähnt, sind dies Erfahrungen, die alle Eltern machen, wenn ihre Kinder eine Liebesbeziehung eingehen. Bei Ihrem lesbischen oder schwulen Kind kommt aber mit dem Vorstellen der Partnerin oder des Partners noch ein weiteres Element hinzu, das die Eltern heterosexueller Kinder nicht erleben: Der Partnerin Ihrer Tochter oder dem Partner Ihres Sohnes gegenüberzutreten, bedeutet nämlich, dass die Homosexualität Ihres Kindes nochmals mehr an Realität gewinnt als durch seine bisherigen Erzählungen. Sie müssen keineswegs an der gleichgeschlechtlichen Orientierung Ihrer Tochter oder Ihres Sohnes gezweifelt haben. Aber durch das persönliche Kennenlernen der/des Geliebten Ihres Kindes wird die Homosexualität für Sie plötzlich noch einmal konkreter und spürbarer.

Dorit Zinn hat die widerstreitenden Gefühle, welche der Anblick ihres Sohnes mit seinem Partner in ihr ausgelöst hat, meisterhaft in ihrem Buch *Mein Sohn liebt Männer*[20] beschrieben. In subtiler Weise schildert die Autorin in diesem autobiographischen Bericht den Prozess, den sie zusammen mit ihrer Familie durchläuft, nachdem ihr Sohn ihr eröffnet hat: »Du, Dorit, ich bin schwul.« Ängste, Schuldgefühle, Selbstzweifel wechseln ab mit Konflikten, Depressionen, aber auch mit inniger Zuneigung und Stolz auf den Sohn, der, unterstützt von seinen Eltern und seinem Bruder, unbeirrt seinen Weg geht.

Mit großer Offenheit berichtet Dorit Zinn auch von den emotionalen Schwierigkeiten, die sie trotz ihrer prinzipiellen Bereitschaft, den schwulen Lebensstil ihres Sohnes zu akzeptieren, immer wieder bei sich wahrnimmt. Obwohl sie eine aufgeschlossene Frau ist, bemerkt sie, wenn sie ihren Sohn mit seinem Partner, Händchen haltend oder einander einen Kuss gebend, auf dem Sofa ihr gegenüber sieht, dass diese Situation eine Irritation in ihr auslöst. Sie ärgert sich selbst darüber und fragt sich, warum es denn einen Unterschied macht, ob ihr anderer Sohn mit seiner Freundin oder ihr schwuler Sohn mit seinem Partner ihr gegenübersitzt. Der *Kopf* sagt der Autorin, das sei doch genau das Gleiche. Ihr *Gefühl* reagiert aber anders, und sie braucht Zeit, bis sie sich an die Zärtlichkeiten ihres Sohnes mit seinem Partner gewöhnt hat.

Dorit Zinn zeigt in ihrem Buch auch auf, wie die Auseinandersetzung mit dem Sohn sie zu einer Konfrontation mit ihrer eigenen Lebensgeschichte zwingt, vor allem auch mit ihrer eigenen Sexualität. Dabei zeigt dieses Buch, das gerade auch verunsicherten Eltern Mut macht, dass im gemeinsamen Coming-out alle Mitglieder dieser Familie einen Reifungsprozess durchlaufen und – jede/jeder auf ihre/seine Weise – wichtige Schritte auf dem Weg der Selbstverwirklichung gehen, so dass das Fazit dieses erfrischenden Erfahrungsberichts heißt: »Wir haben einen schwulen Sohn. Na und?«

Möglicherweise wird es Ihnen ähnlich ergehen wie Dorit Zinn, indem auch Sie spüren, dass Sie die Zärtlichkeiten Ihres schwulen Sohnes oder Ihrer lesbischen Tochter akzeptieren möchten, und Sie zugleich merken, dass Ihnen dies gefühlsmäßig Probleme bereitet. Haben Sie in diesem Fall etwas Geduld mit sich, und werfen Sie sich nicht vorschnell vor, Sie seien nicht tolerant genug. Es braucht einfach Zeit, sich an den Anblick von zwei Männern zu gewöhnen, die zärtlich miteinander umgehen. Zärtlichkeiten zwischen Frauen lösen im Allgemeinen weniger Irritation aus, da die Beziehungen zwischen Frauen in unserer Kultur generell gefühlsbetonter gestaltet werden. Doch vielleicht beobachten Sie bei sich auch ein Ihnen nicht verständliches und Sie unter Umständen beschämendes Gefühl der Irritation, wenn Ihre Tochter und deren Partnerin sich innig küssen.

Am besten wird es sein, wenn Sie der Partnerin bzw. dem Partner Ihres Kindes so offen wie möglich begegnen. Geben Sie der Ihnen bisher völlig fremden Person und sich selbst die Chance, einander Schritt für Schritt kennenzulernen, und seien Sie sich darüber klar, dass dies keine spezielle Situation ist, mit der allein Sie als Eltern eines homosexuellen Kindes konfrontiert sind. Wie schon erwähnt, erleben alle Eltern eine ähnliche Situation, wenn ihr Kind eine Partnerschaft eingeht.

Eine gewisse Gefahr liegt allerdings darin, dass von Ihrer Seite aus die ersten Begegnungen unter Umständen stark durch das Thema »Homosexualität« geprägt sind und Sie darüber die konkrete Partnerin bzw. den konkreten Partner Ihres Kindes gar nicht richtig wahrnehmen. War die gleichgeschlechtliche Orientierung Ihres Kindes bisher lediglich Gegenstand seiner Erzählungen und insofern eher »theoretischer« Natur, so wird sie in dem Moment, in dem Ihnen die/der Geliebte Ihres Kindes gegenübersteht und Sie sehen, wie die beiden zärtlich miteinander umgehen, ungleich konkreter, und Sie spüren, dass dies gelebte Homosexualität ist.

Sie haben möglicherweise geglaubt, Sie seien längst über das Stadium hinaus, in dem Sie noch tief im Innern an der gleichgeschlechtlichen Orientierung Ihres Kindes zweifeln und die Hoffnung hegen, es sei vielleicht doch »nur eine Phase der Unsicherheit«, die wieder vergehe, sprich: Ihr Kind sei im Grunde doch heterosexuell. Und nun erleben Sie, wie irritiert Sie durch die Partnerin Ihrer Tochter oder den Partner Ihres Sohnes sind und wie stark Ihre kritische Einstellung gegenüber der Homosexualität Ihres Kindes immer noch ist. Unter Umständen schämen Sie sich solcher Gedanken und Gefühle.

Seien Sie nicht zu streng mit sich, und machen Sie sich deshalb keine Vorwürfe! Es ist immer ein Unterschied, ob wir etwas lediglich »wissen« oder ob wir es direkt »erleben«. Außerdem sollten Sie berücksichtigen, dass Neuorientierungen Prozesse sind, die oft wellenförmig verlaufen. Sie mussten von der Ihnen früher selbstverständlich erscheinenden Vorstellung, Ihr Kind sei heterosexuell, Abschied nehmen und sich an viele Veränderungen im Leben Ihrer lesbischen oder bisexuellen Tochter oder Ihres schwulen oder bisexuellen Sohnes gewöhnen. Und nun ist als neue Herausforderung noch die konkrete gleichgeschlechtliche Partnerin bzw. der konkrete Partner Ihres Kindes dazugekommen. Da ist es, wie bei vielen anderen Veränderungen im Leben, eigentlich selbstverständlich, dass Sie immer wieder einmal schwanken zwischen dem Festhalten am Alten, Vertrauten und der Akzeptanz des Neuen, Ihnen noch Fremden.

Betrachten Sie Ihre in einem solchen Moment – wieder – spürbare Irritation als einen weiteren Schritt auf dem Weg Ihrer Auseinandersetzung mit der Homosexualität Ihres Kindes in Richtung zunehmender Akzeptanz. Erlauben Sie sich, dass dieser Prozess nicht gradlinig erfolgen muss, sondern in Schwankungen verläuft, und dass in Ihnen immer wieder auch Ängste und Zweifel auftauchen. Wenn Sie Ihr Kind nach seinem Entwicklungsprozess fragen, wird es Ihnen sicher sagen, dass es bei sich ganz ähnliche Gefühlsschwankungen und Unsicherheiten erlebt hat.

Das Beste, was Sie in dieser Situation für sich und Ihr Kind tun können, ist, sich so unvoreingenommen wie möglich auf die Ihnen fremde Person einzulassen. Bedenken Sie, dass es ein Zeichen des Vertrauens Ihres Kindes Ihnen gegenüber ist, wenn es Ihnen seine Partnerin bzw. seinen Partner vorstellt. Auch heterosexuelle Kinder schieben das Zusammentreffen ihrer Partner mit den Eltern oft hinaus. Für Lesben und Schwule ist es aber ein ungleich schwierigerer Schritt, weil damit eben ihre gleichgeschlechtliche Orientierung nochmals realer wird und sie fürchten, dass die Eltern die geliebte Person ablehnen könnten.

Je nachdem, ob Sie als Eltern die Homosexualität Ihres Kindes leichter akzeptieren oder größere Vorbehalte ihr gegenüber haben, braucht Ihre Tochter oder Ihr Sohn mehr oder weniger Mut, Ihnen die Partnerin oder den Partner vorzustellen. Im Beispiel in Kapitel 3 (vgl. S. 35) äußert der Vater ja dezidiert, er werde nicht dulden, dass der Sohn seinen Freund mit ins Elternhaus bringe. Auch wenn die Mutter und die Geschwister keine Probleme mit seiner Homosexualität haben, würde dieser schwule Mann doch viel Mut aufbringen müssen, seinen Freund mit in die Familie zu bringen. Vor allem müsste er befürchten, dass der Vater sich auch dem Freund gegenüber negativ äußern und ihn dadurch verletzen würde.

Das Zusammentreffen von Eltern mit den Partnerinnen und Partnern ihrer Kinder löst nicht selten, unabhängig von der sexuellen Orientierung der Tochter oder des Sohnes, bei den Eltern das Gefühl aus, die »fremde« Person nehme ihnen ihr Kind weg. Im Fall einer lesbischen Tochter oder eines schwulen Sohnes kommt hinzu, dass bei Ihnen als Eltern der Eindruck entstehen kann, die Partnerin bzw. der Partner »verführe« durch die enge Liebesbeziehung, die zwischen den beiden besteht, Ihr Kind zur Homosexualität oder verfestige zumindest die homosexuelle Neigung. Wenn Sie solche Gedanken in sich aufsteigen fühlen, zeigt sich, dass Sie die gleichgeschlechtliche Orientierung Ihres Kindes noch nicht wirklich akzeptiert haben. Halten Sie sich in diesem Fall vor Augen, was in Kapitel 1 bereits gesagt wurde (vgl. S. 12): Auch wenn wir nicht wissen, wie die sexuellen Orientierungen entstehen, ist doch eines klar: Es sind sexuelle Ausrichtungen im Sinne einer Veranlagung, die sich weder unterdrücken noch auf irgendeine Art herbeiführen lassen. Deshalb kann kein Mensch einen anderen zur Homosexualität »verführen«, und partnerschaftliche Beziehungen sind Prozesse, an denen stets beide Menschen beteiligt sind. Vertrauen Sie Ihrem Kind, dass es sich die Partnerin bzw. den Partner sucht, den es liebt und der zu ihm passt.

Auch wenn Sie mit der gleichgeschlechtlichen Orientierung Ihres Kindes kein Problem (mehr) haben, kann es sein, dass Ihnen die Partnerin bzw. der Partner nicht sympathisch ist. Oder Sie spüren, dass irgendwie die »Chemie« zwischen Ihnen nicht stimmt und Sie keinen Zugang zueinander finden. Dies kann Ihnen als Eltern eines homosexuellen Kindes ebenso gehen wie den Eltern eines heterosexuellen Kindes. Die Tatsache, dass Ihre lesbische oder bisexuelle Tochter oder Ihr schwuler oder bisexueller Sohn einen bestimmten Menschen liebt, heißt ja nicht zwangsläufig, dass auch Sie sich dieser Person nahe fühlen müssten. Ebenso kann es umgekehrt sein, dass die Partnerin Ihrer Tochter oder der Partner Ihres Sohnes nicht viel mit Ihnen »anfangen« kann.

Generell ist es in solchen Situationen empfehlenswert, dass Eltern sich mit ihrer Kritik an der/dem Geliebten ihres Kindes, unabhängig davon, ob es um Homosexualität oder Heterosexualität geht, zurückhalten. Wenn Sie Vorbehalte gegenüber der Partnerin oder dem Partner Ihres Kindes haben, müssen Sie Ihrer Tochter oder Ihrem Sohn nichts vorspielen und sich auch nicht gedrängt fühlen, so zu tun, als ob Sie große Sympathie dieser Person gegenüber empfänden. Ihr Kind kennt Sie gut genug, um vielleicht schon vor dem Zusammentreffen zu wissen, dass die »Chemie« zwischen Ihnen wahrscheinlich nicht stimmen wird. Und Sie sollten dies auch durchaus offen sagen, wenn es so ist – es muss ja nicht so bleiben! Dabei ist es aber wichtig, verletzend-kritische, vor allem entwertende Äußerungen zu unterlassen. Solche Kommentare verletzen Ihr Kind und reißen Gräben auf, die sich vielleicht nie mehr wieder beseitigen lassen. Außerdem kann ein solcher Konflikt unter Umständen dazu führen, dass Ihr Kind sich aus Trotz umso fester an den Partner oder die Partnerin bindet und sich von Ihnen entfernt, obwohl – oder gerade weil – es vielleicht spürt, dass Sie eigentlich Recht haben.

Dies ist eine Dynamik, die wir in konflikthaften Beziehungen zwischen Eltern und Kindern und deren Partnern, unabhängig von der sexuellen Orientierung, immer wieder finden. Zum einen kommen im Zustand der Verliebtheit kritische Argumente meistens nicht an, denn bekanntlich macht Liebe »blind«. Und zum anderen wird die Solidarität mit dem geliebten, von den Eltern oder anderen kritischen Personen abgelehnten Liebespartner umso stärker, je vehementer die Ablehnung durch Dritte erfolgt.

Außerdem besteht die Gefahr, dass Ihre lesbische oder bisexuelle Tochter oder Ihr schwuler oder bisexueller Sohn Ihre Kritik nicht als Vorbehalt gegenüber der Person der/des Geliebten empfindet, sondern als Ablehnung der Homosexualität. Und Sie sollten sich im Fall der Antipathie gegenüber der Partnerin bzw. dem Partner Ihres Kindes selbstkritisch fragen, ob Ihre Tochter oder Ihr Sohn mit dieser Annahme nicht vielleicht sogar Recht hat. Unter Umständen meinen Sie tatsächlich nicht die Partnerin oder den Partner Ihres Kindes als Person, sondern lehnen sie bzw. ihn als Repräsentanten der Homosexualität ab, mit der Sie im Hinblick auf Ihr Kind offensichtlich nach wie vor Probleme haben, ohne sich dessen bewusst zu sein.

Doch selbst wenn Sie mit der Homosexualität Ihres Kindes kein Problem haben, ist es empfehlenswert, dass Sie mit Ihrer Kritik zurückhaltend sind. Wenn Sie die Partnerin bzw. den Partner Ihres Kindes vehement ablehnen, kann dies, ohne dass Sie es beabsichtigen, die bei jungen Lesben und Schwulen ohnehin bestehende Unsicherheit in Bezug auf ihre Selbstakzeptanz und ihr Coming-out noch verstärken oder auch zur Abkehr des Kindes von Ihnen führen.

Wie erwähnt, wird die gleichgeschlechtliche Orientierung Ihres Kindes durch die Partnerin/den Partner nochmals realer. Es kann deshalb durchaus sein, dass Ihre Ablehnung der Homosexualität Ihres Kindes, – die Ihnen vielleicht gar nicht bewusst ist – durch das Kennenlernen dieser Person für Sie selbst erst richtig spürbar wird und dann in Ihren negativen Äußerungen über die Partnerin oder den Partner Ihres Kindes zum Ausdruck kommt. In diesem Fall ist es sinnvoll, dass Sie Ihre Einstellung zur Homosexualität nochmals kritisch überdenken und unter Umständen mit den Eltern anderer Lesben und Schwuler oder mit einer Person Ihres Vertrauens besprechen.

Eine völlig andere Art der Reaktion auf die Partnerin Ihrer Tochter oder den Partner Ihres Sohnes besteht darin, diesen Menschen geradezu zu vereinnahmen und gewissermaßen zum eigenen Kind zu machen. Die positive Einstellung, die daraus spricht, tut zwar Ihrem Kind und seiner/seinem Geliebten sicher gut. Und es wird für die Partnerin oder den Partner zweifellos ein angenehmes Gefühl sein, mit offenen Armen in Ihrer Familie aufgenommen zu werden. Es kann aber in dieser Hinsicht auch des Guten zu viel sein und für Ihr Kind und seine Partnerin bzw. seinen Partner bedrängend werden.

Dies ist keine Konstellation, die allein für Familien mit einer lesbischen Tochter oder einem schwulen Sohn charakteristisch ist. Wir finden eine solche Dynamik auch in Familien mit heterosexuellen Kindern. In Ihrer Familie mit einem homosexuellen Kind kann die beschriebene »Vereinnahmung« der/des Geliebten aber eine ganz spezielle Färbung dergestalt annehmen, dass Sie als Familie geradezu eine »*Festung*« gegenüber der Umgebung bilden: hier Ihre Familie inklusive Partnerin/Partner Ihres Kindes in einer »heilen« Welt, in der Solidarität und gegenseitige Akzeptanz herrschen – dort die »böse« Umgebung mit einer ablehnenden Einstellung gegenüber Homosexualität und einer Ausgrenzung von Lesben und Schwulen.

Solche pauschalen Charakterisierungen entsprechen nie der Realität. Diese ist stets wesentlich differenzierter. Außerdem kann die forcierte »Einigkeit« im Innern der Familie die individuelle Entwicklung aller Beteiligten erschweren und das Ansprechen und die Lösung von in der Familie bestehenden Konflikten behindern. Eine solche Konstellation ist weder Ihnen als Eltern noch Ihrem Kind und seiner Partnerin bzw. seinem Partner zuträglich.

Auf den ersten Blick scheint eine solche Konstellation, in der Sie als Eltern, Ihr Kind und deren/dessen Geliebte/r sich gleichsam als »Schicksalsgemeinschaft« eng zusammenschließen, sehr positiv zu sein, zeigt sich darin doch Ihre absolute Akzeptanz der gleichgeschlechtlichen Orientierung und Ihre große Solidarität mit Ihrem Kind und seiner Partnerin bzw. seinem Partner.

Bei einer genaueren Betrachtung einer solchen Familienkonstellation wird jedoch deutlich, dass hier ein Schonklima geschaffen wird, das bei allen Beteiligten die Illusion entstehen lässt und aufrechterhält: »Alles ist gut«, »Probleme wegen der Homosexualität gibt es nicht«. Wie ich in Kapitel 4 dargestellt habe, entspricht dies jedoch leider nicht der Realität. Außerdem hält ein solches Schonklima die jungen Lesben und Schwulen davon ab, sich mit den tatsächlich bestehenden Schwierigkeiten in ihrem persönlichen Leben und ihrem sozialen Umfeld auseinanderzusetzen und nach entsprechenden Lösungen zu suchen. Aus diesem Grund wirkt sich ein solches Schonklima letztlich hinderlich auf den Coming-out-Prozess Ihres Kindes aus.

Für alle Eltern ist es ein spezieller Moment, wenn sie die Schwiegerfamilie kennenlernen. Die in einer solchen Situation bei beiden Teilen auftauchenden Fragen sind u. a.: Was sind das für Menschen? Werden wir uns mit ihnen verstehen? Wie verhalten sie sich unserem Kind gegenüber?

Im Fall einer gleichgeschlechtlichen Partnerwahl kommt zu diesen Fragen die Unsicherheit hinzu, wie die »Schwiegerfamilie« mit der Homosexualität des Sohnes oder der Tochter umgeht. Hier ist ein breites Spektrum möglich, das von totaler Ablehnung über stillschweigendes Ignorieren bis hin zur vollen Akzeptanz der gleichgeschlechtlichen Orientierung reicht. Wenn die Familie der Partnerin Ihrer Tochter oder des Partners Ihres Sohnes die Homosexualität des eigenen Kindes ablehnt und die Beziehung zwischen Eltern und Kind abgebrochen ist, wird es wahrscheinlich nie zu einem Treffen der Schwiegerfamilien kommen, und auch Ihr Kind wird seine Schwiegereltern voraussichtlich nicht kennenlernen. Dies ist eine für Sie alle schmerzliche Situation, der im Allgemeinen viele Verletzungen Ihrer Schwiegertochter bzw. Ihres Schwiegersohnes durch die eigenen Eltern vorausgegangen sind. Umso wichtiger kann es deshalb für die Partnerin oder den Partner Ihres Kindes sein, dass Sie ein Stück weit die Rolle von »Ersatzeltern« übernehmen.

Natürlich können Sie die erlittenen Verletzungen nicht ungeschehen machen. Aber Sie können Ihrem Kind und seiner bzw. seinem Geliebten eine große Unterstützung sein, indem Sie der Partnerin bzw. dem Partner Ihres Kindes eine »neue Familie« bieten, in der sie oder er Zuwendung und Akzeptanz findet. Unter Umständen können Sie sogar einen Kontakt zu den Schwiegereltern herstellen und versuchen, zwischen ihnen und deren Kind zu vermitteln. Wenn die Fronten nicht allzu verhärtet sind, lassen sich die Schwiegereltern vielleicht auf ein Gespräch mit Ihnen ein. Gelingt diese Kontaktnahme, so besteht zumindest eine gewisse Hoffnung, dass es wieder zu einer Annäherung der Schwiegereltern an ihr Kind kommt. Hilfreich kann dabei Ihr Beispiel eines positiven Umgangs mit der Homosexualität Ihres Kindes sein. Wenn Sie zu einem solchen Vermittlungsversuch bereit sind, müssen Sie jedoch realistischerweise davon ausgehen und dies auch akzeptieren, dass Ihre Bemühungen möglicherweise erfolglos bleiben. Immerhin lohnt es sich im Interesse Ihres Kindes und seiner Partnerin oder seines Partners, einen solchen Versuch zu unternehmen.

Eine etwas günstigere Situation besteht, wenn die Schwiegerfamilie die Homosexualität der Tochter oder des Sohnes weitgehend ignoriert. Auch dies ist für Ihre Schwiegertochter oder Ihren Schwiegersohn kränkend und schmerzlich. Doch liegt diesem Verhalten nicht eine so tiefgreifende Ablehnung zugrunde, wie wenn die Schwiegerfamilie die Beziehung zu ihrem Kind total abgebrochen hat. Es besteht deshalb eine größere Hoffnung, dass es zu einer Wiederannäherung zwischen Eltern und Kind kommt. Auch in diesem Fall können Sie eine große Hilfe sein, indem Sie der Partnerin bzw. dem Partner Ihres Kindes eine neue »bessere« Familie bieten und zwischen den Schwiegereltern und ihrem Kind vermitteln.

Die günstigste Situation besteht natürlich, wenn die Schwiegerfamilie die Homosexualität des Sohnes oder der Tochter voll und ganz akzeptiert. In diesem Fall wird es, wie bei heterosexuellen Partnerschaften, zu einem Treffen der Schwiegerfamilien kommen. Sie müssen aber bedenken, dass selbst bei Familien, die der Homosexualität ihres Kindes gegenüber offen sind, nicht gewährleistet ist, dass sie in ähnlicher Weise mit der gleichgeschlechtlichen Orientierung ihres Kindes umgehen wie Sie. So kann es etwa sein, dass im innersten Kreis der Schwiegerfamilie offen über die Homosexualität gesprochen wird, die Schwiegereltern aber Schritte auf einen weiteren Kreis von Bezugspersonen hin (z. B. im weiteren Verwandtenkreis oder im beruflichen Bereich) ablehnen.

Diese Probleme können beispielsweise im Zusammenhang mit Familienfeiern (Geburtstage, Hochzeiten, Taufen, Treffen an Weihnachten etc.) brisant werden. So können die Schwiegereltern etwa bei der Hochzeit eines Geschwisters Ihres Schwiegersohnes darauf bestehen, dass der Sohn ohne seinen Partner und dessen Angehörige an diesem Anlass teilnimmt, damit nicht durch Ihre Anwesenheit und die Ihres Kindes der Verwandtschaft deutlich wird, dass die beiden Männer in einer gleichgeschlechtlichen Partnerschaft leben. Eine solche Situation ist nicht nur für Ihr Kind und seinen Partner kränkend, sondern auch für Sie, die Sie vielleicht eine gute Beziehung zum Schwiegersohn und im Grunde auch zu seinen Eltern haben, aber bei einem derartigen Familienanlass nun »ausgeladen« werden.

In erster Linie müssen Ihr Kind und seine Partnerin bzw. sein Partner entscheiden, wie sie sich in einem solchen Fall verhalten wollen. Es kann sein, dass sie zu Beginn ihrer Partnerschaft den Wunsch der Schwiegereltern respektieren, um ihnen etwas Zeit zu lassen, sich selbst noch intensiver mit dem Thema »Homosexualität« auseinanderzusetzen und weitere Schritte auf dem Weg ihres Coming-out als Eltern eines homosexuellen Kindes zu tun. Die Frage ist dann allerdings auch, wie Sie sich in einer solchen Situation fühlen, in der Sie hören, dass Sie – als Eltern eines homosexuellen Kindes – nicht erwünscht sind.

Auch wenn Ihr Kind und seine Partnerin bzw. sein Partner zunächst vielleicht Rücksicht auf die Wünsche der Schwiegereltern nehmen, wird dann aber irgendwann der Moment kommen, in dem die beiden nicht mehr bereit sind, ihre gleichgeschlechtliche Orientierung und Partnerschaft zu verheimlichen. Im positiven Fall werden die Schwiegereltern in ihrem Coming-out-Prozess inzwischen so weit sein, kein Problem mehr damit zu haben, zur Homosexualität der Tochter oder des Sohens zu stehen.

Wenn die Schwiegereltern allerdings über längere Zeit hin darauf beharren, dass Ihr Kind und Sie nicht an Familienfeiern und anderen Anlässen der Schwiegerfamilie teilnehmen sollen, kann dies zu großen Spannungen zwischen Ihrer Schwiegertochter oder Ihrem Schwiegersohn und ihrer/seiner Familie, aber unter Umständen auch zu Konflikten in der Partnerschaft Ihres Kindes führen. Letzteres gilt vor allem dann, wenn die Partnerin Ihrer Tochter oder der Partner Ihres Sohnes eng mit den eigenen Eltern verbunden ist und nicht riskieren will, dass es wegen dieser Konflikte zu einem Bruch zwischen ihr bzw. ihm und den Eltern kommt. Auch wenn eine solche Situation für Sie selbst recht belastend werden kann, sollten Sie versuchen, sich möglichst aus diesen Konflikten mit den Schwiegereltern herauszuhalten und, wo immer möglich, Ihre eigenen Gefühle zurückzustellen. Überlassen Sie es Ihrem Kind und seiner Partnerin oder seinem Partner, wie sie sich verhalten wollen.

Gewisse Schwierigkeiten können sich auch ergeben, wenn die Schwiegereltern zwar in der Familie selbst offen mit der Homosexualität des Sohnes oder der Tochter umgehen, aber nicht möchten, dass Sie bei gemeinsamen Bekannten über die gleichgeschlechtliche Partnerschaft Ihres Kindes sprechen und dabei den Namen von dessen Partnerin bzw. Partner nennen. Auch in diesem Fall können Sie vielleicht eine gewisse Zeit auf die Schwiegereltern Rücksicht nehmen. Doch letztlich entsteht eine absurde Situation, wenn Ihr Kind und seine Partnerin bzw. sein Partner im Hinblick auf ihre sexuelle Orientierung offen leben und Sie als Eltern das Faktum »Homosexualität« vor Dritten verheimlichen sollen, obwohl auch Sie selbst keinerlei Probleme damit haben. In diesem Fall werden die Schwiegereltern wohl oder übel irgendwann ihre Ängste überwinden müssen und sich gegenüber einem weiteren Kreis von Personen als Eltern eines homosexuellen Kindes outen. Ihr Beispiel eines offenen Umgangs mit der Homosexualität Ihres Kindes kann den Schwiegereltern diesen Schritt unter Umständen erleichtern. Wenn Sie in solchen Situationen Dritte über die gleichgeschlechtliche Partnerschaft Ihres Kindes informieren, ist es im Allgemeinen sinnvoll, dies mit Ihrem Kind und dessen Partnerin oder Partner abzusprechen.

Zu Problemen mit der Schwiegerfamilie kann es schließlich auch kommen, wenn es um die Frage der Verpartnerung und einer etwaigen Feier im Zusammenhang damit geht. Auch dies sind Fragen, die in erster Linie Ihr Kind mit seiner Partnerin/seinem Partner klären muss. Doch die Lösungen, die das Paar dann findet, haben natürlich auch mehr oder weniger Auswirkungen auf Sie. So kann es beispielsweise zu Konflikten zwischen Ihnen und den Schwiegereltern kommen, wenn Sie in Absprache mit Ihrem Kind einen größeren Kreis von Verwandten und Freunden zu dieser Feier einladen wollen, die Schwiegerfamilie die Verpartnerung aber unbedingt »diskret« behandeln, sprich: die Homosexualität ihres Kindes weitgehend geheim halten möchte.

Gewiss muss dieses Problem in erster Linie zwischen Ihrem Kind und seiner Partnerin bzw. seinem Partner geklärt werden. Die beiden müssen sich einigen, inwieweit sie Ihre Wünsche oder die der Schwiegerfamilie berücksichtigen wollen. In jedem Fall sollte die Entscheidung des Paares ausschlaggebend dafür sein, wie die Feier anlässlich der Verpartnerung gestaltet wird. Ihre Tochter und deren Partnerin bzw. Ihr Sohn und sein Partner werden aber sicher auch *Ihre* Wünsche erfüllen wollen, vor allem wenn sie selbst offen als lesbisches oder schwules Paar leben, und können dann in Konflikt miteinander und mit den Schwiegereltern geraten, wenn Sie eine von der Schwiegerfamilie völlig abweichende Vorstellung von diesem Fest haben.

Nehmen Sie deshalb Rücksicht auf das Paar, und stellen Sie Ihre eigenen Wünsche zugunsten der beiden zurück. Vielleicht befindet sich die Schwiegerfamilie noch an einem Punkt ihres Coming-out, den Sie längst hinter sich gelassen haben. Denken Sie daran, wie schwierig es für Sie damals war, sich als Eltern eines homosexuellen Kindes zu outen, und geben Sie den Schwiegereltern Zeit, diese Schritte zu tun. Ihr Kind und seine Partnerin bzw. sein Partner werden Ihnen für diese Rücksicht dankbar sein.

Einerseits ist es sinnvoll, wenn Sie sich bei derartigen Entscheidungen jeder direkten Einflussnahme enthalten. Ihr Kind und seine Partnerin / sein Partner müssen diese Fragen primär miteinander und dann mit den Schwiegereltern besprechen. Andererseits können Sie in der Diskussion mit Ihrem Kind aber auch Ihre eigene Ansicht beisteuern und damit vielleicht zur Klärung beitragen. Möglicherweise ist Ihre offene, die Homosexualität Ihres Kindes und seines Partners bzw. seiner Partnerin akzeptierende Haltung für beide ein sie stärkender Solidaritätsbeweis und hilft dem Paar, unbeirrt durch Ängste und Vorbehalte Dritter seinen Weg des gemeinsamen Coming-out zu gehen.

Wenn eine gute Beziehung zwischen Ihnen und den Schwiegereltern besteht, können Sie unter Umständen auch eine Vermittlerrolle zwischen dem Paar und den Schwiegereltern einnehmen. Einerseits wird Ihr offener Umgang mit der Homosexualität Ihres Kindes sicher eine positive Wirkung auf die Schwiegereltern haben, die sich daran gleichsam ein Beispiel nehmen können. Ihr Verhalten wird ihnen zumindest zu denken geben, so dass sie sich fragen, ob ihre Ängste wirklich berechtigt sind. Andererseits können Sie im Gespräch mit den Schwiegereltern von Ihrem eigenen Coming-out als Eltern eines homosexuellen Kindes berichten und auf diese Weise den Schwiegereltern bei ihrem Coming-out-Prozess, der anlässlich der Feier der Verpartnerung Ihrer Kinder in ein neues Stadium eintritt, mit Rat und Tat zur Seite stehen. Ihre bloße Solidarität mit den Schwiegereltern wird sie stärken und ihnen vielleicht Mut machen, nun die nötigen Schritte in ihrem eigenen Coming-out gegenüber einem größeren Kreis anderer Menschen zu tun.

Auf den Punkt gebracht

Welche Konsequenzen ergeben sich für Sie als Eltern dadurch, dass Sie die Partnerin bzw. den Partner Ihres homosexuellen Kindes kennenlernen?

- Gestehen Sie sich zu, dass es Sie zunächst vielleicht irritiert, wenn Sie Ihre Tochter mit einer Frau oder Ihren Sohn mit einem Mann zärtlich umgehen sehen. Und machen Sie auch Ihrem Kind klar, dass Sie sich erst daran gewöhnen müssen.

- Versuchen Sie der/dem Geliebten Ihres Kindes so offen wie möglich zu begegnen. Achten Sie dabei darauf, der Homosexualität der beiden nicht zu viel Gewicht beizumessen, sondern die Partnerin Ihrer Tochter bzw. den Partner Ihres Sohnes in erster Linie als Person zu sehen, die Ihr Kind liebt. Dass es sich um eine gleichgeschlechtliche Beziehung handelt, ist nur *ein* Aspekt dieser Partnerschaft.

- Akzeptieren Sie, dass bei Ihnen unter Umständen Gefühle der Trauer über den »Verlust« Ihres Kindes an eine andere Person, mitunter sogar Rivalitätsgefühle, aufbrechen. Das erleben mehr oder weniger alle Eltern. Machen Sie diese Gefühle aber nicht an der Homosexualität der beiden fest. Die Partnerin bzw. der Partner Ihres Kindes »verführt« Ihre Tochter oder Ihren Sohn auch nicht zur Homosexualität. Die beiden lieben sich und gehen entsprechend ihrer gleichgeschlechtlichen Orientierung eine Partnerschaft ein, wie Sie es als heterosexuelle Eltern auch miteinander getan haben.

- Falls Ihnen die Partnerin bzw. der Partner Ihres Kindes nicht sympathisch ist, seien Sie zurückhaltend mit Ihrer Kritik. Hüten Sie sich vor allem davor, die Frage nach Sympathie oder Antipathie an der Homosexualität festzumachen. Sie sind selbstverständlich nicht verpflichtet, die Freundin oder den Freund Ihres Kindes sympathisch zu finden. Negative, entwertende, vor allem die Homosexualität betreffende Äußerungen über diese Person kränken aber Ihr Kind und führen häufig dazu, dass es sich von Ihnen distanziert oder aus Trotz Ihnen gegenüber an dieser Person festhält, obwohl Ihr Kind vielleicht spürt, dass es nicht die oder der Richtige ist.

- Übertreiben Sie es aber auch nicht, wenn Ihnen die Partnerin bzw. der Partner sympathisch ist, und vereinnahmen Sie diese Person nicht völlig. Akzeptanz und Solidarität in der Familie, zu der nun auch die Partnerin bzw. der Partner Ihres Kindes gehört, sind positiv. Ein Überengagement und die Bildung einer Familien»festung« gegenüber der »bösen« Umgebung sind jedoch kontraproduktiv. Sie schaffen damit ein Ihrem Kind und seiner Partnerin oder seinem Partner nicht zuträgliches Schonklima und behindern dadurch ungewollt wichtige Reifungsschritte der beiden.

- Versuchen Sie, sich unvoreingenommen auf die Schwiegerfamilie einzulassen, und berücksichtigen Sie, dass die Eltern der Partnerin bzw. des Partners Ihres Kindes unter Umständen an einem ganz anderen Punkt in ihrem Prozess des Coming-out als Eltern eines homosexuellen Kindes sind.

- Im Fall von Konflikten Ihres Kindes und seiner Partnerin bzw. seines Partners mit den Schwiegereltern bleiben Sie zurückhaltend. Unter Umständen können Sie dabei eine Vermittlerrolle einnehmen und den Schwiegereltern bei deren Coming-out mit Rat und Tat zur Seite stehen. Stimmen Sie Ihre Aktionen aber mit Ihrem Kind und seiner Partnerin oder seinem Partner ab.

- Vor allem aber: Freuen Sie sich über die Bereicherung, die Ihnen daraus erwächst, dass Ihr Kind einen neuen Menschen in die Familie bringt.

9. Bisexuelle Kinder

In den verschiedenen Kapiteln dieses Ratgebers war immer wieder auch von bisexuellen Frauen und Männern die Rede. Wie ich in Kapitel 1 ausgeführt habe, stellt die Bisexualität eine eigenständige sexuelle Orientierung dar, bei der sich das Begehren der betreffenden Frauen und Männer auf beide Geschlechter richtet. Vielleicht haben Sie bei Ihrem Kind zunächst nicht an eine gleichgeschlechtliche Orientierung gedacht, da es sich durchaus auch für Personen des Gegengeschlechts interessiert hat. Und »plötzlich« erfahren Sie von ihm, dass es sich auch für Partnerinnen bzw. Partner des gleichen Geschlechts interessiert.

Ich möchte dies im Folgenden am fingierten Beispiel eines Sohnes – Ihres Sohnes – durchspielen: Es kann sein, dass Ihr Sohn über längere Zeit eine feste Freundin hatte und diese Frau schließlich auch geheiratet und mit ihr zusammen Kinder hat. Sie hatten deshalb den Eindruck, es laufe alles in »normalen« Bahnen. Und dann kam unvermittelt der Moment, in dem er Ihnen eröffnete, dass er sich von seiner Frau trennen wolle, da er sich in einen Mann verliebt habe.

Es ist nicht verwunderlich, wenn Sie als Eltern, die ihren Sohn doch gut zu kennen meinen, bei dieser Nachricht total verunsichert sind. Nie hätten Sie gedacht, er könnte schwul sein. Und nun plötzlich diese Mitteilung! Wenn Sie eine gute, vertrauensvolle Beziehung zu Ihrem Sohn haben, werden Sie ihn natürlich fragen, wie es zu diesem »Gesinnungswandel« gekommen sei. Zu Ihrem Erstaunen wird er Ihnen erzählen, dass die Beziehung zu seiner Frau für ihn total »gestimmt« habe, das heißt, dass er sie geliebt und auch sexuell begehrt habe. Nun habe er jedoch gespürt, dass er sich neben dem gegengeschlechtlichen Begehren auch noch stark zu Männern hingezogen fühle. Diese Gefühle seien ihm nicht völlig fremd. Er habe sie schon früher ansatzweise gespürt. Doch hätten sie bisher für ihn keine Bedeutung gehabt.

Vor einem Monat habe er jedoch einen Mann kennengelernt, der seit einem halben Jahr in seiner Firma arbeite, und habe sich »unsterblich« in ihn verliebt. Sie hätten sich einige Male privat getroffen und auch Sex miteinander gehabt. Er selbst sei durch die starken Gefühle, die er für den Freund empfinde, total verwirrt. Er sei bisher der festen Überzeugung gewesen, er sei heterosexuell, und sei nun völlig verunsichert, weil er sich zu dem Freund gleich stark hingezogen fühle wie zu seiner Frau.

So etwa könnte Ihr Gespräch mit Ihrem Sohn verlaufen, und analog wäre es bei Ihrer Tochter, die sich in eine Frau verliebt hat. Sie werden auf diese Mitteilung vermutlich ziemlich ratlos und irritiert reagieren. Was ist unser Sohn denn nun »wirklich«?, werden Sie sich vielleicht fragen. Ist er heterosexuell? Oder schwul? Die Antwort wird in diesem Fall lauten: Er ist weder heterosexuell noch schwul. Er ist *bisexuell.*

Wie ich in Kapitel 1 ausgeführt habe, stellen bisexuelle Menschen eine eigenständige Gruppe dar. Sie sind weder Heterosexuelle, die Eskapaden in »exotische« Gefilde (nämlich in homosexuelle Beziehungen) unternehmen, wie ihnen mitunter von Heterosexuellen vorgeworfen wird. Noch sind sie »verklemmte« Lesben und Schwule, die sich in heterosexuellen Beziehungen »verstecken«, weil sie nicht den Mut haben, sich zu ihrer Homosexualität zu »bekennen«, wie die Kritik von Seiten der Lesben und Schwulen mitunter lautet. Beide Ansichten sind indes falsch und werden bisexuellen Menschen nicht gerecht. Ihr sexuelles Begehren und ihre erotischen und sexuellen Fantasien richten sich nämlich auf *beide* Geschlechter.

Da unsere heterosexuell geprägte Gesellschaft in der Entwicklung von Kindern und Jugendlichen die heterosexuelle Seite bestärkt, tauchen bei bisexuellen Menschen in der Regel zunächst die heterosexuellen Strebungen auf und werden in gegengeschlechtlichen Beziehungen gelebt. Erst mit der Zeit wird bisexuellen Frauen und Männern klar, dass sie auch gleichgeschlechtliche Bedürfnisse haben. Diese Einsicht ist für sie selbst oft sehr irritierend, da sie – wie allgemein die Menschen in unserer Gesellschaft – davon ausgehen, dass sich das Begehren *entweder* auf das Gegengeschlecht *oder* auf das gleiche Geschlecht richtet, nicht aber auf beide.

Die Irritation, die bisexuelle Menschen spüren, betrifft indes nicht nur sie selbst. Wenn sie, wie im fingierten Beispiel Ihr Sohn, in einer heterosexuellen Partnerschaft leben, hat die Entdeckung der Bisexualität auch direkte Konsequenzen für den heterosexuellen Ehepartner. Im Falle Ihres Sohnes würde die Ehefrau mit einer Situation konfrontiert sein, der sie völlig unvorbereitet gegenübersteht. Dass sich ihr Mann unter Umständen in eine andere Frau verlieben könnte, mag ein Gedanke sein, mit dem sie sich schon beschäftigt hat. An einen Mann als Konkurrenten hat sie aber vermutlich noch nie gedacht. Das verunsichert die Ehefrau eines bisexuellen Mannes im Allgemeinen enorm, zumal sie – wahrscheinlich zu Recht – spürt, dass sie keine Chance hat, wenn sie gegen einen anderen Mann »antritt«.

Die Situation wird nochmals komplizierter, wenn das Ehepaar Kinder hat, die ja mehr oder weniger direkt in den elterlichen Konflikt einbezogen sind. Dies gilt insbesondere dann, wenn der bisexuelle Mann sich von seiner Ehefrau trennen und mit dem anderen Mann zusammenleben möchte. In diesem Fall zerbricht nicht nur die elterliche Ehe, sondern auch die Kinder müssen sich damit auseinandersetzen und einem mehr oder weniger großen Kreis von Bezugspersonen kommunizieren, dass ihr Vater nun in einer gleichgeschlechtlichen Partnerschaft lebt.

Die Ehefrau und die Kinder müssen, ebenso wie Sie als Eltern eines bisexuellen Kindes, auch eine Art Coming-out-Prozess durchlaufen. Wenn das Umfeld nicht über die Bisexualität des Ehemannes informiert ist, begreift es oft überhaupt nicht, warum die Ehegatten nicht mehr zusammenleben – erschien ihre Ehe doch harmonisch und gingen der Trennung unter Umständen keine großen Auseinandersetzungen voraus, wie wir sie sonst in der Regel bei Paaren finden, die aus anderen Gründen vor einer Trennung stehen.

Die Kinder bisexueller Eltern befinden sich in einer besonderen Situation: In Anbetracht der hohen Scheidungsraten in der Gegenwart kennen sie zwar sicher andere Kinder, deren Eltern sich auch getrennt haben. Doch auch diesen fällt es in der Regel nicht leicht, ihren Klassenkameradinnen und -kameraden von der Scheidung ihrer Eltern zu berichten. Dies gilt vor allem für die Zeit, in der die Trennung erfolgt. Die Mütter und Väter dieser Kinder leben aber nach der Scheidung im Allgemeinen weiterhin in heterosexuellen Beziehungen.

Die Kinder bisexueller Eltern hingegen müssen eine Art Coming-out durchlaufen, wenn sie ihren Kameradinnen und Kameraden mitteilen, dass ihre Mutter nun mit einer Frau oder ihr Vater mit einem Mann zusammenlebt. Auch wenn heute gleichgeschlechtliche Partnerschaften zumeist kein großes Problem mehr darstellen, braucht es für die Kinder doch oft beträchtliche Überwindung, dem Umfeld von der homosexuellen Beziehung ihres Elternteils zu berichten.

Gewiss machen die Kinder bisexueller Eltern bei ihrem Coming-out ähnliche Erfahrungen wie Ihr Kind und Sie selbst bei Ihrem Coming-out, dass nämlich die Menschen der Umgebung im Allgemeinen keineswegs ablehnend, sondern verständnisvoll und akzeptierend reagieren. Doch braucht es gerade für Kinder, die ja noch unsicherer und oft viel stärker auf die Solidarität mit ihnen wichtigen Bezugspersonen angewiesen sind als Erwachsene, großen Mut, sich als Kinder eines bi- oder homosexuellen Elternteils zu outen. Als Großeltern können Sie den Enkelkindern in diesem Prozess hilfreich zur Seite stehen, zumal Sie selbst ja schon Erfahrungen mit Ihrem eigenen Coming-out als Eltern eines bi- oder homosexuellen Kindes gesammelt haben.

Auch Sie als Eltern eines bisexuellen Kindes befinden sich in einer schwierigen Lage. Einerseits spüren Sie, dass Ihr Sohn die gleichgeschlechtliche Seite seines Begehrens nicht einfach unterdrücken kann. Andererseits werden Ihnen aber auch seine Ehefrau und die Kinder leid tun, die sich unverhofft mit der Bisexualität ihres Mannes und Vaters und den Folgen für die Familie konfrontiert sehen.

Vielleicht werden Sie versuchen, Ihren Sohn zu überzeugen, dass er nicht kurzschlüssig weitreichende Entscheidungen treffen soll. Dies kann eine Hilfe für ihn sein, wenn er spürt, dass Sie ihn nicht lediglich dazu drängen wollen, unter allen Umständen seine Ehe aufrechtzuerhalten, nur damit der Schein einer »intakten Familie« gewahrt bleibt, sondern dass Sie ehrlich um ihn und seine Familie besorgt sind. Zugleich wird er gerade in solchen Gesprächen aber auch deutlich das Dilemma spüren, in dem er sich wegen seiner Bisexualität befindet. Er fühlt sich ja nicht nur entweder zu seiner Frau *oder* zu seinem Freund hingezogen, sondern zu *beiden.*

Wenn Sie mit Ihrem Sohn ein Gespräch über seine Bisexualität und die Beziehung zu seiner Ehefrau führen, bedenken Sie, dass er sich in dem geschilderten Dilemma befindet. Er selbst ist hin- und hergerissen zwischen der Liebe zu seiner Frau und den Gefühlen seinem Freund gegenüber. Belasten Sie Ihren Sohn nicht mit Vorwürfen, und verstärken Sie nicht noch seine Schuldgefühle, mit denen er selbst wahrscheinlich schon mehr als genug kämpft.

Das Beste, was Sie in dieser Situation für Ihren Sohn tun können, ist, sich einfühlsam zu verhalten und das Gespräch behutsam zu führen. Sie müssen dabei Ihre persönliche Betroffenheit nicht verheimlichen. Ihr Sohn kennt Sie gut genug, um Ihre Stimmung zu spüren, auch wenn Sie sie zu verheimlichen versuchen. Sie müssen auch nicht mit Ihrer Einschätzung der Situation hinter dem Berg halten. Doch formulieren Sie Ihre Meinung nicht als Forderung an Ihren Sohn, sondern als Anregung zum Nachdenken.

Vermutlich werden Sie mit Ihren Überlegungen dem Sohn nichts grundsätzlich Neues sagen. Sicher wird er sich, bevor er mit Ihnen und seiner Frau über seine Bisexualität gesprochen hat, intensiv mit seinen Gefühlen, die ihn selbst anfangs ja auch verunsichert haben, auseinandergesetzt haben. Und er wird sich auch mit der Frage beschäftigt haben, welche Konsequenzen sich aus seiner Bisexualität für die Beziehung zu seiner Frau und die zu seinem Freund ergeben und ob er in der Ehe bleiben oder seine gleichgeschlechtlichen Gefühle nun in einer gleichgeschlechtlichen Partnerschaft leben möchte.

Eine besondere Situation entsteht für die Partnerinnen und Partner bisexueller Menschen – aber auch für Ihr bisexuelles Kind selbst – dadurch, dass sie stets in der Unsicherheit leben, ob die zur Zeit gelebte Seite des Begehrens von Dauer ist oder ob irgendwann die andere Seite in den Vordergrund drängt. Wie auch immer die Entscheidung Ihres Sohnes im fingierten Beispiel aussieht – das heißt, ob er bei seiner Ehefrau bleibt oder eine Beziehung zu seinem Freund eingeht –, wird die Ehefrau ebenso wie der Freund mit dieser Unsicherheit leben müssen. Und auch für Sie als Eltern wird die Unsicherheit bestehen bleiben, wie der Sohn mit den beiden Seiten seines Begehrens umgehen wird.

Nicht selten zieht sich die Unentschiedenheit, ob die gleich- oder die gegengeschlechtliche Seite gelebt werden soll, über eine lange Zeit, mitunter sogar über Jahre, hin. Dies gilt vor allem für diejenigen Ehepaare, die eine emotional gute Beziehung miteinander pflegen, in der auch Sexualität gelebt wird. Meist versuchen in einem solchen Fall die heterosexuellen Frauen sehr lange, die Ehe aufrechtzuerhalten und Wege zu finden, wie der bisexuelle Ehemann daneben auch einen Teil seines gleichgeschlechtlichen Begehrens leben kann. Heterosexuelle Männer hingegen sind wesentlich weniger »geduldig« und brechen im Allgemeinen die Beziehung zu ihrer bisexuellen Partnerin nach deren Coming-out abrupt ab.

Letztlich gibt es in dieser Situation keine Lösung, die man prinzipiell als »richtig« oder »falsch« bezeichnen könnte. Jedes Paar muss die Art, seine Beziehung zu pflegen, selbst finden und so gestalten, dass sie für beide Beteiligte stimmig ist. Im Grunde genommen gibt es so viele Lösungen wie Paare. Außerdem ist zu bedenken, dass wir es bei Beziehungen immer mit einem prozesshaften Geschehen zu tun haben. Eine heute getroffene Entscheidung gilt vielleicht nur für eine kurze Zeit. Je nach den gegenwärtigen und sich unter Umständen verändernden Lebensumständen der Partner und der Entwicklung ihrer Gefühle drängen sich zu einem späteren Zeitpunkt vielleicht ganz andere Entscheidungen auf.

Dies bedeutet für Ihren bisexuellen Sohn und seine Frau, dass sie einerseits zwar im Hinblick auf ihre Beziehung in einer recht großen Unsicherheit leben. Andererseits liegt in dieser Unsicherheit aber auch die Chance, dass die Probleme, in welche die beiden durch die Mitteilung Ihres Sohnes, er sei bisexuell, vielleicht geraten sind, schließlich doch in einer für alle Seiten befriedigenden Weise gelöst werden, zwingt eine solche Situation die beiden doch, offen und intensiv miteinander über ihre Gefühle zu sprechen. Dadurch kann die Beziehung zwischen ihnen an einer Tiefe gewinnen, wie sie früher nicht bestanden hat.

Für Sie als Eltern eines bisexuellen Kindes ist es das Beste, wenn Sie allen Varianten gegenüber offen bleiben, auch wenn es Sie vielleicht traurig stimmt, dass Ihr Sohn sich von seiner Frau trennt. Letztlich wird es Ihnen aber doch wohl das Wichtigste sein, dass er glücklich ist und in einer seinen Gefühlen entsprechenden Partnerschaft lebt.

Außerdem heißt die Trennung der Partner ja nicht, dass Ihre Beziehung zur Schwiegertochter und zu den Enkelkindern darunter leiden müsste. In dieser Situation könnte es für die Familie Ihres Sohnes gerade besonders wichtig sein, dass Sie weiterhin intensiven Kontakt zu der Schwiegertochter und den Enkelkindern halten und ihnen in der schwierigen Zeit der Trennung hilfreich zur Seite stehen.

Wie gesagt, besteht eine der möglichen – auf Dauer oder temporär gelebten – Varianten darin, dass die Partner zusammenbleiben und die Frau ihrem bisexuellen Mann einen gewissen Freiraum lässt, seine gleichgeschlechtlichen Bedürfnisse zu leben. Dies ist für beide Beteiligte in verschiedener Hinsicht keine einfache Lösung: Die Vereinbarungen halten die Partner im Allgemeinen auch vor engen Freunden und Familienangehörigen geheim, weil sie – oft zu Recht – befürchten, diesbezüglich keine Unterstützung und keine zustimmenden Reaktionen zu erhalten, sondern mit massiver Kritik konfrontiert zu werden. Gegen den bisexuellen Partner richtet sich bei einer solchen Konstellation die Kritik, egoistisch und nur auf seine sexuellen »Eskapaden« bedacht zu sein. Und der heterosexuelle sieht sich dem Vorwurf gegenüber, zu nachgiebig zu sein und sich »alles bieten zu lassen«, statt den bisexuellen Partner vor die Wahl zu stellen: »entweder Ehe oder gleichgeschlechtliche Beziehung«. Sie helfen Ihrem bisexuellen Kind und seiner Partnerin oder seinem Ehemann, wenn Sie sich mit derartigen kritischen Äußerungen zurückhalten. Solche Kommentare machen es den beiden in ihrer ohnehin komplizierten Lage nur noch schwerer.

Das Zusammenbleiben der Partner mit der Möglichkeit des bisexuellen Teils, seine gleichgeschlechtlichen Wünsche in einer Nebenbeziehung zu leben, ist auch insofern keine einfache Lösung, als der heterosexuelle Teil dadurch unter Umständen in noch größere Angst geraten kann, der bisexuelle Partner könne sich dann letztlich doch für die gleichgeschlechtliche Beziehung entscheiden. Was eigentlich als Entlastung im Hinblick auf die Spannunge n in der Partnerschaft gedacht war, erweist sich in diesem Fall unter Umständen als eine Strategie, die noch größere Belastungen mit sich bringt.

Darüber hinaus sollte der heterosexuelle Teil sehr genau auf seine Gefühle achten. Es mag »vernünftig« erscheinen und »vom Kopf her« ein gangbarer Weg sein, dass beispielsweise die heterosexuelle Ehefrau ihrem bisexuellen Mann einen gewissen Freiraum gewährt, sein gleichgeschlechtliches Begehren zu leben. Doch ist dies für sie in der Praxis emotional keineswegs einfach. Selbst wenn es eine von beiden Ehegatten gemeinsam getroffene Entscheidung ist, wird es sie doch immer wieder verletzen und traurig stimmen, wenn der Ehemann sein gleichgeschlechtliches Begehren in einer anderen Beziehung lebt.

Man kann aber auch nicht sagen, dass die beschriebene Konstellation zwangsläufig immer große Belastungen für die Partner mit sich bringt. Es kann ein möglicher Weg sein, wie Paare mit einem bisexuellen Teil ihre Beziehungen führen. Insofern sollten auch Sie als Eltern eines bisexuellen Kindes innerlich für alle Lösungen offen sein.

Nicht selten meinen heterosexuelle Frauen, sie könnten diesen Weg gehen. Unter Umständen überfordern sie sich aber bei dem Versuch, gegenüber dem gleichgeschlechtlichen Begehren ihres bisexuellen Partners große Toleranz aufzubringen. Wenn Sie eine solche Überforderung bei Ihrer Schwiegertochter wahrnehmen, kann es für sie eine große Hilfe sein, wenn Sie als Eltern des bisexuellen Sohnes ihr mit Rat und Tat zur Seite stehen und sie darauf aufmerksam machen, dass Sie den Eindruck haben, sie mute sich mit dieser Lösung zu viel zu. Selbstverständlich können Außenstehende letztlich nicht beurteilen, wie eine Ehe bzw. Partnerschaft geführt wird und ob eine Trennung sinnvoll ist. Die Entscheidung darüber liegt ausschließlich bei dem Paar. Doch kann es für beide, für Ihre heterosexuelle Schwiegertochter wie für Ihren bisexuellen Sohn, eine Hilfe sein, wenn Sie als beiden Nahestehende und doch nicht unmittelbar Betroffene sich für ein klärendes Gespräch zur Verfügung stellen.

Heterosexuelle Männer, deren bisexuelle Frauen sich einer Frau zuwenden, sind demgegenüber im Allgemeinen wesentlich weniger tolerant. Wenn die Ehefrau sich ihnen gegenüber als lesbisch oder bisexuell outet, brechen diese Männer häufig die Beziehung abrupt ab und sind zu keinerlei Kompromissen mehr bereit. Heterosexuelle Männer kränkt es offensichtlich zutiefst, dass für ihre Frau eine andere Frau attraktiver und begehrenswerter ist als sie.

Wenn Sie als Eltern einer bisexuellen Tochter bei Ihrem Schwiegersohn eine solche Haltung erleben, können Sie unter Umständen eine Vermittlerrolle einnehmen und für mehr Verständnis für Ihre Tochter werben. Es geht in diesem Fall selbstverständlich nicht darum, dass Sie den Schwiegersohn zu beeinflussen versuchen, die Beziehung mit Ihrer Tochter um jeden Preis aufrechtzuerhalten. Es kann aber für alle

Beteiligten, speziell auch für Ihre Enkelkinder, hilfreich sein, wenn Sie dazu beitragen, dass das Paar nicht impulsiv Entscheidungen trifft, die unter Umständen nur schwer oder gar nicht mehr rückgängig zu machen sind. Ein abwägendes Vorgehen der Partner und ein respektvoller Umgang miteinander verhindern auch unnötige Verletzungen, die sie einander sonst vielleicht zufügen. Auch in dieser Hinsicht kann sich ein Ihren Schwiegersohn mäßigender Einfluss Ihrerseits konstruktiv auswirken.

Der gleichen Unsicherheit, die im fingierten Beispiel Ihres bisexuellen Sohnes seine heterosexuelle Frau erlebt, sieht sich indes auch der schwule Partner des bisexuellen Mannes gegenüber. Auch er muss damit rechnen, dass Ihr bisexueller Sohn sich möglicherweise irgendwann von ihm trennen wird, wenn das gegengeschlechtliche Begehren wieder stärker in den Vordergrund tritt.

Allerdings sind die gleich- und gegengeschlechtlichen Bedürfnisse längst nicht immer gleich stark ausgeprägt. Deshalb müssen Sie als Eltern eines bisexuellen Kindes nicht befürchten, dass es immer wieder zu einem Wechsel der Partnerin bzw. des Partners kommt. Häufig ist ein Teil des Begehrens prinzipiell stärker ausgeprägt als der andere und bestimmt nachhaltig die Partnerwahl, so dass es beispielsweise nach einer anfänglich heterosexuellen Beziehung schließlich zu einer dauerhaften gleichgeschlechtlichen Partnerschaft kommt oder umgekehrt.

Schließlich können sich Ihre bisexuelle Tochter oder Ihr bisexueller Sohn aus verschiedenen Gründen (z. B. aus Verpflichtungsgefühlen der Partnerin oder dem Ehemann oder den Kindern gegenüber) dafür entscheiden, weiterhin in der Familie zu leben und das gleichgeschlechtliche Begehren zurückzustellen. Dies bedeutet nicht ein Verdrängen der gleichgeschlechtlichen sexuellen Gefühle, sondern stellt einen bewussten Verzicht dar. Dies ist sicher keine einfache Entscheidung. Sie kann aber unter Umständen – temporär oder dauerhaft – die für alle Beteiligten beste Lösung sein.

Bisexuelle Menschen befinden sich also in Bezug auf ihre Partnerschaften in einer in mancherlei Hinsicht recht unsicheren Situation. Dabei ist jedoch Folgendes zu berücksichtigen: Es ist zwar für sie selbst und ihre Umgebung irritierend, dass sie sich zu Personen beider Geschlechter hingezogen fühlen. Letztlich sind ihre Partnerschaften aber doch nicht grundsätzlich verschieden von denen hetero- und homo-sexueller Paare. Eigentlich müssen alle Paare damit rechnen, dass es irgendwann, aus welchem Grund auch immer, zu einer Trennung kommen kann. Kein Mensch kann garantieren, dass die Gefühle für seine Partnerin oder seinen Partner stets gleich bleiben. Bei Paaren mit einer bisexuellen Frau oder einem bisexuellen Mann ist diese Gefahr lediglich offensichtlicher und etwas größer als in Beziehungen von Paaren, bei denen beide Partner eine gleich- oder eine gegengeschlechtliche Orientierung aufweisen.

Auch wenn Sie die Mitteilung Ihres Kindes, es sei bisexuell, vielleicht zunächst sehr verunsichert, sollten Sie sich die beschriebenen Tatsachen vor Augen halten und sich darüber im Klaren sein, dass bisexuelle Menschen durchaus befriedigende Beziehungen pflegen können. Wegen ihrer besonderen Situation gehen sie oft sogar achtsamer mit sich und ihren Partnerinnen und Partnern um und sorgen in ihren Beziehungen für mehr Transparenz als viele andere Paare.

Als Eltern eines bisexuellen Kindes können Sie am besten durch Ihre Bereitschaft zum Gespräch einen konstruktiven Beitrag leisten. Je unvoreingenommener Sie Ihrem Kind begegnen, desto größer wird sein Vertrauen sein, das es ihm ermöglicht, sich Ihnen zu öffnen. Vergessen Sie aber nie, dass Sie als Eltern nicht für die Entscheidungen Ihres Kindes verantwortlich sind. Sie können ihm und seiner Partnerin oder seinem Partner mit Rat und Tat zur Seite stehen. Wie sich Ihr Kind in einem Beziehungskonflikt entscheidet, ist aber allein seine Sache.

Eine wichtige Rolle können Sie allerdings für Ihre Enkelkinder spielen, wenn es bei einer Trennung der Eltern darum geht, den Enkelkindern einen konstanten Beziehungsrahmen zu bieten. Enthalten Sie sich den Enkelkindern gegenüber unbedingt wertender Stellungnahmen über den bisexuellen Elternteil. Auch oder gerade dann, wenn die Kinder sich wegen des Verhaltens der bisexuellen Mutter oder des bisexuellen Vaters enttäuscht und verletzt fühlen, ist es wichtig, dass Sie als Großeltern jegliche Kritik vermeiden.

Nehmen Sie Anteil an den Gefühlen der Enkelkinder. Aber äußern Sie sich nicht negativ über den bisexuellen Elternteil. Denn trotz der negativen Gefühle, die das Enkelkind vielleicht gegenüber diesem Elternteil empfindet, hegt es ihm gegenüber doch immer auch Gefühle der Verbundenheit und der Liebe. Es ist für die Enkelkinder eine große Hilfe, wenn Sie als Großeltern diesen positiven Gefühlsanteil verstärken und – in Absprache mit den Eltern – zur Klärung der Situation beitragen.

Auf den Punkt gebracht

Worauf kommt es für Sie als Eltern eines bisexuellen Kindes an, wenn Ihre Tochter oder Ihr Sohn Sie über ihre bzw. seine Bisexualität informiert?

- Erkennen Sie an, dass die bisexuelle Orientierung (wie die Homo- und die Heterosexualität) eine eigenständige, unveränderbare Ausrichtung des sexuellen Begehrens ist.
- Enthalten Sie sich wertender Stellungnahmen und versuchen Sie, Ihrem Kind unverändert wohlwollend und unvoreingenommen zu begegnen.
- Falls erwünscht, stellen Sie sich Ihrem Kind und seiner Partnerin oder seinem Partner als Gesprächspartner zur Verfügung, ohne das Paar zu irgendeiner Entscheidung zu drängen.
- Fühlen Sie sich nicht für die Entscheidungen Ihres Kindes verantwortlich.
- Falls Ihre bisexuelle Tochter oder Ihr bisexueller Sohn Kinder hat, seien Sie den Enkelkindern verständnisvolle Großeltern, und enthalten Sie sich wertender Stellungnahmen zum Verhalten und zu den Entscheidungen der Eltern.

10. »Jetzt wollen die beiden auch noch ein Kind!« – »Regenbogenfamilien«

Wenn es ein Thema gibt, an dem sich im Hinblick auf gleichgeschlechtliche Beziehungen vor allem die Geister scheiden, dann ist es das der »Regenbogenfamilien«. Diese Bezeichnung für gleichgeschlechtliche Partnerschaften mit Kindern hat sich in den vergangenen Jahren zunehmend durchgesetzt. Sie weist darauf hin, dass wir es hierbei mit einer im Vergleich zu anderen Familien eigenständigen, gleichwertigen Familienform zu tun haben. In der Regel sind es Frauenpaare mit Kindern, während Kinder seltener bei Männerpaaren aufwachsen. Eine ähnliche Geschlechterverteilung finden wir bei Einelternfamilien, die auch größtenteils von Frauen geführt werden.[21]

Wahrscheinlich haben auch Sie schon über die Medien von »Regenbogenfamilien« gehört oder haben selbst schon in Ihrem Bekannten- und Freundeskreis Diskussionen darüber miterlebt. Solche Gespräche werden meist sehr emotional geführt, wobei die Gegner mit einer Reihe von Argumenten aufwarten, mit denen sie vor allem darauf hinweisen, dass das Aufwachsen eines Kindes mit zwei Müttern oder zwei Vätern seiner Entwicklung absolut nicht zuträglich sei. Vielleicht sind solche Argumente auch Ihnen überzeugend erschienen, und Sie sind deshalb ziemlich entsetzt, wenn beispielsweise Ihre Tochter Ihnen mitteilt, sie wolle jetzt zusammen mit ihrer Partnerin ein Kind haben.

Eine solche Situation erlebte das Ehepaar Lauber, als ihre Tochter Gabi ihnen vor einigen Monaten eröffnete, sie wolle sich zusammen mit ihrer Partnerin Monika den schon lange gehegten Wunsch nach einem Kind erfüllen. Die Eltern hatten dies zunächst für einen Scherz gehalten, und Herr Lauber hatte lachend gemeint, so weit komme es noch, dass Frauen Kinder zeugen und austragen könnten. »Das geht nun mal nicht! Dazu braucht es halt immer noch einen Mann«, hatte er belustigt gemeint.

»Das wissen wir schon. Aber trotzdem werden wir beiden Frauen ein Kind miteinander haben«, hatte Gabi entgegnet. »Wir müssen nur noch entscheiden, wer von uns beiden das Kind austragen wird.« Das Ehepaar Lauber war durch diese Mitteilung höchst irritiert. Sie waren, als sie von Gabi erfahren hatten, dass sie lesbisch sei, wie selbstverständlich davon ausgegangen, dass sie nie Enkelkinder haben würden. Und nun plötzlich diese Idee!

In den nächsten Wochen wurde in der Familie Lauber ständig über »Regenbogenfamilien« gesprochen. Gabi und Monika lieferten Laubers etliche Informationen, die sie in Büchern und im Internet zum Thema gefunden hatten, und Gabis Eltern selbst erkundigten sich in der Selbsthilfegruppe für Eltern von Lesben und Schwulen, zu der sie gehörten, wie es diesbezüglich bei den Kindern der anderen Eltern aussehe.

Sie hörten auch in der Selbsthilfegruppe unterschiedliche Meinungen. Einige Eltern hielten es für eine »absurde Idee«, dass ein Kind mit zwei Müttern aufwachse. Andere Eltern hingegen äußerten sich sehr positiv zum Thema »Regenbogenfamilien« und beglückwünschten Gabis Eltern zu der Aussicht, nun doch noch Enkelkinder zu bekommen. Diese unterschiedlichen Bewertungen verstärkten nochmals Laubers zwiespältige Gefühle. Einerseits freuten sie sich über die Aussicht, wider Erwarten nun doch noch Enkelkinder zu bekommen. Andererseits war ihnen aber, wenn sie ehrlich waren, nicht ganz wohl beim Gedanken an eine Familie, in der ein Kind mit zwei Frauen aufwachsen würde.

»Ein solches Kind kann sich doch nicht normal entwickeln. Ihm fehlt doch der männliche Teil in der Familie«, wandte Herr Lauber in einem Gespräch mit Gabi und Monika ein. »Und wie ist es bei den Eineltern-Familien?«, konterte Gabi. »Das sind doch auch meist von Frauen geführte Familien. Wo ist da der männliche Teil?« »Und meinst du, in den sogenannten ›vollständigen‹ Familien – eine grässliche, alle anderen Familienformen diskriminierende Bezeichnung! – sei der Vater wirklich immer präsent?«, fügte Monika hinzu. »Wie viele Väter beteiligen sich denn wirklich an der Erziehung ihrer Kinder? Und wie oft stellen sie für ihre Kinder sogar ein negatives Beispiel von Männlichkeit dar, dem die Kinder besser nicht nacheifern!«

»Wenn ihr das sagt, fällt mir ein, dass bei Deutschland ja während der Kriegsjahre eine ganze Generation von Kindern weitgehend ohne Vater aufgewachsen ist und sich gut entwickelt hat«, schaltete sich nun Frau Lauber in das Gespräch ein. »Trotzdem kann ich mir nicht vorstellen, dass so etwas gut geht«, beharrte Herr Lauber. »Und außerdem: Wie wollt ihr das ›technisch‹ anstellen mit der Schwangerschaft? Ich dachte, ihr seid lesbisch und wollt sexuell mit Männern nichts zu tun haben. Und nun sucht ihr plötzlich einen Freund, und eine von euch lässt sich von ihm schwängern?«

Gabi und Monika erklärten Laubers daraufhin, dass es verschiedene Möglichkeiten gebe, eine Schwangerschaft herbeizuführen: Sie seien im Gespräch mit einem Schwulenpaar, das auch gerne Kinder hätte; außerdem gebe es im Ausland die Möglichkeit, von einer Samenbank Sperma für eine künstliche Befruchtung zu erhalten, was in Deutschland allerdings bisher nicht erlaubt sei; und schließlich gebe es über das Internet auch die Möglichkeit, Samenspender zu finden, die entweder anonym bleiben möchten oder daran interessiert seien, mehr oder weniger an der Entwicklung des Kindes teilzunehmen, und sich auch bereit erklärten, sich finanziell an der Erziehung des Kindes zu beteiligen. Bisher hätten sie noch nicht entschieden, welchen dieser Wege sie wählen wollten und ob Gabi oder Monika das Kind austragen werde.

Für Laubers war dies eine völlig fremde Welt, und sie hatten anfangs große Mühe, sich darauf unvoreingenommen einzulassen. Eine Änderung ihrer Einstellung brachte dann aber das Zusammentreffen mit einem anderen Lesbenpaar, das Laubers über die Selbsthilfegruppe kennengelernt hatten. Die beiden Frauen luden Gabis Eltern zu sich ein und präsentierten ihnen stolz ihren 10-jährigen Sohn und die 12-jährige Tochter.

Die beiden Frauen berichteten, dass sie über das Internet ein Männerpaar kennengelernt hätten, das auch gerne Kinder wollte und daran interessiert gewesen sei, die Kinder gemeinsam aufzuziehen. Nach einigen vergeblichen Versuchen habe es dann mit der künstlichen Befruchtung geklappt, »und jetzt sind wir eine glückliche Regenbogenfamilie mit zwei Müttern, zwei Vätern und acht Großeltern«, meinte eine der beiden Frauen. Die Kinder hätten sich völlig unauffällig entwickelt und hätten auch in der Schule, im Sportverein und bei den Pfadfindern keinerlei Probleme.

Laubers waren von diesem Besuch und allem, was sie dabei von den beiden Frauen erfahren hatten, sehr beeindruckt und konnten nun das, was Gabi und Monika ihnen berichteten, mit ganz anderen Augen anschauen. Herr Lauber begann sogar im Internet zu recherchieren, wo es im Ausland Samenbanken gibt, bei denen Monika (denn sie würde die biologische Mutter sein) das Sperma bekommen könnte. Monika nutzte tatsächlich eine dieser Möglichkeiten, und als sie schließlich schwanger wurde und eine Tochter gebar, waren Laubers die stolzesten Großeltern, die man sich vorstellen konnte.

Wie eingangs erwähnt, ist das Thema »Regenbogenfamilien« eines der heißesten Eisen in der öffentlichen Diskussion über gleichgeschlechtliche Partnerschaften. Herr Lauber formuliert den Haupteinwand gegen diese Familienform, wenn er seiner Tochter und deren Partnerin entgegenhält, ein Kind könne sich doch nicht »normal« entwickeln, wenn das »männliche Element« in der Familie fehle. Die beiden Frauen kontern mit Recht, dass es in den (ebenfalls meist von Frauen geführten) Einelternfamilien ja genau gleich sei. Auch hier gebe es keinen Mann. Und Frau Lauber führt mit dem Hinweis auf die Kinder der Kriegsgeneration, die in Deutschland weitgehend ohne Väter aufgewachsen sind, ein weiteres Argument an, das der scheinbar logischen These widerspricht, das Aufwachsen ohne Vater sei der ungestörten Entwicklung von Kindern nicht zuträglich.

Es ist interessant, dass eine ähnliche Diskussion stattgefunden hat, als in den 50er Jahren des vergangenen Jahrhunderts die Frauen begonnen haben, einer außerhäuslichen Erwerbstätigkeit nachzugehen. Auch damals ging ein Aufschrei der Empörung durch die Medien (bezeichnenderweise wurde die Kritik fast ausnahmslos von Männern geäußert!), die Kinder würden schweren Schaden davontragen, wenn ihnen die Mütter nicht 24 Stunden am Tag zur Verfügung stünden.

Die praktisch gleiche Diskussion entbrannte, als sich mehr und mehr Einelternfamilien bildeten (heute ist jede sechste Familie eine Einelternfamilie, 87 % davon werden von Frauen geführt). Auch hier wandten wieder fast ausnahmslos Männer ein, Kinder könnten sich nicht ungestört entwickeln, wenn sie ohne Vater aufwachsen. Und heute werden die gleichen kritischen Argumente ins Feld geführt, wenn es um das Aufwachsen von Kindern in Regenbogenfamilien geht.

Schon bei der Diskussion über die außerhäusliche Erwerbstätigkeit der Frauen und bei der Stellungnahme zu Einelternfamilien waren es, wie gesagt, vor allem Männer, die kritische Einwände erhoben. Auch beim Thema »Regenbogenfamilien« sind die Gegner in erster Linie Männer. Dieser Umstand weist darauf hin, dass es in dieser Diskussion letztlich nicht in erster Linie um die gleichgeschlechtliche Partnerschaft geht, sondern um die Meinung der betreffenden Männer, eine ungestörte Entwicklung von Kindern sei nur möglich, wenn »ein Mann im Haus« ist. Offenbar kränkt es den »Stolz« vieler Männer zutiefst, dass eine ungestörte Entwicklung von Kindern auch ohne den Vater möglich ist. Doch zeigt die positiv verlaufende Entwicklung der Kinder, die in von Frauen geführten Einelternfamilien aufwachsen, dass es tatsächlich auch ohne den in der Familie anwesenden Vater geht.

Dies bedeutet nun nicht, dass die traditionelle Familie ein »Auslaufmodell« wäre. Es ist zweifellos eine für die Entwicklung eines Kindes günstige Situation, wenn es Mutter und Vater in der Familie erlebt – vorausgesetzt, beide Eltern beteiligen sich auch wirklich an der Erziehung des Kindes, führen eine nicht von schweren Konflikten überschattete Beziehung und stellen für die Kinder positive Modelle von Männlichkeit und Weiblichkeit dar. Häufig sind diese Voraussetzungen allerdings nicht erfüllt, wie der große Prozentsatz an Ehescheidungen, die zum Teil auch aufgrund massiver Gewalt seitens der Männer eingereicht wurden, in der Gegenwart zeigt.

Wir sind heute, was die außerhäusliche Erwerbstätigkeit der Frauen und das Leben von Kindern in Einelternfamilien betrifft, nicht mehr auf Vermutungen angewiesen, sondern wissen aus Erfahrung und aus einer Fülle von wissenschaftlichen Studien, dass Mütter ihren Kindern nicht 24 Stunden am Tag zur Verfügung stehen müssen und Kinder sich völlig normal entwickeln, auch wenn kein Mann mit ihnen zusammen im Haushalt lebt.[22] Wichtig ist, dass mindestens eine Person eine dauerhafte, emotional stabile Beziehung zum Kind unterhält. Dies können die Mutter, der Vater, aber auch die Großeltern oder eine andere dem Kind Sicherheit und Geborgenheit vermittelnde Person sein.

Selbstverständlich brauchen Kinder in ihrer Entwicklung weibliche und männliche Bezugspersonen, an denen sie sich orientieren und ihre Geschlechterrolle definieren können. Die betreffenden Personen müssen aber nicht unbedingt in der eigenen Familie leben. Wenn ein Element (das weibliche oder das männliche) in der eigenen Familie fehlt, suchen sich die Kinder dies in ihrer Umgebung.

Diese Situation macht es den Kindern mitunter sogar einfacher, als wenn ein Elternteil, der einen destruktiven Einfluss auf das Familienklima ausübt, mit ihnen zusammenlebt. Oft sind dies gewalttätige Männer, unter denen die Frauen und die Kinder leiden, aber auch innerlich »abwesende«, in der Erziehung nicht präsente Väter. Wenn der das Familienklima negativ beeinflussende Vater nicht in der Familie lebt, können die Kinder sich in ihrem Umfeld einen Vaterersatz suchen, mit dem sie sich identifizieren können, zu dem sie ein positives Verhältnis aufbauen und der ihnen ein konstruktives Bild von Männlichkeit vorlebt.

Im Fall einer von zwei lesbischen Frauen geführten Regenbogenfamilie, in der kein Mann präsent ist, kann dies durch den Kontakt zum leiblichen Vater geschehen, z. B. bei Kindern, die aus früheren heterosexuellen Beziehungen oder, wie es im dargestellten Beispiel die beiden Frauen überlegen, aus der Verbindung eines Lesben- und eines Schwulenpaares stammen. Oder es ist die Beziehung zum Großvater, aber auch zum Paten, zu einem männlichen Verwandten, zu Lehrern, Pfarrern und anderen männlichen Bezugspersonen, die den Kindern als männliche Modelle dienen können. Insofern trifft das Argument, das Herr Lauber gegen die Regenbogenfamilie einwendet, es sei einem Kind nicht zuträglich, »nur« mit zwei Frauen aufzuwachsen, nicht zu. Kinder finden immer in ihrem Umfeld männliche Bezugspersonen und können sie für ihre Entwicklung nutzen.

Die uns vorliegenden Studien über Regenbogenfamilien zeigen, dass die in dieser Familienform aufwachsenden Kinder sich völlig unauffällig entwickeln, normale Beziehungen zu ihren Altersgenossen unterhalten und ihre Beziehungen zu den Erwachsenen beider Geschlechter keine Auffälligkeiten erkennen lassen. Die Studien weisen zudem darauf hin, dass das weit verbreitete Klischee, lesbische Frauen seien »Männerhasserinnen« und würden dementsprechend den Kontakt ihrer Kinder zum leiblichen Vater oder anderen männlichen Bezugspersonen unterbinden, absolut nicht stimmt. Ich nehme an, Sie haben das bei Ihrer Tochter bereits festgestellt. Sie fühlt sich als lesbische Frau nicht sexuell von einem Mann angezogen. Das bedeutet aber noch längst nicht, dass sie Männer prinzipiell ablehnt.

So zeigen die Studien an Regenbogenfamilien, dass die lesbischen Frauen den Kontakt ihrer Kinder zu männlichen Bezugspersonen ganz bewusst und oft sogar intensiver pflegen als viele geschiedene heterosexuelle Frauen. Diesen lesbischen Frauen ist offensichtlich klar, dass die in ihrer weiblichen Partnerschaft aufwachsenden Kinder auch das »männliche Element« brauchen, und sie sorgen deshalb dafür, dass diese Kontakte gepflegt werden. Insofern ist die Befürchtung von Gegnern der Regenbogenfamilien gegenstandslos und entpuppt sich als reines Vorurteil.

Vielleicht macht Ihnen bei der Diskussion um Regenbogenfamilien die Art, wie es zur Schwangerschaft kommt, Probleme. Das Ehepaar Lauber tut sich anfangs ja auch recht schwer damit, als ihnen ihre Tochter und deren Partnerin von den verschiedenen Möglichkeiten, Sperma zu erhalten, berichten. Am wenigsten Probleme werden Sie vielleicht mit der Möglichkeit haben, dass Ihre Tochter das Sperma von einer Samenbank im Ausland bezieht. Diese Art, eine Schwangerschaft herbeizuführen, wählen ja auch heterosexuelle Paare, bei denen der Mann zeugungsunfähig ist.

Der Unterschied zwischen einem heterosexuellen Paar und einem Lesben- oder Schwulenpaar mit eingetragener Partnerschaft besteht allerdings darin, dass eine vom Gynäkologen begleitete und einge-leitete künstliche Befruchtung in Deutschland, Österreich und der Schweiz nur heterosexuellen Paaren gestattet ist. Die beiden Frauen im geschilderten Beispiel müssen deshalb auf eine Samenbank in Holland oder Skandinavien ausweichen und werden bei ihren Versuchen, eine Schwangerschaft herbeizuführen, an ihrem Wohnort nicht von medizinischen Fachpersonen unterstützt. Wenn sie Glück haben, wird ihnen ihre Gynäkologin quasi »inoffiziell« einen »Tipp« geben, wie sie »es« am geschicktesten – d. h. am erfolgversprechendsten – anstellen können. Direkte Hilfe dürfen Gynäkologinnen und Gynäkologen lesbischen Frauen, die in einer eingetragenen Partnerschaft leben, aber nicht geben. Dies ist eindeutig eine rechtliche Ungleichbehandlung homosexueller Paare.

Wesentlich mehr Mühe werden Sie wahrscheinlich mit der im Beispiel von Gabi und Monika erwähnten Variante eines im Internet gefundenen, mehr oder weniger anonymen Samenspenders haben. Wenn man es recht bedenkt, ist dies aber letztlich nur ein Sonderfall des Spermabezugs, quasi eine »private Samenbank«. Immerhin kann die lesbische Frau den betreffenden Mann persönlich kennenlernen und je nach Sympathie oder Antipathie entscheiden, ob er der Vater ihres Kindes werden soll. Unter den Samenspendern im Internet gibt es ein weites Spektrum, das von Männern, die völlig anonym bleiben wollen, bis hin zu Männern reicht, die daran interessiert sind, sich mehr oder weniger materiell wie emotional an der Erziehung der Kinder zu beteiligen.

Sehr irritierend ist für Sie vielleicht die im Beispiel geschilderte Variante, bei der sich ein Lesben- und ein Schwulenpaar zusammentun, um sich gemeinsam den Kinderwunsch zu erfüllen. Dies ist gewiss eine ungewöhnliche Familienform, in der es zwei Mütter (eine leibliche und eine soziale), zwei Väter (ebenfalls einen leiblichen und einen sozialen) und acht Großeltern gibt. Die Schwangerschaft wird auch in diesem Fall, wie beim Bezug von Sperma von einer Samenbank oder einem anonymen privaten Spender, künstlich herbeigeführt. Es mag eine für Sie ungewöhnliche Familienform sein. Sie hat jedoch etliche Vorteile, die Sie nicht gering schätzen sollten. So sind, im Gegensatz zum Spermabezug von einem (anonymen) Samenspender über eine Samenbank, leibliche Eltern mit vollem Sorgerecht vorhanden. Außerdem bietet eine solche Regenbogenfamilie allen daran Beteiligten, und ganz besonders den Kindern, ein großes, vielfältiges Beziehungsnetz.

Welches heterosexuelle Elternpaar hat so viele »Babysitter« in der eigenen Familie wie eine Regenbogenfamilie mit zwei lesbischen Müttern und zwei schwulen Vätern? Wie das Ehepaar Lauber im Beispiel von dem Lesbenpaar erfährt, haben dessen Kinder vier Elternteile und acht (!) Großeltern. Dadurch haben diese Kinder um sich herum ein sehr breites Spektrum an Frauen- und Männermodellen mit unterschiedlichsten sozialen Rollen, die ihnen vorgelebt werden. In diesem Fall kann man absolut nicht mehr davon sprechen, diesen Kindern fehle das »männliche Element« in ihren Familien.

Aus diesem Grund ist es nicht verwunderlich, dass die Studien über das Aufwachsen von Kindern in Regenbogenfamilien zeigen, dass diese Kinder offener in ihren Vorstellungen über »typisch weibliche« und »typisch männliche« Rollen sind, erleben sie doch Mütter und Väter in sozialen Rollen, die im Allgemeinen vielfältiger sind als in traditionellen heterosexuellen Familien. In dieser Hinsicht gleichen Kinder aus Regenbogenfamilien denen aus Einelternfamilien, in denen beispielsweise die Mütter auch Rollen einnehmen, die sonst traditionsgemäß eher den Männern zugeschrieben werden.

Vielleicht haben Sie in Diskussionen über Regenbogenfamilien – abgesehen von der Meinung, ein Kind brauche für seine ungestörte Entwicklung unbedingt das »männliche Element« in der Familie – eine Reihe weiterer kritischer Argumente gehört. Oder Ihnen selbst sind bei der Mitteilung Ihrer Tochter, sie wolle mit ihrer Partnerin zusammen Kinder haben, noch weitere Überlegungen in den Sinn gekommen, warum eine solche Familienform den Kindern vielleicht nicht zuträglich sein könnte. Häufig wird von den Gegnern dieser Lebensform etwa die Befürchtung geäußert, durch das Zusammenleben eines Kindes mit zwei lesbischen Müttern oder zwei schwulen Vätern werde das Kind selbst homosexuell. Bei genauerer Betrachtung erweist sich diese Befürchtung als ein die gleichgeschlechtliche Orientierung diskriminierendes Argument. Denn was wäre dabei, so muss man sich fragen, wenn die Kinder aus Regenbogenfamilien tatsächlich vermehrt homosexuell würden? Zur Beruhigung der kritischen Stimmen, die diese Befürchtung hegen, sei aber gesagt, dass alle Studien, die uns über die Entwicklung solcher Kinder vorliegen,[23] nachweisen, dass diese Kinder nicht häufiger eine gleichgeschlechtliche Orientierung aufweisen als andere Kinder.

Ferner zeigen die Studien über Kinder aus Regenbogenfamilien, dass sie in keiner Weise von den Interessen anderer Kinder abweichen und sich emotional und intellektuell völlig unauffällig entwickeln. Insofern können Sie als Eltern eines homosexuellen Kindes beruhigt sein, wenn Ihre Tochter oder Ihr Sohn sich mit dem Gedanken trägt, eine Regenbogenfamilie zu gründen. Ihre Enkelkinder werden sich völlig »normal« entwickeln.

Im Gespräch der Laubers mit dem Lesbenpaar, das zusammen mit einem Schwulenpaar zwei Kinder hat, taucht noch ein Argument auf, das in der Diskussion um Regenbogenfamilien immer wieder geäußert wird. Es lautet: Selbst wenn die Kinder sich möglicherweise tatsächlich ungestört entwickeln, besteht doch die große Gefahr, dass sie von anderen Kindern und deren Eltern, aber auch von Lehrerinnen und Lehrern und anderen Personen, mit denen sie in Kontakt kommen, aufgrund ihrer ungewöhnlichen Familienform ausgegrenzt werden und dadurch Schaden erleiden. Die beiden lesbischen Frauen mit den Kindern weisen mit Recht darauf hin, dass dies nicht der Fall ist. Diese Beobachtung stimmt mit dem überein, was wir immer wieder von Regenbogenfamilien erfahren. Auch die uns vorliegenden Studien über diese Familien weisen nicht auf irgendwelche Benachteiligungen oder Ausgrenzungen solcher Kinder hin. Diese Kinder sind sozial völlig integriert und haben einen Freundeskreis wie andere Kinder auch.

Die Erklärung für diese Beobachtung liegt darin, dass die Eltern in Regenbogenfamilien um die spezielle Situation ihrer Familienform wissen und die Kontakte mit ihrem Umfeld entsprechend umsichtig gestalten. Außerdem gehen sie umsichtig mit den Wünschen ihrer Kinder um, z. B. in der Frage, ob beide Mütter als Paar zu Elternversammlungen in der Schule gehen sollen oder nicht. Diese Eltern berücksichtigen, dass sich die Gefühle und Wünsche von Kindern, je nach Alter und Entwicklungsphase, immer wieder ändern und von Eltern generell beachtet werden müssen.

Wichtig ist einzig und allein in solchen Familien, dass die *Eltern* ihre gleichgeschlechtliche Orientierung und Beziehung offen leben und das Kind diese Lebensform gegenüber seiner Umgebung nicht verheimlichen muss. Es wäre eine dem in einer Regenbogenfamilie lebenden Kind unzumutbare und es belastende Situation, wenn es nach außen so tun müsste, als wohne ihre Mutter in einer »WG« mit »irgendeiner« Freundin zusammen, statt offen darüber sprechen zu können, dass die beiden Frauen in einer gleichgeschlechtlichen Partnerschaft leben.

Nicht zuletzt aus diesem Grunde ist es wichtig, dass Ihr homosexuelles Kind, das sich mit dem Gedanken an eine Elternschaft trägt, einen Coming-out-Prozess durchlaufen hat und offen lebt. Als Eltern können Sie ihm eine große Hilfe sein, wenn Sie diesen Prozess unterstützen, wozu nicht zuletzt auch gehört, den Kinderwunsch Ihrer lesbischen Tochter oder Ihres schwulen Sohnes zu akzeptieren.

Vielleicht geht es Ihnen als Eltern eines homosexuellen Kindes ähnlich wie dem Ehepaar Lauber, das zunächst völlig irritiert ist, als es mit dem Thema »Regenbogenfamilien« konfrontiert wird. Auch Sie sind möglicherweise davon ausgegangen, dass die gleichgeschlechtliche Orientierung Ihres Kindes Mutter- bzw. Vaterschaft ausschließe und Sie auf Enkelkinder verzichten müssten. Früher bestand diese Ansicht auch bei Lesben selbst und in noch stärkerem Maße bei Schwulen. Lesbisch- oder Schwulsein wurde von ihnen wie selbstverständlich mit dem Verzicht auf Kinder gleichgesetzt, so wie im Beispiel das Ehepaar Lauber es auch angenommen hatte. Heute hingegen gestehen sich Lesben wie Schwule zu, auch ihren Kinderwunsch wahrzunehmen und zu entscheiden, ob sie ihn sich erfüllen wollen. Eigentlich muss man sagen, dass dies eine besonders gute Situation ist, denn es sind im wahrsten Sinne des Wortes Wunsch-Kinder und nicht zufällig oder sogar ungewollt gezeugte Kinder, wie es mitunter bei heterosexuellen Paaren der Fall ist.

Auf ein Problem sei in diesem Zusammenhang noch hingewiesen: In den meisten Ländern (so auch in der Schweiz und in Österreich) ist gleichgeschlechtlichen Paaren die Adoption von Kindern bisher noch nicht möglich. Das heißt konkret: Die Partnerin einer lesbischen Mutter kann das Kind, das in ihrer Partnerschaft aufwächst, nicht adoptieren. Falls die leibliche Mutter stirbt, kann beispielsweise die Vormundschaftsbehörde das Kind, das mit der Partnerin aufgewachsen ist und sie ebenso wie die leibliche Mutter als »Mutter« betrachtet, in eine Institution einweisen, ohne dass die Partnerin der Mutter Einfluss auf diesen Entscheid ausüben kann.

Die Verweigerung der Stiefkindadoption der in einer gleichgeschlechtlichen Partnerschaft aufwachsenden Kinder ist vor allem auch im Interesse dieser Kinder unhaltbar und stellt eine nicht zu akzeptierende Ungleichbehandlung gegenüber heterosexuellen Paaren dar. In den Ländern, in denen die Adoption noch nicht möglich ist, sind allerdings Bestrebungen im Gange, eine rechtliche Gleichstellung zu erwirken, indem beispielsweise Klagen bis zu den Bundesgerichten oder bis zum Europäischen Gerichtshof für Menschenrechte in Straßburg eingereicht werden. In Deutschland besteht seit dem Jahr 2005 die Möglichkeit der Stiefkindadoption.

Wenn es Ihnen gelingt, Ihre Vorurteile und kritischen Einwände beiseitezulegen, werden Sie frei sein, sich auf die Enkelkinder zu freuen. Die Geburt der Enkelkinder führt für Sie nun allerdings zu einem weiteren Coming-out-Schritt. Denn nun müssen Sie sich Ihren Familienangehörigen und Freundinnen und Freunden gegenüber als Großeltern einer Regenbogenfamilie erklären. Dies kann Sie erneut mit kritischen Anfragen konfrontieren, bei denen es nicht mehr nur um die Homosexualität Ihres Kindes, sondern nun auch um die Tatsache geht, dass Ihr Kind in einer gleichgeschlechtlichen Partnerschaft lebt und selbst Kinder hat.

Kritische Kommentare dazu können umso unangenehmer für Sie werden, je unsicherer Sie selbst im Hinblick auf die Entscheidung Ihres Kindes sind, eine Regenbogenfamilie zu gründen. Deshalb ist es wichtig, dass Sie sich, wenn Sie von diesen Plänen Ihrer Tochter oder Ihres Sohnes erfahren, intensiv mit dem Thema »Regenbogenfamilien« auseinandersetzen und eine klare – hoffentlich positive – Haltung dieser Familienform gegenüber finden.

Den kritischen Äußerungen über Regenbogenfamilien können Sie am wirkungsvollsten begegnen, indem Sie sich umfassend über diese Familienform und die darin aufwachsenden Kinder informieren. Je skeptischer Sie sind, desto wichtiger ist es, dass Sie den Kontakt zu Regenbogenfamilien suchen und sich, wie das Ehepaar Lauber, selbst davon überzeugen, dass es den in diesen Familien aufwachsenden Kindern gut geht.

Außerdem werden Sie in Diskussionen mit Kritikern der Regenbogenfamilien mehr Sicherheit spüren, wenn Sie Ihrem Kind und seiner Partnerin oder seinem Partner vertrauen und ihnen das Recht zugestehen, den eigenen Lebensstil und die ihnen entsprechende Familienform zu wählen. Und nicht zuletzt: Freuen Sie sich auf Ihre Enkelkinder, mit denen Sie schon gar nicht mehr gerechnet hatten!

Es sei noch auf eine Situation hingewiesen, mit der Regenbogenfamilien mitunter tatsächlich Probleme haben. Es ist die Tatsache, dass es für sie nicht immer leicht ist, bei partnerschaftlichen Problemen oder bei Konflikten mit ihren Kindern unvoreingenommene und mit der Thematik der Regenbogenfamilien vertraute Fachleute zu finden. Mitunter schieben sie deshalb den Gang zu einer Beratungsstelle oder zu Therapeutinnen und Therapeuten länger als heterosexuelle Eltern hinaus, weil sie befürchten, dass dort alle Probleme, die sie schildern, einseitig an der Homosexualität und am Faktum »Regenbogenfamilie« festgemacht werden.

In dieser Hinsicht befinden sich die Mütter und Väter in Regenbogenfamilien in einer ähnlichen Situation wie Eineltern. Auch sie erleben immer wieder, dass ihre Mitteilung, eine Einelternfamilie zu führen, fast automatisch bei Kinderärztinnen und -ärzten sowie bei Fachleuten der Psychologie und Psychiatrie zur Reaktion führt: »Ach so, dann ist es ja klar, wo das Problem liegt«, nämlich vermeintlich in der Familienform »alleinerziehende Mutter« (wobei diese einseitig das Defizit in den Vordergrund stellende Bezeichnung bereits diskriminierend ist). Ähnliche Reaktionen erleben auch Eltern von Regenbogenfamilien. Es ist deshalb wichtig, dass beispielsweise Ihre Tochter und deren Partnerin unvoreingenommene, erfahrene Fachleute finden, an die sie sich im Fall irgendwelcher Probleme wenden können. Sie als Eltern könnten den beiden bei der Suche nach solchen Fachleuten (am besten über die lokalen und nationalen Lesben- und Schwulenverbände, siehe Anhang) behilflich sein.

Auf den Punkt gebracht

Worauf kommt es für Sie an, wenn Sie mit dem Thema »Regenbogenfamilien« konfrontiert sind?

- Gestehen Sie sich zu, dass Sie anfangs vielleicht irritiert sind, wenn Sie vom Plan Ihres Kindes erfahren, eine Regenbogenfamilie zu gründen.
- Lassen Sie sich von Ihrem Kind und seiner Partnerin bzw. seines Partners Informationen über Regenbogenfamilien geben und informieren Sie selbst sich über diese Familienform.
- Suchen Sie Kontakt zu Regenbogenfamilien, und machen Sie sich auf diese Weise ein eigenes Bild vom Leben dieser Familien.
- Seien Sie sich darüber im Klaren, dass die in Regenbogenfamilien aufwachsenden Kinder sich gleich entwickeln wie Kinder aus ande-

ren Familien und dass die Befürchtung, die Kinder würden sozial ausgegrenzt, nicht zutrifft.

- Seien Sie sich Ihrer wichtigen Rolle als Großeltern bewusst, die Ihrem Kind eine Stütze und für die Enkelkinder wichtige Bezugspersonen sein können.
- Freuen Sie sich darauf, dass Sie wider Erwarten doch noch Enkelkinder bekommen werden.
- Setzen Sie sich für die rechtliche Gleichstellung von Regenbogenfamilien mit traditionellen (heterosexuellen) Familien ein.

11. Lesbische Mütter/schwule Väter und ihre homosexuellen Kinder

Bisher bin ich davon ausgegangen, dass Sie als Eltern eines Kindes mit bi- oder homosexueller Orientierung selbst heterosexuell sind. Dies wird für die meisten Leserinnen und Leser dieses Ratgebers wohl auch zutreffen. In diesem Kapitel möchte ich aber doch noch auf eine besondere, wenn auch vielleicht seltenere Konstellation eingehen, nämlich darauf, dass Sie selbst homo- oder bisexuell sind und Ihr Kind sich Ihnen gegenüber als homo- oder bisexuell outet.

Wenn Sie selbst homo- oder bisexuell sind, gibt es zwei Varianten, die unterschiedliche Konsequenzen für Sie und Ihr Kind haben. Die eine Möglichkeit ist, dass Sie selbst offen Ihre gleichgeschlechtliche Orientierung leben. Die andere Variante ist die, dass Sie zwar Ihr gleichgeschlechtliches Begehren spüren, dies aber vor Ihrer Umgebung geheim halten. Da jede dieser beiden Möglichkeiten unterschiedliche Konsequenzen für Sie und Ihr Kind hat, werde ich sie je gesondert besprechen.

Eine relativ einfache Situation ist die, dass Sie selbst Ihre gleichgeschlechtliche Orientierung offen leben. In diesem Fall haben Sie sich sicher bereits intensiv mit Ihrer sexuellen Ausrichtung auseinandergesetzt, zumal Sie zuvor vermutlich in einer Beziehung mit einer heterosexuellen Partnerin bzw. einem heterosexuellen Partner gelebt haben oder – vor allem wenn Sie bisexuell sind – vielleicht jetzt noch in einer solchen Partnerschaft leben und Ihr Kind aus dieser Beziehung stammt. Wahrscheinlich haben Sie schon davon gehört, dass es bei der Entstehung der Homosexualität einen genetischen Faktor gibt (vgl. Kapitel 1) und haben sich deshalb wohl auch schon Gedanken darüber gemacht, ob Ihre eigenen Kinder unter Umständen eine gleichgeschlechtliche Orientierung haben könnten.

Wenn Ihre Umgebung über Ihre sexuelle Orientierung informiert ist, wird es Ihrer Tochter oder Ihrem Sohn im Allgemeinen nicht schwerfallen, sich Ihnen gegenüber zu outen, kann Ihr Kind doch mit großem Verständnis von Ihrer Seite rechnen. Sie haben selbst einen Coming-out-Prozess durchlaufen und wissen aus eigener Erfahrung, wie schwierig es sein kann, sich der eigenen gleichgeschlechtlichen Orientierung bewusst zu werden, und mit wie vielen Ängsten die Schritte in die Öffentlichkeit oft verbunden sind. Ihr Kind wird sich deshalb vielleicht Ihnen als erster Person eröffnen.

Ihre Reaktion auf diese Mitteilung wird wesentlich dadurch bestimmt sein, welche Einstellung Sie zu Ihrer eigenen gleichgeschlechtlichen Orientierung gefunden haben und wie Ihr Coming-out verlaufen ist. Dementsprechend kann Ihre Reaktion sehr unterschiedlich ausfallen. Vielleicht haben Sie schon gewisse Hinweise auf eine mögliche gleichgeschlechtliche Orientierung bei Ihrem Kind wahrgenommen und sind deshalb keineswegs erstaunt, wenn Ihre Tochter oder Ihr Sohn Ihnen nun von der homosexuellen Ausrichtung berichtet. Wenn Sie selbst eine positive Einstellung zu Ihrer eigenen Homosexualität haben, werden Sie sich mit Ihrem Kind freuen, dass es zu sich gefunden hat und zu seiner sexuellen Orientierung steht.

Wenn Ihre eigene Homosexualität bekannt ist, werden die Menschen Ihrer Umgebung, je nach ihrer Einstellung zur Homosexualität, unterschiedlich auf die Eröffnung Ihres Kindes, homosexuell zu sein, reagieren. Am häufigsten wird wohl der Hinweis sein, man habe sich schon gedacht, dass noch jemand in der Familie lesbisch oder schwul sein könnte. Wenn die betreffende Person eine positive Einstellung zur Homosexualität hat, wird Sie sich mit Ihnen und Ihrem Kind freuen und dessen Coming-out-Prozess wohlwollend begleiten. Falls die Person der gleichgeschlechtlichen Orientierung gegenüber aber negativ eingestellt ist, werden Sie mit ablehnenden Reaktionen rechnen müssen, die sich gegen Sie und Ihr Kind richten werden. In diesem Fall ist es wichtig, dass Sie für Ihr Kind eintreten, das ja noch am Anfang seines Coming-out steht und deshalb noch viel verletzbarer ist als Sie.

Überhaupt können Sie Ihrem homosexuellen Kind generell eine große Hilfe sein, da Sie all die Unsicherheiten, Selbstzweifel, Schamgefühle und Ängste, die Ihr Kind nun erlebt, selbst erfahren haben. Auch wenn jeder Coming-out-Prozess, je nach Persönlichkeit und Lebensumständen der betreffenden Person, unterschiedlich verläuft, gibt es doch gewisse Ähnlichkeiten. Sie müssen sich nicht mühsam vorzustellen versuchen, wie es wohl sein könnte, sich als homosexuell zu outen, sondern wissen aus eigener Erfahrung, wie es tatsächlich ist und mit welchen Gefühlen Lesben, Schwule und bisexuelle Menschen dabei konfrontiert sind.

Eine gewisse Gefahr kann in dieser Situation allerdings darin liegen, dass Sie meinen, Sie wüssten aufgrund Ihrer eigenen Erfahrung, was in Ihrem Kind vorgeht, und dass Sie seinen Coming-out-Prozess zu beschleunigen versuchen. Es mag sein, dass vieles bei Ihrer lesbischen Tochter oder Ihrem schwulen Sohn ähnlich verläuft wie bei Ihnen. Bedenken Sie aber, dass Ihr Kind eine andere Persönlichkeit ist und unter anderen Bedingungen aufgewachsen ist als Sie. Die Erfahrungen, die Sie bei Ihrem Coming-out gemacht haben, lassen sich deshalb nicht ohne weiteres auf Ihr Kind übertragen. Außerdem muss es seine eigenen Erfahrungen machen. Halten Sie sich deshalb zurück, und überlassen Sie es Ihrem Kind, die nötigen Schritte zu der Zeit zu tun, die für Ihre Tochter oder Ihren Sohn stimmig ist. Das Angebot, Ihrem Kind mit Rat und Tat zur Seite zu stehen, reicht völlig aus. Im Allgemeinen wird Ihr Kind ja Ihren Coming-out-Prozess mehr oder weniger bewusst miterlebt haben und sich an Sie wenden, wenn es Ihre Unterstützung braucht. Drängen Sie sich Ihrem Kind aber nicht auf. Es muss selbst seine Erfahrungen machen. Das können und sollten Sie ihm nicht abnehmen.

Durch das gemeinsame »Schicksal« (was in diesem Fall positiv gemeint ist) kann sich die Beziehung zwischen Ihnen und Ihrem Kind erheblich intensivieren, zumal Sie für Ihre Tochter oder Ihren Sohn, die ihre gleichgeschlechtliche Orientierung spüren und der Umgebung zu kommunizieren beginnen, ein Stück weit ein Vorbild sein können. Voraussetzung dafür ist allerdings, dass Sie selbst Ihre Homo- oder Bisexualität voll akzeptieren und damit Ihrem Kind ein positives Modell für ein Leben mit gleichgeschlechtlicher Orientierung bieten.

Eine völlig andere, für alle Beteiligten ungleich schwierigere Situation besteht indes, wenn Sie Ihre Homo- oder Bisexualität nicht offen leben. Bereits die vage Vermutung, Ihr Kind könnte homosexuell sein, aber erst recht die Gewissheit, dass dies eine Tatsache ist, wird Sie in diesem Fall wahrscheinlich in große innere Probleme stürzen, sehen Sie sich doch mit mehreren, für Sie heiklen Problemen konfrontiert:

So könnte sich die Umgebung beispielsweise fragen, »woher« denn die Homosexualität Ihres Kindes kommt, ob unter Umständen Sie homosexuell sind. Oder Ihr Kind könnte im Verlauf seines Coming-out Ihnen diese Frage stellen. Falls Sie selbst – in diesem Fall natürlich verdeckt – in der homosexuellen Szene verkehren, könnte es außerdem passieren, dass Sie Ihrem Kind dort unverhofft begegnen. Oder Ihr Kind könnte von anderen Lesben und Schwulen von Ihrer gleichgeschlechtlichen Orientierung erfahren.

Die Folge wäre, dass Sie enormen Ängsten ausgesetzt sind, entdeckt und gegen Ihren Willen geoutet zu werden. In dieser Situation kann sich Ihnen die Frage stellen, ob Sie sich nun Ihrem Kind gegenüber outen wollen bzw. outen müssen, um nicht von Dritten geoutet zu werden. Dieser Schritt wäre aber insofern sehr heikel für Sie, als Sie bisher ja Ihrer Umgebung – und das hieße in diesem Fall wohl auch: Ihrer Partnerin oder Ihrem Partner – gegenüber verdeckt leben. Indem Sie sich Ihrem homo- oder bisexuellen Kind gegenüber outen, würden Sie es zum Mitwisser eines Geheimnisses machen und es dadurch unter Umständen erheblich belasten.

Es ist für Sie als Leserin bzw. Leser sicher nicht schwierig, sich vorzustellen, dass eine solche Situation für den ungeouteten homo- oder bisexuellen Elternteil eine enorme Belastung darstellt. Das Coming-out des Kindes ist in diesem Fall nicht, wie bei vielen heterosexuellen Eltern, etwas, mit dem die Eltern zwar nicht gerechnet haben, mit dem sie sich nun aber auseinandersetzen und zu dem sie eine positive Einstellung finden können. Ungeoutete, verdeckt lebende homo- und bisexuelle Eltern, deren Tochter oder Sohn sich als lesbisch, schwul oder bisexuell outet, sehen sich im Unterschied zu solchen heterosexuellen Eltern einer ganzen Reihe von Ängsten und negativen Gefühlen gegenüber: Neben der erwähnten Angst vor Entdeckung sind es Schuldgefühle im Hinblick auf die mögliche Vererbung dieser bei sich selbst abgelehnten Veranlagung. Hinzu treten Gefühle der Scham und unter Umständen sogar ein vehementer Kampf gegen die Homosexualität des Kindes, indem der Kampf gegen die eigene abgelehnte gleichgeschlechtliche Orientierung nach außen verlagert wird.

Dies ist eine besonders tragische Situation, die sich leider aber relativ häufig findet: Menschen, die bei sich ein gleichgeschlechtliches Begehren wahrnehmen, dies aber vehement ablehnen, sind besonders homosexualitätsfeindlich, »homophob«, und führen einen erbitterten Kampf gegen Lesben und Schwule. Wir finden diese Dynamik in verschiedenen gesellschaftlichen Kontexten, so z. B. bei Gewalttätern gegenüber Lesben und Schwulen, aber auch im kirchlichen Bereich, wenn sich herausstellt, dass die am heftigsten gegen Lesben und Schwule kämpfenden Kirchenvertreter selbst eine gleichgeschlechtliche Orientierung haben und den Kampf gegen die eigene Veranlagung nach außen verlegen.

Aus einer solchen Situation können für Sie als homo- oder bisexueller Elternteil, der verdeckt lebt, große psychische Belastungen und tiefgreifende Beziehungsprobleme resultieren. Der Verheimlichungsstress kostet enorme Kraft und wirkt sich unheilvoll auf Ihr psychisches und körperliches Wohlbefinden aus.

Im Allgemeinen ist die Beziehung zu Ihrem Mann oder Ihrer Frau durch das Geheimnis Ihrer Homosexualität bereits erheblich belastet. Die Mitteilung Ihres Kindes, lesbisch, schwul oder bisexuell zu sein, lässt diese Probleme nun wegen Ihrer zunehmenden Angst vor Entdeckung nochmals brisanter werden. Insbesondere wird aber auch Ihre Beziehung zu Ihrem Kind darunter erheblich leiden. Denn gerade in dem Moment seines Coming-out, wo es Ihre Unterstützung und Anteilnahme besonders braucht, wenden Sie sich von ihm ab oder bekämpfen sogar offen seine Homosexualität. Eine solche Situation ist letztlich für alle Beteiligten unheilvoll.

Gerade aus diesem Grunde ist es wichtig, dass Sie versuchen, die Situation zum Positiven zu wenden. Wie oft im Leben kann eine aussichtslos erscheinende Situation, die einem Menschen große Belastungen bringt, dazu führen, dass er einen bisher nicht vollzogenen Entwicklungsschritt tut. Dies kann für Sie als homo- oder bisexueller, bisher nicht geouteter Elternteil bedeuten, dass Sie sich angesichts des Coming-out Ihres Kindes entschließen, diesen Schritt nun endlich auch zu tun.

Es kann für die heterosexuelle Partnerin oder den heterosexuellen Partner, die bzw. der sich mit der gleichgeschlechtlichen Orientierung des Kindes auseinandersetzen muss, einen großen Schock bedeuten, in diesem Moment zu erfahren, dass Sie die gleiche Orientierung haben. Vielleicht wird Ihnen Ihre Partnerin oder Ihr Partner aber auch sagen, dass sie das schon lange geahnt haben, sich aber nicht getraut haben, Sie darauf anzusprechen. In diesem Fall, aber auch wenn Ihre Partnerin oder Ihr Partner bisher keine diesbezügliche Vermutung gehabt hat, wird Ihre Mitteilung letztlich immer eine positive Wirkung haben, da nun in Ihre eheliche Beziehung Offenheit und Transparenz gekommen sind und Sie sich vom Verheimlichungsstress befreit haben.

Selbstverständlich wird auch die Beziehung zwischen Ihnen und Ihrem sich outenden Kind durch Ihre Offenheit positiv beeinflusst. Zugleich bieten Sie Ihrem Kind ein Beispiel dafür, dass sich kein Mensch seiner gleichgeschlechtlichen Orientierung schämen und sie geheim halten muss und dass es ein befreiender und eine positive Entwicklung einleitender Schritt ist, das gleichgeschlechtliche Begehren zu akzeptieren und der Umgebung zu offenbaren.

Es mag sein, dass Ihr Kind den Kopf darüber schütteln wird, dass Sie erst jetzt diesen Schritt tun. Ihr Kind wird es aber sicher auch zu schätzen wissen und anerkennen, dass Sie wenigstens jetzt den Mut gefunden haben, offen zu Ihrer gleichgeschlechtlichen Orientierung zu stehen. Vielleicht wird es auch eine besondere Solidarität mit Ihnen spüren. Unter Umständen wird Ihr Kind Ihnen sogar bei Ihrem Coming-out behilflich sein und Ihnen als Modell, an dem Sie sich orientieren können, dienen. In diesem Fall hat das Coming-out Ihrer Tochter oder Ihres Sohnes eine positive Wirkung auf Sie und trägt dazu bei, dass Sie einen Entwicklungsschritt tun, der sich für Sie persönlich wie auch für Ihre ganze Familie positiv auswirkt.

Auf den Punkt gebracht

Was bedeutet für Sie als homo- oder bisexueller Elternteil das Coming-out Ihres homo- oder bisexuellen Kindes, und wie können Sie damit umgehen?

- Wenn Sie Ihre gleichgeschlechtliche Orientierung bei sich akzeptieren und einen Coming-out-Prozess durchlaufen haben, können Sie

Ihrem Kind eine große Hilfe sein, indem Sie ihm Solidarität zeigen und ihm bei seinem Coming-out mit Rat und Tat zur Seite stehen.

- Drängen Sie sich Ihrem Kind aber nicht auf und meinen Sie nicht, besser als Ihr Kind zu wissen, was ihm guttut und wie es seinen Coming-out-Prozess gestalten soll. Lassen Sie es seine eigenen Erfahrungen machen. Es reicht, wenn Ihr Kind spürt, dass Sie hinter ihm stehen und dass Sie, falls es Ihre Hilfe braucht, bereit sind, ihm Unterstützung zu geben.

- Falls Sie selbst bisher kein Coming-out durchlaufen haben und Ihrer Umgebung gegenüber verdeckt leben, wird das Coming-out Ihres Kindes bei Ihnen etliche Ängste (vor allem eine Steigerung der Angst, selbst entdeckt und unter Umständen von Dritten ungewollt geoutet zu werden), aber auch Scham- und Schuldgefühle auslösen. Eine für alle Beteiligte besonders unheilvolle Reaktion wäre die, Ihre eigene, abgelehnte Homosexualität an Ihrem Kind zu bekämpfen.

- Nutzen Sie die Chance, die Ihnen das Coming-out Ihres Kindes bietet, akzeptieren Sie Ihre gleichgeschlechtliche Orientierung und bringen Sie den Mut auf, dies auch Ihrer Umgebung zu kommunizieren. Auch wenn Sie diesen Schritt vielleicht sehr spät tun, indem Sie erst jetzt zu Ihrer Homo- oder Bisexualität stehen, wird dies doch auf jeden Fall eine positive Wirkung für Sie persönlich, aber auch für Ihre Familie und ganz besonders für Ihr homo- oder bisexuelles Kind haben.

12. Homosexualität als eine besondere Begabung?

Der Titel dieses Kapitels mag Ihnen merkwürdig erscheinen. War in diesem Ratgeber nicht vielfach die Rede von den Problemen, die sich durch die Homosexualität Ihres Kindes für Ihre Tochter oder Ihren Sohn und für Sie selbst ergeben können? Dabei ist bei Ihnen vielleicht der Eindruck entstanden, die gleichgeschlechtliche Orientierung Ihres Kindes sei zwar nicht unbedingt ein großes Problem, Ihr Kind und Sie könnten schon damit »fertig« werden. Besser aber wäre es gewesen, wenn Ihre Tochter oder Ihr Sohn heterosexuell wäre. Und nun die Frage, ob die Homosexualität Ihres Kindes nicht vielleicht sogar eine besondere Begabung darstelle, ob sie nicht auch Vorteile haben könne?

Vermutlich werden Sie beim Lesen dieser Zeilen einwenden, mit einer solchen Einschätzung der Homosexualität würden die realen Probleme, die in den verschiedenen Kapiteln geschildert worden sind, verleugnet und die ganze Situation »schöngeredet«. Dennoch ist es keineswegs unrealistisch, die gleichgeschlechtliche Orientierung als eine Eigenschaft zu bezeichnen, die auch ihre Vorteile hat. Ich gehe sogar so weit zu sagen: Sie kann geradezu als eine besondere Begabung bezeichnet werden.

Auf die Fragen, die sich aufgrund dieser Sie vielleicht verwirrenden Aussage ergeben, möchte ich in diesem letzten Kapitel noch etwas ausführlicher eingehen, da es mir wichtig erscheint, dass Sie einen Perspektivenwechsel vornehmen können. Dabei geht es darum, dass Sie sich als Eltern eines homosexuellen Kindes nicht einseitig durch die – zweifellos *auch* bestehenden – Probleme beeindrucken lassen, sondern die ganze Situation auch noch einmal von einer ganz anderen – positiven – Seite betrachten.

Bei der Frage, ob die Homosexualität Ihres Kindes nicht auch ein Vorteil sein kann, möchte ich zunächst auf das Diversity-Konzept eingehen, das in der Wirtschaft große Bedeutung erlangt hat. Die internationalen Firmen und Banken, in denen Menschen mit sehr unterschiedlichem kulturellen, sprachlichen und religiösen Hintergrund tätig sind, haben längst erkannt, dass die »Diversity«, die Vielfalt der Mitarbeitenden, kein Faktor ist, der Probleme verursacht, eine Gefahr für die Teams darstellt und mit dem sie sich in Anbetracht dieser Situation irgendwie arrangieren müssten. Diese Firmen haben vielmehr die Erfahrung gemacht, dass die Vielfalt der bei ihnen tätigen Menschen ein besonderes Potenzial darstellt, das sie im Interesse der Firma, aber auch im Interesse der Mitarbeitenden nutzen können.

Das Diversity-Konzept hat eine neue – konstruktive – Perspektive auch in die Diskussion über die gleichgeschlechtliche Orientierung gebracht. In der Forschung geht man im Allgemeinen von den folgenden Dimensionen aus, auf die sich Diversity bezieht: Geschlecht, Rasse, ethnische Zugehörigkeit/Nationalität, Alter, geistige und körperliche Fähigkeiten, Religion und sexuelle Orientierung. Das Wesentliche dieses Konzepts liegt darin, wahrzunehmen, dass die Vielfalt in diesen Dimensionen als Chance zu betrachten ist, die zum Besten aller Beteiligten genutzt werden kann. Jede der genannten Dimensionen hat ihre eigenen Vorteile und wirkt sich positiv auf die Arbeitsteams aus.

Es geht bei Diversity nicht nur in erster Linie um Gleichberechtigung, indem man sich etwa dafür einsetzt, dass Frauen wie Männer die gleichen Chancen haben oder dass Menschen unterschiedlicher Nationalitäten oder verschiedener Altersstufen ungehindert zusammenarbeiten können. Das Diversity-Konzept ist vielmehr auf die Tatsache fokussiert, dass sich die Vielfalt als besonders großer Vorteil erweist.

Allgemein bekannt ist etwa, dass Teams, in denen Frauen und Männer zusammenarbeiten oder deren Mitglieder einen verschiedenen kulturellen Hintergrund mitbringen, effizienter arbeiten und ein breiteres Spektrum von Aufgaben erfüllen können. Das Gleiche gilt für Mitarbeiterinnen und Mitarbeiter verschiedener Altersgruppen und mit unterschiedlichen körperlichen und geistigen Fähigkeiten. Die Teammitglieder verfügen, entsprechend ihrer Herkunft und Persönlichkeit, über unterschiedliche Kompetenzen und bringen diese ins Team ein. Spätestens seit Beginn des 21. Jahrhunderts ist in der Diversity-Forschung neben den eben genannten Dimensionen auch die sexuelle Orientierung vertreten.[24] Wie bei Geschlecht, Alter und den anderen Dimensionen geht es hier nicht nur darum, Diskriminierungen zu vermeiden, quasi eine »friedliche Koexistenz« von hetero- und homosexuellen Menschen zu erreichen, und damit die Zufriedenheit der Mitarbeitenden zu garantieren (vgl. die Passagen über Diskriminierungen im beruflichen Bereich in Kapitel 4, S. 51). Die Diversity-Forschung hat vielmehr gezeigt, dass die Vielfalt auch im Hinblick auf die sexuelle Orientierung sich günstig auf Arbeitsteams auswirkt.

Vielleicht verwundert Sie dieses Ergebnis, und Sie denken, es wäre doch wahrscheinlich besser, wenn eine so persönliche Dimension wie die Homosexualität aus der Arbeitswelt herausgehalten würde. Die in Kapitel 4 diskutierte Tatsache, dass es auch im beruflichen Bereich Diskriminierungen gibt, scheint dieser Ansicht Recht zu geben. Wenn Sie sich jedoch vor Augen halten, was ich vor allem in Kapitel 1, aber auch an verschiedenen Stellen der anderen Kapitel über die Besonderheiten der Entwicklung und des sozialen Lebens von Lesben, Schwulen und Bisexuellen ausgeführt habe, dürfte es Ihnen einleuchten, dass Menschen mit gleichgeschlechtlichen Orientierungen Persönlichkeitsmerkmale und Fähigkeiten mitbringen, die auch in der Arbeitswelt genutzt werden können. Dies ist völlig unabhängig davon, ob die Betreffenden sich dort outen oder nicht.

Die positive Wirkung, die Lesben und Schwule an ihrem Arbeitsplatz haben können, sei an einem Beispiel veranschaulicht: Wie in Kapitel 5 ausgeführt, hat der Schriftsteller Edmund White den Begriff des »schwulen Philosophen« geprägt.[25] White meint damit die aus der besonderen Situation, in der sich Lesben, Schwule und Bisexuelle in unserer Gesellschaft befinden, erwachsene Fähigkeit, von früh auf mehr über sich nachzudenken, als Heterosexuelle es im Allgemeinen tun. Wenn Menschen mit einer gleichgeschlechtlichen Orientierung diese Chance nutzen, können sie eine große Sensibilität und Reflexionsfähigkeit erreichen, im Sinne Edmund Whites »lesbische Philosophinnen« und »schwule Philosophen« werden, was sie zu besonders geschätzten und sich konstruktiv auf das Teammilieu auswirkenden Mitarbeiterinnen und Mitarbeitern macht.

Außerdem entfällt bei lesbischen Mitarbeiterinnen und schwulen Mitarbeitern vielfach die Rivalität, die heterosexuelle Frauen und Männer sonst oft in ihre Arbeitsteams hineintragen. Aufgrund ihrer Homosexualität sind Schwule nicht daran interessiert, sich den Frauen gegenüber als »Supermänner« darzustellen und um ihre Gunst zu rivalisieren, und Lesben verhalten sich ebenso, wenn es um ihren Umgang mit den männlichen Kollegen geht. Auf diese Weise haben Lesben und Schwule einen die Atmosphäre im Team beruhigenden Einfluss.

Hinzu kommt, dass vor allem durch schwule Männer oft eine stärkere Emotionalität in das Team gebracht wird. Da die »Hahnenkämpfe« mit den anderen (heterosexuellen) Männern um die Gunst der Frauen erheblich entschärft sind, haben »weichere« Gefühle, die Schwule für andere Männer empfinden, Platz und ermöglichen ein partnerschaftlicheres Klima, als es sonst unter heterosexuellen Männern herrscht. Dies heißt nicht, dass es in Teams, in denen auch homosexuelle Mitarbeiterinnen und Mitarbeiter sind, keine Rivalitäten gäbe. Diese beziehen sich dann aber eher auf die »sachliche« Ebene und werden nicht noch durch die erotisch-sexuelle Dimension angeheizt.

Diese aus der Arbeitswelt stammenden Beobachtungen lassen sich auch auf das Leben von Lesben, Schwulen und bisexuellen Menschen generell anwenden und führen zu einer – unter Umständen für Sie völlig neuen – Beurteilung der Homosexualität Ihres Kindes. Die im Titel dieses Kapitels gestellte Frage, ob Homosexualität vielleicht sogar eine besondere »Begabung« sein kann, lautet deshalb: Die gleichgeschlechtliche Orientierung ist kein beklagenswertes Schicksal, sondern kann zu einer Chance für Ihr Kind, aber auch für Sie als Eltern einer lesbischen oder bisexuellen Tochter oder eines schwulen oder bisexuellen Sohnes werden.

Ich habe in den verschiedenen Kapiteln dieses Ratgebers immer wieder darauf hingewiesen, dass Sie als Eltern eines homosexuellen Kindes durch Ihre Auseinandersetzung mit gleichgeschlechtlichen Orientierungen und Lebensweisen selbst profitieren können. Wenn Sie die darin liegende Chance nutzen, können Sie an Offenheit und Flexibilität gewinnen und Reifungsschritte in Ihrer persönlichen Entwicklung tun, zu denen Sie ohne Ihr homosexuelles Kind vielleicht nicht fähig gewesen wären. Nicht nur Ihre lesbische oder bisexuelle Tochter oder Ihr schwuler oder bisexueller Sohn kann eine »philosophische« Haltung entwickeln, wie Edmund White sie beschrieben hat, sondern auch Sie sind – zugegeben: gezwungenermaßen – mit der Aufgabe konfrontiert, über sich und Ihr Kind mehr nachzudenken, als Eltern von heterosexuellen Kindern es im Allgemeinen tun.

Ich habe in Kapitel 8 das Buch von Dorith Zinn erwähnt, die von ihren Erfahrungen mit ihrem schwulen Sohn berichtet (vgl. S. 122). Dabei zeigt die Autorin auf, dass die Auseinandersetzung mit der Homosexualität ihres Sohnes sie mit ihrer eigenen Lebensgeschichte und auch mit ihrer eigenen Sexualität konfrontiert hat. Nutzen auch Sie die Chance, die Ihr Kind Ihnen durch seine gleichgeschlechtliche Orientierung und die sich daraus ergebende Lebensweise bietet. Lassen Sie sich dadurch herausfordern und zur Selbstreflexion anregen, die Ihrer persönlichen Reifung zugutekommt.

Fragen Sie sich einmal selbstkritisch, ob Sie sich ohne die gleichgeschlechtliche Orientierung Ihres Kindes mit den Themen »Homosexualität« und »Bisexualität« auseinandergesetzt hätten, obwohl doch ein keineswegs geringer Teil der Bevölkerung lesbisch, schwul oder bisexuell ist. Hätten Sie sich je für die Frage interessiert, wie das Leben von Menschen mit gleichgeschlechtlichen Orientierungen im Beruf, in den christlichen Kirchen und im Islam aussieht? Wären »Regenbogenfamilien« ein Thema gewesen, mit dem Sie sich beschäftigt hätten?

Die Homosexualität Ihres Kindes hat Sie mit diesen und vielen anderen Fragen, die ich in diesem Ratgeber dargestellt und diskutiert habe, konfrontiert. Sie setzen sich damit auseinander und sind in Ihrem individuellen Entwicklungsprozess damit beschäftigt, zu diesen Themen Ihre eigene Stellungnahme zu finden. Das heißt: Sie nutzen die Chance, die sich Ihnen durch die gleichgeschlechtliche Orientierung und Lebensweise Ihrer Tochter oder Ihres Sohne bietet, und setzen sich mit einer Fülle von Informationen auseinander, die viele andere – heterosexuelle – Menschen weitgehend ausblenden.

Eine weitere Bereicherung durch die Homosexualität Ihres Kindes erfahren Sie dadurch, dass Sie mit Menschen in Kontakt kommen, die Sie sonst wahrscheinlich nie getroffen hätten. Denken Sie etwa an die Eltern, mit denen Sie in der Selbsthilfegruppe für Eltern von Lesben und Schwulen zusammengetroffen sind, und an die vielen intensiven Gespräche, die Sie dort geführt haben. Oder denken Sie an die Partnerinnen und Partner Ihres Kindes und deren Eltern. Auch wenn manche dieser Begegnungen für Sie vielleicht schwierig sind, stellen sie letztlich doch vermutlich eine Bereicherung für Sie dar, deren Bedeutung Sie nicht hoch genug einschätzen können. Auf jeden Fall können Sie stolz auf sich sein, dass Sie sich auf diese Menschen, deren Art und Lebensweise Ihnen anfangs unter Umständen sehr fremd waren, einlassen und sich mit ihnen auseinandersetzen.

Es mag für Sie mitunter auch sehr schwierig, vielleicht sogar ausgesprochen schmerzlich gewesen sein, wenn Sie Diskussionen mit Familienangehörigen und Bekannten geführt haben, die der Homosexualität Ihres Kindes ablehnend gegenüberstehen. Aber selbst diese Gespräche können letztlich ein Gewinn für Sie sein: Zum einen können Sie in solchen kontrovers geführten Diskussionen Ihre eigene Einstellung zur Homosexualität überprüfen und in Ihrer Argumentation sicherer werden. Insofern sind solche Gespräche ein gutes Übungsfeld für Sie. Zum anderen helfen Ihnen Diskussionen mit Homosexualitätsgegnern aus Ihrem persönlichen Umfeld aber auch, Ihre Beziehung zu den betreffenden Menschen einer kritischen Prüfung zu unterziehen. Sie werden dabei feststellen, wer Ihnen wirklich freundschaftlich verbunden ist und um Ihrer Person willen eigene Vorurteile beiseiteschiebt oder wer ohne Rücksicht auf Ihre Gefühle auf seiner Position beharrt. Diese Erfahrung wird trotz der schmerzlichen Seite, die sie haben kann, wenn es bei den Betreffenden um Ihnen eigentlich nahestehende Menschen geht, auch einen Gewinn für Sie darstellen, weil sie Ihnen zeigt, wer absolut hinter Ihnen steht und auf wen Sie sich letztlich wirklich verlassen können.

Die gleichgeschlechtliche Orientierung und Lebensweise Ihres Kindes konfrontieren Sie zwar in mancherlei Hinsicht mit für Sie völlig neuen Situationen und stellen Sie vor schwierige, Sie mitunter auch belastende Probleme. Letztlich spüren Sie aber sicher auch, dass darin eine Herausforderung liegt, die Ihnen ein weites Feld an neuen Erfahrungen und Begegnungen eröffnet. Sie lernen Dinge kennen und setzen sich intensiv mit Themen auseinander, die Eltern heterosexueller Kinder zumeist nicht beschäftigen. Beneiden Sie diese Eltern nicht darum, dass sie es »ruhiger« haben als Sie. Freuen Sie sich vielmehr mit Ihrer lesbischen oder bisexuellen Tochter oder Ihrem schwulen oder bisexuellen Sohn darüber, dass sie Ihnen diese Räume öffnen und mit Ihnen zusammen neue Erfahrungen machen.

Neben den Veränderungen im äußeren Leben hat die Homosexualität Ihres Kindes auch einen erheblichen – positiven – Einfluss auf Ihre innere Welt. Wie oben dargestellt, zwingen das Coming-out Ihrer Tochter oder Ihres Sohnes und Ihr eigenes Coming-out als Eltern eines homosexuellen Kindes Sie, sich intensiv mit dieser Situation auseinanderzusetzen. Dadurch werden sich – gleichsam von selbst – auch Ihre Beziehungen in Ihrer Familie und zu den Menschen Ihrer näheren Umgebung verändern. Vielleicht hat Ihnen die Homosexualität Ihres Kindes vor allem zu Beginn seines Coming-out gewisse Sorgen bereitet (vgl. Kapitel 4). Es mag auch sein, dass die gleichgeschlechtliche Orientierung Ihres Kindes mitunter Ihre Beziehung zueinander belastet hat. Im Laufe der Zeit haben Sie aber Ihr eigenes Coming-out als Eltern eines homosexuellen Kindes gehabt (vgl. Kapitel 6) und in diesem Prozess intensiv über sich selbst und Ihre Tochter oder Ihren Sohn nachgedacht. Auch Sie haben dadurch so etwas wie eine philosophische Haltung erworben.

Ich möchte also nochmals betonen, dass in diesem Prozess für Sie die Chance liegt, eine neue Einstellung zu sich selbst zu finden und die Beziehungen zu den Ihnen wichtigsten Personen Ihrer Umgebung neu zu definieren. Ausgelöst durch das Coming-out Ihres homosexuellen Kindes machen Sie dabei Entwicklungsschritte, die Sie ohne Ihr Kind in dieser Art vielleicht nicht gemacht hätten. Insofern wirkt sich die gleichgeschlechtliche Orientierung Ihrer Tochter oder Ihres Sohnes auch für Sie entwicklungsfördernd aus.

Darüber hinaus kann Ihre Auseinandersetzung mit der Homosexualität Ihres Kindes auch zu einer Intensivierung Ihrer Beziehung zueinander führen. Gerade wenn Ihr Kind über Jahre hin seine gleichgeschlechtliche Orientierung vor Ihnen verheimlicht hat, bringt sein Coming-out Ihnen gegenüber eine wesentlich größere Offenheit und Direktheit in Ihre Beziehung zueinander und kann zu größerer emotionaler Verbundenheit und Solidarität in der Familie führen. Möglicherweise wäre es ohne die gleichgeschlechtliche Orientierung

Ihrer Tochter oder Ihres Sohnes nie zu einer solchen Nähe zwischen Ihnen beiden gekommen.

Es mag für Sie nicht immer leicht sein, sich den Herausforderungen, mit denen die Homosexualität Ihres Kindes Sie konfrontiert, zu stellen. Wie häufig im Leben liegt in krisenhaften Situationen – und so auch in Ihrer Auseinandersetzung mit dem Thema »Homosexualität« – aber die große Chance, daran zu reifen. Selbstverständlich fällt weder Ihnen noch Ihrem Kind die Fähigkeit in den Schoß, die Aufgaben zu lösen, die mit der gleichgeschlechtlichen Orientierung und Lebensweise Ihrer Tochter oder Ihres Sohnes zusammenhängen, und die darin liegenden Chancen zu nutzen. So wie auch andere Begabungen und Fähigkeiten entwickelt und gestaltet werden müssen, ist es bei der sexuellen Orientierung ebenfalls notwendig, sich aktiv damit auseinanderzusetzen. Wenn Sie sich dieser Herausforderung stellen, werden Sie jedoch die Erfahrung machen, dass Ihre Tochter oder Ihr Sohn an Selbstvertrauen gewinnt und ihre/seine Homosexualität akzeptiert und dass Sie selbst eine positive Einstellung zu der gleichgeschlechtlichen Orientierung Ihres Kindes finden.

Überfordern Sie sich dabei nicht, sondern gestehen Sie sich zu, dass diese Prozesse Zeit brauchen und vieles in Ihnen reifen muss. Sie können durch Ihre Bereitschaft, sich auf die verschiedenen Themen, die sich aus der Homosexualität Ihres Kindes ergeben, einzulassen, diesen Reifungsprozess zwar positiv beeinflussen. Doch wirkt es sich nicht konstruktiv aus, wenn Sie meinen, sich dabei in forcierter Weise antreiben zu müssen. Wie Ihr Kind in seinem Coming-out-Prozess etliche Jahre gebraucht hat, um sich über seine sexuelle Orientierung klar zu werden und den Mut aufzubringen, dies Ihnen und anderen ihm nahestehenden Menschen mitzuteilen, so brauchen auch Sie Zeit für Ihre eigene Entwicklung.

Wenn Sie diesen Reifungsprozess Schritt für Schritt gehen, wird es Ihnen möglich sein, einen Perspektivenwechsel vorzunehmen und zu erkennen, dass die gleichgeschlechtliche Orientierung Ihrer Tochter oder Ihres Sohnes keine Belastung ist, sondern eine konstruktive Herausforderung darstellt, die sich für alle entwicklungsfördernd auswirkt.

Dann wird es Ihnen auch gelingen, die Homosexualität als eine spezielle Begabung Ihres Kindes wahrzunehmen. Ich habe in Kapitel 4, wo es um das Leben von Lesben und Schwulen in den christlichen Kirchen ging (vgl. S. 57), auf die positive Rolle hingewiesen, die Menschen mit einer gleichgeschlechtlichen Orientierung hier durch die Entwicklung einer eigenen Spiritualität spielen können. Wenn es Ihnen als Eltern eines homosexuellen Kindes gelingt, die gleichgeschlechtliche Orientierung Ihrer Tochter oder Ihres Sohnes als »Talent« (im Sinne des biblischen Gleichnisses von den anvertrauten Talenten in Mt 25,14–30), als Ihrem Kind eigenes »Charisma«, zu betrachten, haben Sie einen Perspektivenwechsel vorgenommen, der Ihnen und Ihrem Kind zugutekommt. Dann werden Sie auch wahrnehmen, dass – im Sinne der Überschrift des vorliegenden Kapitels – die Homosexualität Ihres Kindes eine Begabung ist, für die Sie dankbar sein können und die Sie für Ihre persönliche Reifung und Ihre Beziehungen in und außerhalb der Familie nutzen können.

Schluss: Das Wichtigste auf einen Blick

- Homosexualität und Bisexualität sind der Heterosexualität gleichwertige Varianten der sexuellen Orientierung. Sie haben nichts mit psychischer Krankheit oder Sünde zu tun.

- Sie müssen sich als Eltern eines homosexuellen Kindes auch nicht vorwerfen, Sie hätten irgendwelche Erziehungsfehler gemacht. Die gleichgeschlechtlichen Orientierungen entstehen vermutlich auf der Basis genetischer Faktoren. Sie bilden sich auf jeden Fall früh im Leben heraus und stellen dauerhafte, unveränderbare sexuelle Identitäten dar.

- Die Ansicht, lesbische Frauen seien männlich und schwule Männer weiblich identifiziert, entspricht nicht der Realität. Lesbische Frauen zweifeln nicht an ihrer Weiblichkeit und schwule Männer nicht an ihrer Männlichkeit (Kern-Geschlechtsidentität). Wenn sich Ihr Kind nicht geschlechtsrollenkonform entwickelt, weist dies lediglich darauf hin, dass Lesben und Schwule zum Teil ein anderes Rollenverhalten zeigen als heterosexuelle Frauen und Männer.

- Menschen mit gleichgeschlechtlichen Orientierungen durchlaufen einen Coming-out-Prozess, in dessen erster Phase sie sich ihrer Homo- oder Bisexualität bewusst werden und in dessen zweiter Phase sie ihre Umgebung über die Homosexualität informieren und einen ihnen entsprechenden Lebens- und Beziehungsstil finden.

- Auch Sie als Eltern eines homosexuellen Kindes durchlaufen eine Art Coming-out-Prozess, in dem Sie zunächst die gleichgeschlechtliche Orientierung Ihres Kindes zu akzeptieren lernen und sich dann Ihren Familienangehörigen und Bekannten gegenüber als Eltern einer lesbischen Tochter oder eines schwulen Sohnes outen.

Lassen Sie sich Zeit für diesen Prozess, und stimmen Sie Ihre Coming-out-Schritte mit Ihrem Kind ab.

- Homosexualitätsfeindliche Einstellungen (»Homophobie«) finden sich eher bei heterosexuellen Männern als bei heterosexuellen Frauen. Heterosexuelle Männer fühlen sich durch die Zärtlichkeit und Sexualität, die in homosexuellen Beziehungen eine Rolle spielt, und durch die egalitäre Rollenverteilung in gleichgeschlechtlichen Partnerschaften provoziert und reagieren deshalb in stärkerem Maße ablehnend als Frauen.

- Wenn in Ihrer Familie Probleme wegen der Homosexualität Ihres Kindes auftreten, suchen Sie das Gespräch mit anderen Eltern homosexueller Kinder (z. B. in einer Selbsthilfegruppe für Eltern von Lesben und Schwulen) und/oder wenden Sie sich an Fachleute. Achten Sie darauf, dass diese den gleichgeschlechtlichen Orientierungen vorurteilsfrei gegenüberstehen und Erfahrungen im Umgang mit lesbischen, schwulen und bisexuellen Ratsuchenden haben. Informationen über empfehlenswerte Therapeutinnen und Therapeuten können Sie bei den lokalen und nationalen Lesben- und Schwulenverbänden einholen.

- Das Leben von Menschen mit gleichgeschlechtlichen Orientierungen ist nicht immer einfach. In rechtlicher Hinsicht (z. B. im Hinblick auf die eingetragene Partnerschaft) sind sie nach wie vor gegenüber heterosexuellen Ehen benachteiligt. Auch in den christlichen Kirchen und im muslimischen Bereich herrscht oft wenig Akzeptanz gegenüber der Homosexualität, obwohl sich aus den heiligen Schriften beider Religionen keine prinzipiell ablehnende Haltung der gleichgeschlechtlichen Orientierung herleiten lässt. Eine Verurteilung der Homosexualität erfolgt bei beiden Religionen von Seiten fundamentalistischer Gruppierungen.

- Setzen Sie sich für die Verbesserung der Rechte homosexueller Menschen ein, beispielsweise im Hinblick auf Antidiskriminierungsschutz und eine rechtliche Gleichstellung der eingetragenen gleichgeschlechtlichen Partnerschaft mit der heterosexuellen Ehe (z. B. hinsichtlich der Stiefkindadoption und der binationalen Partnerschaften).

- Im Hinblick auf die Zukunft Ihres Kindes müssen Sie sich keine großen Sorgen machen. Lesben, Schwule und Bisexuelle leben im Allgemeinen in stabilen Beziehungen mit großer Zufriedenheit und haben in ihren Partnerschaften häufig eine egalitäre Rollenverteilung (wie sie in vielen traditionellen heterosexuellen Ehen nicht besteht).

- Ihr homosexuelles Kind findet breite Unterstützung in den verschiedenen lesbisch-schwulen Berufs- und Freizeitgruppen und fühlt sich dort, in der »gay community« und der lesbisch-schwulen »family«, geborgen. Der Kontakt zu solchen Gruppierungen ist für die Identitätsentwicklung Ihres Kindes wichtig.

- Vieles, was Sie von Ihrem homosexuellen Kind über das lesbisch-schwule Leben erfahren, mag Ihnen fremd sein, Sie vielleicht sogar abstoßen. Seien Sie zurückhaltend mit vorschnellen kritischen Kommentaren. Lassen Sie sich von Ihrem Kind erklären, worum es jeweils geht und welche Bedeutung beispielsweise ein bestimmtes Verhalten für Lesben, Schwule und Bisexuelle hat.

- Führen Sie bei Beziehungskonflikten mit Ihrem Kind nicht alles auf seine Homosexualität zurück. Wenn Sie bei Ihrem Kind Ängste, depressive Verstimmungen und einen sozialen Rückzug beobachten, sprechen Sie Ihre Tochter oder Ihren Sohn darauf an. Wenn nötig, seien Sie Ihrem Kind dabei behilflich, Kontakt zu Fachleuten zu finden.

- Versuchen Sie, der Partnerin Ihrer lesbischen Tochter oder dem Partner Ihres schwulen Sohnes gegenüber offen zu sein, und freuen Sie sich, den Menschen kennenzulernen, den Ihr Kind liebt.

- Respektieren Sie, dass die Schwiegerfamilie in ihrem Coming-out unter Umständen an einem ganz anderen Ort steht als Sie. Denken Sie daran, wie Sie sich zu Beginn Ihres Coming-out-Prozesses als Eltern eines homosexuellen Kindes gefühlt haben. Wenn zwischen Ihnen und der Schwiegerfamilie unterschiedliche Ansichten im Hinblick auf die Beziehung Ihres Kindes mit seiner Partnerin bzw. seinem Partner bestehen (z. B. hinsichtlich der Gestaltung von Familienfeiern), überlassen Sie es Ihrem Kind und seinem Partner bzw. seiner Partnerin, wie sie sich verhalten wollen.

- Seien Sie offen für die Möglichkeit, dass Ihre lesbische Tochter oder Ihr schwuler Sohn eine »Regenbogenfamilie« gründen will. Informieren Sie sich über diese Familienform, und suchen Sie das Gespräch mit anderen Regenbogenfamilien. Entgegen der landläufigen Ansicht, die gleichgeschlechtliche Partnerschaft stelle für die darin aufwachsenden Kinder keinen ihre Entwicklung fördernden Rahmen dar, entwickeln sich diese Kinder völlig normal und sind sozial gut integriert. Freuen Sie sich, dass Sie nun doch noch Enkelkinder bekommen, und unterstützen Sie Ihr Kind und seine Partnerin bzw. seinen Partner.

- Wenn Sie selber homo- oder bisexuell sind und bisher nicht den Mut gefunden haben, sich zu outen, nutzen Sie die Chance, die Ihnen Ihr Kind durch sein Coming-out bietet.

- Vergegenwärtigen Sie sich, dass Ihr Kind nicht »irgendwie« mit seiner Homosexualität »fertig werden muss«, sondern dass die gleichgeschlechtliche Orientierung im Sinne des Diversity-Konzepts auch ein Vorteil ist (z. B. im Arbeitsteam und generell in der Gesellschaft) und eine »Begabung« darstellt, die Ihr Kind, aber auch Sie als Eltern für die eigene Entwicklung und Reifung nutzen können.

Anhang

Weiterführende Literatur

Hassenmüller, Heidi/Rauchfleisch, Udo/Wiedemann, Hans-Georg: *Warum gerade mein Kind?* Walter, Düsseldorf 2006.

Rauchfleisch, Udo: *Schwule, Lesben, Bisexuelle. Lebensweisen, Vorurteile, Einsichten.* 4. Aufl. Vandenhoeck & Ruprecht, Göttingen 2011.

Rauchfleisch, Udo: *Chancen und Neubeginn im Alter.* Books on Demand, Norderstedt 2011.

Streib-Brzic, Uli: *Das lesbisch-schwule Babybuch. Ein Ratgeber zu Kinderwunsch und Elternschaft.* Querverlag, Berlin 2007.

Streib-Brzic, Uli/Gerlach, Stephanie: *Und was sagen die Kinder dazu? Gespräche mit Töchtern und Söhnen lesbischer und schwuler Eltern.* 3. Aufl. Querverlag, Berlin 2010.

White, Edmund: *Die brennende Bibliothek.* Kindler, München 1996.

Wiedemann, Hans-Georg: *Homosexuell. Das Buch für homosexuell Liebende, ihre Angehörigen und ihre Gegner.* Kreuz, Freiburg im Breisgau 2005.

Zinn, Dorit: *Mein Sohn liebt Männer.* Überarb. und erg. Neuausg., 1. Aufl. Männerschwarm-Verlag, Hamburg 2008.

Hilfreiche Adressen

- International Lesbian and Gay Association (ILGA): www.ilga.org
- Europäischer Lesben- und Schwulenverband (ILGA-Europe): www.ilga-europe.org
- Lesben- und Schwulenverband in Deutschland (LSVD): www.lsvd.de

- Homosexuellen Initiative Wien (HOSI): www.hosiwien.at
- Pink Cross (Schweiz): www.pinkcross.ch
- Lesbenorganisation Schweiz (LOS): www.los.ch
- Network of European LGBT Families Associations (NELFA): www.nelfa.org
- Initiative lesbischer und schwuler Eltern (ILSE) (Deutschland): www.ilse.lsvd.de
- Dachverband Regenbogenfamilien (Schweiz): www.regenbogenfamilien.c
- Familien Andersrum (FAmOS) (Österreich): www.regenbogenfamilien.at
- Bundesverband der Eltern, Freunde und Angehörigen von Homosexuellen (BEFAH) (Deutschland): www.befah.de
- Freundinnen, Freunde und Eltern von Lesben und Schwulen (fels) (Schweiz): www.fels-eltern.ch
- Groupe »Parents de Vogay« (Suisse Romande): www.vogay.ch/groupes/groupe-parents)
- Gruppen von Eltern von Lesben und Schwulen in Österreich sind über die Homosexuellen Initiative Wien zu erreichen: www.hosiwien.at

Anmerkungen

1 Wolfgang Mertens stellt in seinem Buch »Entwicklung der Psychosexualität und der Geschlechtsidentität. Bd. 1: Geburt bis 4. Lebensjahr« (Kohlhammer, Stuttgart u. a. 1992) eine entsprechende Entwicklungstheorie dar. In meinem Buch »Schwule, Lesben, Bisexuelle. Lebensweisen, Vorurteile, Einsichten« (4., neu bearb. Aufl., Vandenhoeck & Ruprecht, Göttingen 2011) findet sich eine ausführliche Diskussion über die Entwicklung und die spezielle Situation, in der Lesben, Schwule und Bisexuelle in unserer Gesellschaft leben.

2 Vgl. Donate, Claus: Schwul sein – die alltägliche Diskriminierung. In: Rauchfleisch, Udo (Hg.): Homosexuelle Männer in Kirche und Gesellschaft. Patmos, Düsseldorf 1993, S. 16–17.

3 White, Edmund: Die Freuden des schwulen Lebens. In: Ders.: Die brennende Bibliothek. Kindler, München 1996, S. 70–71.

4 Ebd., S. 70.

5 Ebd., S. 71.

6 Eine ausführliche Diskussion dieses Themas findet sich im Beitrag »Das Volk Lots und die Jünglinge des Paradieses. Zur Homosexualität in der Religion des Islam« von Andreas Ismail Mohr, in: Bochow, Michael / Marbach, Rainer (Hg.): Homosexualität und Islam. Koran – Islamische Länder – Situation in Deutschland. 2. Aufl. MännerschwarmSkript-Verlag, Hamburg 2004, S. 51–84. Vgl. auch: Klauda, Georg: Die Vertreibung aus dem Serail. Europa und die Heteronormalisierung der islamischen Welt. 2., durchges. und korr. Aufl. Männerschwarm-Verlag, Hamburg 2010.

7 Schoolmates (Hg.): Bullying in der Schule. Ein Leitfaden für LehrerInnen und Schulpersonal. Arcigay, Bologna 2008. www.wien.gv.at/queerwien/pdf/bullying-schule.pdf [Zugriff: 31. 7. 2012].

8 Dies. (Hg.): Bullying im Klassenzimmer. Wie Du es bekämpfen kannst. Arcigay, Bologna 2008. www.wien.gv.at/queerwien/pdf/bullying-klassenzimmer.pdf [Zugriff: 31. 7. 2012].

9 Die Resultate der großen, in Deutschland an über 2.500 Lesben und Schwulen durchgeführten Befragung im Rahmen der Studie »Lesben und Schwule in der Arbeitswelt« sind von Knoll und MitarbeiterInnen unter dem Titel »Grenzgänge. Lesben und Schwule in der Arbeitswelt« (Profil Verlag, München1997) publiziert worden. Die in der Schweiz durchgeführte Studie über Diskriminierungen am Arbeitsplatz und ihre psychosomatischen Folgen ist von Andrés Schneeberger, Udo Rauchfleisch und Raymond Battegay im Jahr 2002 unter dem Titel »Psychosomatische Folgen und Begleitphänomene der Diskriminierung am Arbeitsplatz bei homosexuellen Menschen« in der Zeitschrift »Archiv für Neurologie und Psychiatrie« 153, S. 137–143, publiziert worden.

10 Vgl. Rauchfleisch: Schwule, Lesben, Bisexuelle, S. 229ff.

11 Eindrücklich werden diese Probleme in den Interviews mit Eltern homosexueller Kinder deutlich, die Heidi Hassenmüller geführt hat: Hassenmüller, Heidi/Rauchfleisch, Udo/Wiedemann, Hans-Georg: Warum gerade mein Kind? Patmos, Düsseldorf 2006.

12 Ökumenische Arbeitsgruppe Homosexuelle und Kirche e.V. (Hg.): Farbe bekennen. Ein Projekt für Ihre Gemeinde. 4., überarb. Aufl. HuK e.V., Berlin 1994, S. 34. www.huk.org/cms/upload/oeffentlich/dokumente/materialien_farbebekennen_pdf-a_2011-09-06.pdf [Zugriff 31. 7. 2012].

13 Eine ausführliche Diskussion dieses Themas findet sich im bereits genannten Beitrag »Das Volk Lots und die Jünglinge des Paradieses. Zur Homosexualität in der Religion des Islam« von Andreas Ismail Mohr; vgl. auch: Klauda, Die Vertreibung aus dem Serail, S. 210.

14 Vgl. ebd.

15 In mehreren Folgen haben Gartrell und MitarbeiterInnen in den USA die Resultate der großen Langzeitstudie »The National Lesbian Family Study« über die Entwicklung von Kindern in Regenbogenfamilien publiziert. Aus Deutschland liegt eine im Auftrag des deutschen Bundesjustizministeriums (BMJ) durchgeführte Studie des Staatsinstituts für Familienforschung an der Universität Bamberg vor, vgl. Eggen, Bernd/Rupp, Marina: Gleichgeschlechtliche Paare und ihre Kinder: Hintergrundinformationen zur Entwicklung gleichgeschlechtlicher Lebensformen in Deutschland. In: Zeitschrift für Familienforschung. Sonderheft 7, 2010, S. 23–37; Rupp, Marina (Hg.): Die Lebenssituation von Kindern in gleichgeschlechtlichen Lebensgemeinschaften. Bundesanzeiger-Verlag, Köln 2009. Eine Übersicht über die Forschungsbefunde zum Thema der Entwicklung von Kindern in Regenbogenfamilien geben Jansen, Elke/Steffens, Melanie Caroline: Lesbische Mütter, schwule Väter und ihre Kinder im Spiegel psychosozialer Forschung. In: Verhaltenstherapie & psychosoziale Praxis. 38. Jg. (3), 2006, S. 643–656.

16 Welche Chancen sich Lesben und Schwulen auch im höheren Alter bieten, habe ich in meinem Buch »Chancen und Neubeginn im Alter« dargestellt (1., neue Ausg. Books on Demand, Norderstedt 2011).

17 Zitiert in: Müller, Wunibald: Homosexuelle Menschen. Matthias-Grünewald-Verlag, Mainz 1988, S. 49. Von Wunibald Müller frei übersetzt nach: Betty Fairchild: Parents of Gays. 6. Aufl. Washington 1979.

18 Vgl. White, Edmund: Der schwule Philosoph. In: Ders.: Die brennende Bibliothek, S. 33–52.

19 Ders.: Die Freuden des schwulen Lebens, S. 70.

20 Zinn, Dorit: Mein Sohn liebt Männer. Überarb. und erg. Neuausg., 1. Aufl. Männerschwarm-Verlag, Hamburg 2008.

21 Vgl. hierzu die Ausführungen in meinem Buch »Alternative Familienformen. Eineltern, gleichgeschlechtliche Paare, Hausmänner« (Vandenhoeck & Ruprecht, Göttingen 1997).

22 Vgl. ebd.

23 Vgl. Rauchfleisch: Schwule, Lesben, Bisexuelle.

24 Einen Überblick über die Forschung zum Diversity-Konzept und seine Bedeutung für die Dimension »sexuelle Orientierung« findet sich im Buch von Thomas Köllen: Bemerkenswerte Vielfalt: Homosexualität und Diversity Management. Betriebswirtschaftliche und sozialpsychologische Aspekte der Diversity-Dimension »sexuelle Orientierung« (Hampp, München/Mering 2010).

25 Vgl. White, Der schwule Philosoph.